Malediven

Wolfgang Därr

DUMONT
Reise-Taschenbuch

Inhalt

Reiseinfos, Adressen, Websites

Panorama – Daten, Essays, Hintergründe

Unterwegs auf den Malediven

Inhalt

Auf Entdeckungstour

Karten und Pläne

▶ Dieses Symbol im Buch verweist auf die Extra-Reisekarte Malediven

Das Klima im Blick

atmosfair

Reisen bereichert und verbindet Menschen und Kulturen. Wer reist, erzeugt auch CO_2. Der Flugverkehr trägt mit einem Anteil von bis zu 10 % zur globalen Erwärmung bei. Wer das Klima schützen will, sollte sich für eine schonendere Reiseform (z. B. die Bahn) entscheiden – oder die Projekte von *atmosfair* unterstützen. *Atmosfair* ist eine gemeinnützige Klimaschutzorganisation. Die Idee: Flugpassagiere spenden einen kilometerabhängigen Beitrag für die von ihnen verursachten Emissionen und finanzieren damit Projekte in Entwicklungsländern, die dort den Ausstoß von Klimagasen verringern helfen. Dazu berechnet man mit dem Emissionsrechner auf *www.atmosfair.de,* wie viel CO_2 der Flug produziert und was es kostet, eine vergleichbare Menge Klimagase einzusparen (z. B. Berlin – London – Berlin 13 €). *Atmosfair* garantiert die sorgfältige Verwendung Ihres Beitrags. Klar – auch der DuMont Reiseverlag fliegt mit *atmosfair!*

Schnellüberblick

Atolle des Nordens

Erst mit der Jahrtausendwende begann die touristische Erschließung der vielen bis damals noch unberührten Atolle des Nordens. Und da zu dieser Zeit auch Nichttaucher die Malediven als komfortables Erholungsziel entdeckten, wurden hier auf vergleichsweise wenigen Inseln pro Atoll umso komfortablere und luxuriöser ausgestattete Inselhotels errichtet. S. 202

Das Ari-Atoll mit Rasdhoo und Thoddoo

Unter Tauchern gilt das Ari-Atoll als eines der Sehenswertesten aller Atolle der Malediven. Seit Wasserflugzeuge von Hulhule aus die Urlauber nahezu überallhin bringen können, ist die Anreise zu den Inseln dieses Atolls von einst mehreren Stunden im maledivischen Dhoni auf unter eine Stunde Flugzeit geschrumpft. S. 168

Atolle des Südens

Die Inseln im Süden der Malediven waren weit weniger vom Rest der Welt abgeschirmt als die vor der Westküste Indiens. Seit es kulturelle und ökonomische Kontakte zwischen Europa und Asien gibt, kamen ihre Bewohner mit Seefahrern aus Ost und West in Kontakt, denn die seit Jahrtausenden genutzten Schifffahrtswege von Afrika nach Asien führen zwischen diesen Atollen hindurch. S. 224

Das Nordmale'-Atoll
Hier begann in den 1970er-Jahren eine neue Etappe in der Geschichte der Malediven. Der Tourismus ergänzte die bisher einzige Industrie der Inseln – den Thunfischexport. Im Nordmale'-Atoll entstanden die ersten Inselhotels, die inzwischen vielfach renoviert und modernen Anforderungen angepasst wurden. S. 118

Die Hauptstadt Male'
Ein Viertel bis ein Drittel der Gesamtbevölkerung der Malediven – ganz genau weiß das wohl niemand – lebt auf dieser nur wenige Quadratkilometer kleinen Insel. Unter einem Inselparadies stellen wir Europäer uns etwas anderes vor. Dennoch ist Male' einen Besuch wert, wenn man während eines Urlaubs unter Palmen auch die reale Lebenswelt und die Kultur der Malediver kennenlernen möchte. S. 94

Das Südmale'-Atoll
Wer wenig Zeit hat, sich einen Flug mit dem Wasserflugzeug nicht zutraut und ohne Wartezeit seine Trauminsel erreichen möchte, wählt den Transport mit dem Schnellboot zu einer der Inseln im Südmale'-Atoll. Von preiswerten Taucherinseln, über all-inclusive bis zu einigen der komfortabelsten Luxusinseln findet man hier für jeden Geschmack das Passende. S. 148

Der Autor

Mit Wolfgang Därr unterwegs
Die Inseln des westlichen Indischen Ozeans
haben den Rechtsanwalt und Reiseveranstalter Wolfgang Därr fasziniert, seit er zu
Beginn der 1980er-Jahre mehrere Monate
mit dem Rucksack durch Madagaskar, die
Komoren, die Seychellen, La Réunion und
Mauritius gereist war. Er schrieb bald
darauf mehrere Reiseführer über diese so
vielfältigen Inseln 600 bis 1000 km vor der
Ostküste Afrikas, bevor er sich Mitte der
1990er-Jahre auch den wegen ihrer isolierten Lage so schwer zu erschließenden
Malediven zuwandte. Auf den Inseln vor
der Westküste Indiens lernte er eine völlig
andere Welt kennen.

Inselgirlande im Indischen Ozean

»Die Malediver wünschen sich nichts
sehnlicher, als von der Außenwelt so
weit in Ruhe gelassen zu werden, um
ein Leben als Lotusesser zu genießen
und in ihrer glücklichen, meerumwog-
ten Isolation ungestört zu bleiben.«
(H. C. P. Bell, 1922)

Die Malediven sind nicht nur ›Insel-
girlanden‹ mit schneeweißen Badestränden in einem türkisfarbenen Meer.
Die Inseln sind auch das Ergebnis eines
regen kulturellen Austauschs, der vor
allem in den südlichen Atollen zwischen
Inselbewohnern einerseits und Seefahrern aus Afrika, Arabien, Europa, Indien
und China andererseits stattfand.

Viele Kulturen leben im Paradies

Der Ethnologe Thor Heyerdahl ver-
brachte Mitte der 1980er-Jahre viele
Monate auf den Malediven. Im Auftrag
des Präsidenten Gayoom wollte er mehr
über die uralten Kulturen herausfinden, deren Existenz aus mündlichen
Überlieferungen belegt ist. Nach einem
ersten Überfliegen beschrieb er die Inseln und Atolle so: »Aus der Luft sehen
sie aus, als blickte man auf eine Auslage
grüner Jadehalsbänder mit dazwischen
gestreuten Smaragden, die auf blauem
Samt liegen.« Mit den »grünen Jade-
halsbändern« umschrieb Heyerdahl den
Kranz aus lang gestreckten, schmalen
Inseln und Sandbänken, die den äußeren Inselring der Atolle bilden. Die dazwischen liegenden »Smaragde« sind
die im Atollinneren entstandenen kreisrunden Inseln, die von einer türkis
leuchtenden Lagune und einem runden, schützenden Riff umgeben sind.

Die maledivische Inselwelt wird immer wieder schwärmerisch beschrieben.
Auch die indischen Namensgeber der Inseln hatten vor vielen Jahrhunderten
wohl ähnliche Assoziationen. In Sanskrit
bedeutet *dvipa* nämlich Insel und *mala*
soviel wie ›Kette‹ oder ›Girlande‹. Zusammengesetzt ergeben sich daraus die
›Malediven‹ oder die ›Inselgirlande‹.

Aber auch nach Abschluss seiner Studien blieb Thor Heyerdahl bei seiner
Einschätzung: Diese Inselgirlande ist rei-

cher, als man auf den ersten Blick vermutet. Hier hatten vor Beginn des Siegeszuges des Islam schon buddhistische und vor diesen animistische Religionen ihre Spuren hinterlassen. In grauer Vorzeit züchteten hier die Bewohner Kaurimuscheln und verschifften sie als Gegenleistung für die Lieferung von Stoffen nach Indien und Afrika, wo sie als Zahlungsmittel dienten. Hier waren die seychellischen Doppelkokosnüsse angespült worden, denen die maledivischen Könige und die indischen Fürsten vor 1000 Jahren magische Kräfte zusprachen und Heilmittel daraus herstellten. Wer diese scheinbar vom Meer selbst zur Welt gebrachten Früchte nicht beim König ablieferte, wurde gnadenlos zum Tode verurteilt.

Das war lange, bevor die Tourismusindustrie das Potenzial dieser traumhaften Inseln und der bizarren Korallenwelt mit ihrer großen Zahl von der Natur teilweise farbenfroh und fantasievoll gestalteter Fische entdeckte.

Süßes Nichtstun

Das Fremdenverkehrsamt wirbt für einen Urlaub auf den Inseln mit dem Slogan: »Die Kunst des absoluten Nichtstuns«. Der Wunsch nach entspanntem, kultiviertem Nichtstun garniert mit glasklarem Wasser, weißem Sand, Kokospalmen und freundlichem Service auf einer idyllischen ›Trauminsel‹ ist neben Schnorcheln und Tauchen wohl das wichtigste Argument, die Malediven als Urlaubsziel auszusuchen.

Malediver haben es nicht so gut, denn sie arbeiten wie eh und je als Fischer und Bootsbauer hart. Viele junge Leute jedoch haben in den vergangenen Jahrzehnten Sprachen gelernt und bedienen nun die reichen Urlauber fern ihrer Heimatinseln. Ihr Gehalt schicken sie nach Hause, um ihren Eltern bescheidenen Wohlstand und ihren Geschwistern oder Kindern eine gute Ausbildung zu ermöglichen. Nur wenige sind sich der Gefahr bewusst, die droht, wenn der Rest der Welt nicht gegen die mögliche Klimakatastrophe vorgeht. Bisher auf den Malediven unbekannte Wirbelstürme und damit einhergehende Fluten könnten näher an den Äquator rücken und die nur bis zu 2 m hohen Inseln in Minuten überschwemmen, versalzen und unbewohnbar machen.

Fischmarkt in Male', S. 106

Wrack der ›Maldives Victory‹, S. 144

Lieblingsorte!

Exklusiver Zeltplatz: Banyan Tree
Madivaru, S. 172

Bootswerft im Mulaku-Atoll, S. 240

Sonnen- und Mondinsel auf Rihiveli,
S. 156

Unterwasserrestaurant Ithaa im Resort
Conrad Maldives, S. 184

Die Reiseführer von DuMont werden von Autoren geschrieben, die ihr Buch
ständig aktualisieren und daher immer wieder dieselben Orte besuchen. Irgendwann entdeckt dabei jede Autorin und jeder Autor ihre bzw. seine ganz persönlichen Lieblingsorte. Dörfer, die abseits des touristischen Mainstream liegen,
eine ganz besondere Strandbucht, Plätze, die zum Entspannen einladen, ein
Stückchen ursprünglicher Natur – eben Wohlfühlorte, an die man immer wieder
zurückkehren möchte.

Tauchen in den Vaadhoo Caves, S. 164

Traumstrand im Medhufushi Island
Resort, S. 236

Reiseinfos, Adressen, Websites

Die Malediven gehören zu den schönsten Tauchplätzen der Welt

Informationsquellen

Infos im Internet

Wenn man über Internet-Suchmaschinen Informationen über die Malediven recherchiert, findet man eine Fülle von Websites in deutscher Sprache. Viele sind persönliche Reiseberichte, andere erheben den Anspruch, objektiv zu informieren und neueste Entwicklungen zu berücksichtigen. Um wirklich zuverlässige Informationen zu erhalten, sollte man die Angaben mehrfach abgleichen. Fast alle Hotels haben ihre eigenen Websites, die aber häufig nicht auf dem neuesten Stand sind.

www.visitmaldives.com

Die offizielle Website des Fremdenverkehrsamtes der Malediven informiert über Anreise und Einreisebestimmungen, Unterkünfte und Freizeitmöglichkeiten. Auch auf Deutsch.

www.malediven.net

Infos, Tipps, Reiseberichte, Bilder sowie ein Forum für alle, die sich für die Inseln interessieren. Informativ und umfassend.

www.musicinmaldives.com

Infos und Konzerttipps zu Folklore auf den Fischerinseln und Jazz und Pop auf Male'.

www.webcamgalore.com/DE/ Malediven/countrycam-0.html

Hier finden Sie aktuelle Bilder von Stränden, Tauchschulen und einen Ausblick aufs Wetter.

www.themaldives.com

Website einer lokalen Reiseagentur, die außergewöhnlich umfangreich mit Texten und Informationen vollgestopft ist und gute Links bietet.

www.islam.de

Die Malediven sind ein islamisches Land; interessante Fakten zur Religion, aber auch Wissenswertes wie aktuelle Daten der Feiertage bietet diese Seite.

Informationsstellen

... für Deutschland, Österreich und die Schweiz

Maldives Government Tourist Information Office
Aschaffenburger Straße 96 g
D-63500 Seligenstadt
Tel. 06182 993 48 57
info@visitmaldives.de
www.visitmaldives.com

Touristeninformation auf den Malediven

Auskunft über alle touristischen Einrichtungen des Landes erteilt das Maldives Tourism Promotion Board. Es befindet sich auf Male' im Gebäude des Tourismusministeriums:
Boduthakurufaanu Magu
(Marine Drive)
Tel. 960 332 32 28
mtpb@visitmaldives.com
www.visitmaldives.com

Ein weiteres Büro wurde in der Ankunftshalle des Flughafens auf Hulhule eingerichtet.

Karten und Bücher

Da die Inseln der Malediven klein sind, reicht der Faltplan in diesem Reiseführer aus, es sei denn, Sie wollen durch die Atolle segeln. Hierfür werden spezielle Seekarten benötigt, die in einschlägigen Fachbuchhandlungen erhältlich sind. Viele der folgenden Bücher findet man im Buchladen vor dem Flughafen Male'.

Tauchführer

Gute Informationen finden sich in regelmäßig erscheinenden ›Malediven-Specials‹ der Zeitschriften **»Aquanaut«**, **»Tauchen«** und **»Unterwasser«**.

Amsler, Kurt: Tauchführer Malediven. Jahr Verlag, Buch der Zeitschrift »Tauchen«, Hamburg 1995. Das großformatige Buch glänzt besonders durch schöne Fotos und ausgezeichnete grafische Darstellungen.

Anderson, Dr. R. C.: Diver's Guide to the Sharks of the Maldives. Novelty Printers and Publishers, Male', 1992. Auf Haitauchgänge spezialisierter Tauchführer.

Harwood, Sam/Bryning, Rob: Malediven. Delius Klasing, Bielefeld 2005. Umfangreichste Beschreibung von Tauchgebieten der Malediven in deutscher Sprache.

James, Larry/Schulz-Eppers, Axel: Tauchführer Malediven. BLV, München 1995. Ari-, Nord- und Südmale'-Atoll. Viele interessante Tipps für Taucher.

Bildbände

Ellis, Royston/Amarasinghe, Gemunu: A Maldives Celebration. Maledivisches Tourismusministerium. Bildband mit vielen Hintergrundinformationen.

Valdés, Giuliano: Die wunderbare Welt der Malediven. Bonechi Verlag. Der Bildband enthält viele großformatige Bilder, aber wenig Text.

Viedebannt, Klaus/Voigtmann, Herwarth: Malediven – Trauminseln im Indischen Ozean. Bucher Verlag 2005. Schön und kompakt mit tollen Unterwasseraufnahmen.

Weitere Literaturtipps

Ellis, Royston: A man for all Islands. Verlag Times Editions. Biografie von Maumoon Abdul Gayoom, Ex-Präsident der Malediven.

Wetter und Reisezeit

Klima

Die Malediven haben ganzjährig angenehmes, hochsommerlich heißes und sonniges Wetter. Rein statistisch nimmt die jährlich niedergehende Regenmenge innerhalb der Malediven von Süden nach Norden gleichmäßig ab. Außerdem ist die durchschnittliche tägliche Sonnenscheindauer in den nördlichen Regionen länger, denn der dort niedergehende Regen kommt in heftigeren Schauern und kürzerer Zeit herunter als in Äquatornähe. Je weiter nördlich, desto ausgeprägter sind allerdings jahreszeitliche Temperaturunterschiede.

Während auf Male' und südlich davon das ganze Jahr über nahezu die gleichen Tages- und Nachttemperaturen herrschen, schwanken sie einige hundert Kilometer weiter im Norden (Shaviyani-Atoll oder Raa-Atoll) zwischen 33 °C im Juli, August und 28 °C im Februar und März. Die Luftfeuchtigkeit erscheint mit durchschnittlich etwa 80 % recht hoch, ist jedoch dank einer ständigen Brise vom Meer im Allgemeinen gut zu vertragen.

Reisezeit

Egal wann man auf den Malediven Urlaub macht, man wird die überwiegende Zeit sonnige Tage und warme Nächte erleben. Die Schattentemperaturen werden tagsüber nicht über 33 °C ansteigen und nicht unter 26 °C fallen. Nachts klettert die Temperatur nicht über 26 °C und sinkt nicht unter 23 °C. Während der Monate Juni bis Oktober ist das Risiko höher, bewölkte und regnerische Tage zu erleben, als im übrigen Jahr. Januar, Februar und März gelten als die optimalen Reisemonate (Hochsaison), da die Luft und das Wasser klar sind, der Himmel wolkenlos ist und wenig Wind weht. Ausnahmen bestätigen aber wie immer die Regel!

Was muss in den Koffer?

Auf den Urlaubsinseln sind Badeanzug und Badehose die wichtigsten Kleidungsstücke. Empfehlenswert sind Badeschuhe, die am Strand und im Wasser vor Verletzungen durch scharfe Korallen o. Ä. schützen.

Zu den Mahlzeiten sollten Gäste normal gekleidet erscheinen. Zum Abendessen macht sich bei den Herren eine leichte, lange Hose und ein kurz-

Klimadiagramm Male'

ärmliges Hemd gut, ein sauberes T-Shirt wird in der Regel akzeptiert. Die Damen sollten die Schultern bedeckt halten. Wer mehr tun will, macht mit einem leichten, langen Kleid oder langen Rock einen guten Eindruck. Bitte bedenken Sie, dass das Bedienungspersonal moslemisch ist und die Frauen zu Hause strenge Bekleidungsvorschriften zu befolgen haben.

Der Umwelt zuliebe

Bis vor wenigen Jahrzehnten war der Mensch auf den Malediven Teil der Natur, er lebte in ihr und mit ihr, ohne sie zu stören. Wenn doch einmal eine Insel aus dem Gleichgewicht geriet, dann siedelte man auf eine Nachbarinsel über und ließ ihr Zeit zu regenerieren. Die heute anfallenden Probleme durch Müllberge, Öltanks, Auto- und Elektronikschrott müssen unter neuen Bedingungen gelöst werden. Die Malediven können nicht Methoden der Industriestaaten übernehmen, zum Beispiel ist in Europa wegen der großen Zahl endemischer Pflanzen und Tiere das Gleichgewicht weitaus stabiler. Auf den Malediven hingegen können schon kleine Eingriffe zum Umkippen und zur Zerstörung eines Inselbiotops führen.

Wir können dazu beitragen, die von uns erzeugten Probleme gering zu halten: wenig Süßwasser verbrauchen, denn es muss mit Energieeinsatz und umweltschädlich mit Dieselgeneratoren erzeugt werden. Wenig Abfall verursachen, gefundenen Restmüll (nicht nur die eigenen Spraydosen!) mit nach Hause nehmen, Ufervegetation nicht niedertrampeln, Vögel als wichtigen Teil des Inselgleichgewichts tolerieren, auch wenn man sie als störend empfindet, und Korallen nicht berühren – wer Badeschuhe zu Hause lässt, wird Korallen von selbst respektieren!

Reisen planen

Reisen auf den Malediven

Die Regierung in Male' verfolgt eine grundsätzliche Trennung zwischen der touristischen Welt und dem maledivischen Alltag. Ausländischen Touristen ist daher nur der Aufenthalt auf den etwa 100 touristisch erschlossenen Hotelinseln sowie der Besuch von Male', Gan und einigen ausgewählten Fischerinseln erlaubt, die in organisierten Tagesausflügen von den Resorts aus mit dem Schiff angefahren werden können. Ebenfalls ohne Probleme möglich ist der Flug ins Addoo-Atoll im Süden des Landes, wo bis vor wenigen Jahren noch ein britischer Stützpunkt lag.

Touristen, die auf Inseln reisen möchten, die ausschließlich von Einheimischen bewohnt werden, benötigen eine **Sondergenehmigung** des Ministry of Atolls Administration (Fashanaa Building, Boduthakurufaanu Magu, Male', Tel. 332 28 26 und 332 30 70). Diese muss schriftlich beantragt werden und wird in der Regel nur erteilt, wenn man besondere Gründe, d. h. wissenschaftliche oder journalistische Motive, für die Reise hat. Seit dem Regierungswechsel im Jahr 2008 deutet sich eine Auflockerung der strengen Trennung zwischen Einheimischeninseln und Urlauberinseln an. Es bleibt aber abzuwarten, ob sich die Befürworter einer Liberalisierung durchsetzen werden.

Tourismus contra heile Inselwelt

Von ausländischen Journalisten wird die Trennung von Touristen und Einheimischen auf den Inseln manchmal kritisiert. Bevor man sich als 14-Tage-Gast auf einer luxuriös ausgestatteten Urlaubsinsel eine Meinung hierzu bildet, sollte man bedenken, dass die Bewohner über Jahrhunderte hinweg auf einem vom unendlichen Meer umgebenen Flecken Erde von durchschnittlich 500 x 500 m lebten. Es gab keine Zeitungen, kein Radio, kein Fernsehen, nicht einmal Reisende, die von ihren Erlebnissen in fremden Ländern erzählen konnten. Bis heute haben 80 % der Malediver ihre Insel oder ihr Atoll niemals verlassen. Kaum ein Bewohner eines südlichen oder nördlichen Atolls hat je die Landeshauptstadt Male' besucht. Auf den winzigen Inseln entwickelten sich Verhaltensmuster, die völlig anders sein müssen als auf Kontinenten.

Diese eingespielten Lebensregeln sind wahrscheinlich erforderlich, um eine so isoliert zusammenlebende Gesellschaft funktionsfähig zu halten. Das Gleichgewicht der Flora eines Urwaldes, in dem Millionen unterschiedlicher Pflanzen zusammenleben, ist weit stabiler als das einer Insel, auf der lediglich ein paar Dutzend Arten in Symbiose leben. Ähnlich verhält es sich im Zusammenleben von Menschen. Im Dschungel der Großstadt fallen ›Exoten‹ mit extravaganten Lebensweisen wenig auf. Auf einer Insel mit nur 500 Bewohnern könnten sie vielleicht großen Schaden anrichten.

Pauschal oder individuell?

Auf den Malediven sind Individualreisen nahezu ausgeschlossen. In der Regel verbringen Touristen ihren Urlaub fast vollständig auf nur einer Insel. Etwa 40 der rund 100 maledivischen Urlaubsinseln finden sich in Prospekten deutscher, österreichischer und schweizerischer Reiseveranstalter. Die Buchung wird von ihnen nicht nur vereinfacht, sondern ist mit integrierter Reiserücktritts- und der Konkursausfallversicherungen auch sicherer und in der Regel billiger als bei einer Direktbuchung.

Veranstalter wie **TUI** und **Neckermann** oder **Airtours** (Deutschland) sowie **Hotelplan** (Schweiz) oder **Touropa Austria** (Österreich) haben auf ›ihren‹ Inseln oft große Zimmerkontingente. Mitarbeiter der Veranstalter nehmen die Gäste am Flughafen in Empfang und begleiten sie nach dem Urlaub dorthin zurück.

Kleinere Veranstalter und die meisten (Tauch-)Spezialveranstalter übertragen die Betreuung einer lokalen Agentur oder den Mitarbeitern der Hotels. Auch deren Gäste werden, manchmal durch deutsch, meist jedoch englisch sprechende einheimische Mitarbeiter, am Flughafen empfangen und zum Transferboot und Wasserflugzeug begleitet. Die bekanntesten dieser Spezialisten sind **Manta Reisen** (Schweiz) und **Sub Aqua Reisen** als Tauchspezialist. Prospekte findet man in den guten Reisebüros, die nicht nur die Kataloge der Großveranstalter haben.

Die bekanntesten Inselspezialisten sind **Stop Over Reisen, Strohbeck Reisen** und auch **Trauminsel Reisen,** das auf Inseln im Indischen Ozean spezialisierte Reiseunternehmen von Wolfgang Därr, dem Autor des vorliegenden Reiseführers.

Kurztrips

Es gibt zwei Möglichkeiten, seiner Urlaubsinsel für einen halben oder ganzen Tag zu entkommen. Alle Ferieninseln bieten für etwa 50–100 € Ausflüge zu benachbarten bewohnten Inseln an. Von den Inseln im südlichen Male'-Atoll geht es natürlich meist zur **Hauptstadtinsel Male'.**

Wer ein größeres Budget zur Verfügung hat, kann auch einen halb- oder ganztägigen **Inselrundflug** mit einer der lokalen Charterfluggesellschaften buchen. Dabei ist die Hotelrezeption gerne behilflich. Abgesehen davon, dass man einen grandiosen Blick auf die Atolle genießt, hat so ein Rundflug den Vorteil, dass man nicht mit 50 anderen Urlaubern ankommt und daher mit den vier oder fünf anderen Gästen die Fischerinseln nicht im Touristenrausch erlebt.

Infos

www.transmaldivian.com
Älteste Inlandsfluggesellschaft, die seit 1989 die Flugverbindungen zu den weiter von Male' entfernten Urlaubsinseln mit Wasserflugzeugen sicherstellt. Einzelne Einheimischeninseln werden auch mit normalen Flugzeugen mit Rädern angeflogen.

www.maldivianairtaxi.com
Die Wasserflugzeuge verbinden den Internationalen Flughafen mit Hotelinseln. Darüber hinaus bietet die Gesellschaft aber auch Rundflüge und Ausflüge an.

Vorschläge für Rundreisen

Immer beliebter werden ›Island-Hopping-Reisen‹ auf den Malediven, bei manchen Inseln, z. B. Rihiveli (Mahaanaelhihuraa), sind solche Ausflüge sogar schon im Übernachtungspreis inklusive. Das hat jedoch wenig mit einem Inselhüpfen wie in Griechenland oder auf den Seychellen gemein, wo man einen kleinen Inselflieger oder eine Fähre bucht und zur Nachbarinsel übersetzt. Auf den Malediven sollten solche Reisen gut geplant und im Vor-

Island Hopping mit dem Wasserflugzeug

hinein gebucht werden, denn die Transfers von Insel zu Insel müssen speziell für den Gast organisiert werden. Wenn man sich zwei oder mehrere Inseln in einem Atoll aussucht, kann man sich per Motorboot jeweils zu einer festzulegenden Uhrzeit von der nächsten gebuchten Insel abholen lassen. Privat organisierte Fahrten mit dem Schnellboot müssen jedoch ausgehandelt werden. Wegen der hohen Treibstoffkosten allerdings können sie erheblich ins Geld gehen.

Wer ein anderes Atoll besuchen möchte, muss bedenken, dass Wechsel in andere Atolle zunächst einen Flug zurück zur Flughafeninsel Hulhule und von dort aus weiter zur angestrebten Insel erfordern. Obwohl die Kosten

dieser Transfers mit jeweils einigen hundert Euro (je nach Entfernung) hoch sind, lohnt es sich, wenn man vom Inselcharakter her unterschiedliche Inseln auswählt.

So kann man zum Beispiel die große Insel **Sonevafushi** (Kunfunadhoo) im Baa-Atoll, die ausschließlich über Strandbungalows verfügt, mit der kleinen Insel **Soneva Gili** (Hudhuveli) im Nordmale'-Atoll, die rein aus Wasserbungalows besteht, kombinieren.

Eine ähnliche Kombination sind auch die Hotelinseln **Island Hideaway** (Dhonakulhi) im nördlich gelegenen Haa-Alifu-Atoll und **Cocoa** (Makunufushi) im Südmale'-Atoll. Während Erstere eine große Insel mit dichter Vegetation und relativ wenigen Villen am Strand ist, gehört Cocoa zu den kleinen Juwelen, auf denen die Landfläche von Bebauung bis auf Rezeption, Restaurant und Spa freigehalten wurde. Die Gäste wohnen in Überwasservillen in der Lagune.

Aber die Möglichkeiten sind nahezu unendlich. Und wenn man schon über Hulhule zu einer anderen Insel reist, sollte man sich die Chance eines Besuchs auf der Hauptinsel Male' nicht entgehen lassen. Fliegen Sie morgens nach Hulhule, nehmen Sie die 10-Minuten-Fähre nach Male' und verbringen dort den Tag. Gegen 15 Uhr fahren Sie zurück nach Hulhule und fliegen weiter zur nächsten gebuchten Insel.

Anreise und Verkehrsmittel

Einreisebestimmungen

Ausweispapiere
Für die Einreise ist ein Reisepass erforderlich, der noch mindestens sechs Monate gültig ist. Automatisch wird eine Aufenthaltserlaubnis von 30 Tagen erteilt, die beim **Department of Immigration** in Male' gegen Gebühr verlängert werden kann. Kinder benötigen einen Kinderausweis mit Lichtbild oder einen eigenen Reisepass.

Zoll
Es ist bei empfindlichen Geldstrafen untersagt, Alkohol oder Videokassetten, DVDs und Zeitschriften mit pornografischem Inhalt einzuführen. Was pornografisch ist, wird von einer Zensurbehörde beurteilt. Die Prüfung kann einige Monate in Anspruch nehmen, weshalb es besser ist, nur original verpackte Leerkassetten für die Videokamera und nur absolut unverfängliche Zeitschriften mitzubringen. Wer Drogen einführt, muss mit einer Gefängnisstrafe rechnen. Auch die Einfuhr von Waffen, Harpunen zur Unterwasserjagd, Schweinefleisch und religiösen Symbolen ist verboten.

Bei der Ausreise ist das Washingtoner Artenschutzabkommen zu beachten, das insbesondere das Mitnehmen von Korallen, Reptilien und Schildkröten sowie einiger Pflanzen verbietet. Andenken und Geschenke bis zu einem Wert von 430 € sind bei der Rückkehr in die EU zollfrei.

Anreise

... mit dem Flugzeug
Von Deutschland aus fliegen die Charterfluggesellschaften **Condor** und **Air Berlin** mehrmals pro Woche und von verschiedenen Flughäfen auf die Malediven. Mit beiden Fluggesellschaften sind Nonstop-Verbindungen nach Male' von Frankfurt, Düsseldorf, München und Berlin möglich (Flugdauer: ca. 10 Std.). Ab Zürich fliegt **Edelweiß Air** nonstop. Die Fluggesellschaften **Katar Airways, Emirates** und **Etihad** machen jeweils einen Zwischenstopp von 2 bis 3 Stunden am Arabischen Golf. Dadurch ergibt sich eine preiswerte Möglichkeit, auf dem Hin- oder Rückweg ein paar Tage in den Boomstädten Doha, Abu Dhabi oder Dubai zu verbringen. Außerdem fliegt **Air Lanka** mehrmals pro Woche nach Male' und anschließend weiter nach Colombo/Sri Lanka. Daher bietet sich eine Buchung bei dieser Fluggesellschaft für diejenigen an, die die Malediveneise mit einem Besuch Sri Lankas verbinden möchten.

Vorsicht ist bei dubiosen ›Schnäppchenreisen‹ mit Linienfluggesellschaften‹ geboten! Dabei handelt es sich um Angebote, die hinsichtlich Sicherheitsstandard, Bequemlichkeit, Pünktlichkeit, Umsteigeerfordernissen, Service und Reisedauer inklusive Zwischenaufenthalten in Moskau, Sofia oder Karachi nachteilig sind. Diese Linienfluggesellschaften sind u. a. Aeroflot, Balkan Air, Pakistan International.

Transfer zu den Inseln

Nach Verlassen der Ankunftshalle auf Hulhule begibt man sich in einen überdachten Bereich, wo etwa 40 kleine Stände aneinandergereiht sind. Jeder Stand ist beziffert und auf einer Tafel ist angegeben, welche Agentur, welcher Reiseveranstalter oder welches Hotel dort seine Gäste in Empfang nimmt. Von dort werden die Gäste zum 100 m entfernten Landesteg geführt, wo das Schiff wartet, mit dem die Gruppe zu ihrer Insel gebracht wird. Bei Anreise zu einer weit entfernten Insel bringt ein Kleinbus die Gäste zum Inter Island Terminal, wo die Wasserflugzeuge warten, die sie zu ihrer Insel fliegen.

Verkehrsmittel im Land

Zu den individuellen Reisebedingungen auf den Malediven beachten Sie bitte auch die Hinweise auf S. 17.

Taxi

Nur in Male' gibt es Stadttaxis zum Einheitspreis von 1 US-$. Wegen der verwinkelten Gassen, der Einbahnstraßen und der schwierigen Orientierung im Häuserdschungel ist es zu empfehlen, sich ein Taxi zu nehmen. Der Taxifahrer kennt jeden Hauseingang.

Inlandsflüge

Die maledivische Fluggesellschaft **Maldivian** (früher: Island Aviation Services)

Preise für Fähren, Busse, Taxis

Die Transferkosten von der Flughafeninsel zur Urlaubsinsel schwanken zwischen 50 €, wenn man mit dem Boot zu einer nahegelegenen Insel im Nord- oder Südmale'-Atoll fährt, und mehreren hundert Euro, wenn man mit dem Wasserflugzeug zu entfernten Atollen fliegt. Die Überfahrt von der Flughafeninsel nach Male' im traditionellen Dhoni kostet 10 Rupien oder 1 US-$ (wird beides gerne genommen), zum gleichen Preis kann man sich mit dem Taxi auf Male' von jedem beliebigen Ort zu einem anderen bringen lassen.

fliegt täglich von Male' (Hulhule) die vier nationalen Flughäfen Gan, Hanimaadhoo, Kaadedhdhoo und Kadhdhoo an, von wo aus man mit Motorbooten zu den bewohnten Inseln und Hotelinseln weiterreisen kann. Außerdem fliegt sie regelmäßig auch nach Südindien (Thrivandrum) und Sri Lanka (Colombo).

Seit 2007 kann auch Gan im südlichen Addoo-Atoll von internationalen Fluggesellschaften angeflogen werden. Bisher allerdings reicht die Hotelkapazität im Süden noch nicht aus, das lohnend zu machen.

Die Gesellschaften **Maldivian Air Taxis** und **Trans Maldivian Airways** (s. S. 18) bieten – ausschließlich! – von Male' aus Inlandsflüge nach Gan an.

Schiffsverbindungen

Preisgünstiger, aber auch wesentlich langwieriger als der Flug ist die Reise mit einem Fischerboot. Im Hafen von Male' liegen Dutzende von Dhonis vor Anker, deren Besitzer bei entsprechender Bezahlung bereit sind, auf der Rückreise in ihren Heimathafen einen ausländischen Touristen mitzunehmen. Der Preis ist reine Verhandlungssache!

Übernachten

Stadthotels in Male'

Auf der Hauptstadtinsel Male' gibt es vier gute Stadthotels mit 20–30 Zimmern und ein gutes Dutzend einfache Gästehäuser mit 5–15 Zimmern. Die Hotels haben klimatisierte Zimmer, heißes und kaltes Wasser, Zimmertelefon, TV, Restaurant und Aufenthaltsraum/Lobby. Die Gästehäuser sind wesentlich günstiger, aber auch einfacher, manche verfügen über klimatisierte Zimmer und sogar Fernsehen in der Lobby. Gäste, die spätabends am Flughafen Hulhule ankommen und nicht mehr zu ihrer Urlaubsinsel gelangen können, verbringen eine Nacht in einem Hotel oder Gästehaus in Male' (s. S. 112 und 113).

Wie finde ich die ›richtige‹ Insel?

Derzeit gibt es über 100 für den Tourismus erschlossene Inseln mit zusammen etwa 16 000 Gästezimmern. Die Qualität der Unterbringung, des Service und des Essens steigt auf allen Inseln kontinuierlich an.

Bei der Suche nach der richtigen Insel sollte man sich klar darüber sein, was man auszugeben bereit ist, denn eine ›Billiginsel‹ bietet hinsichtlich Service, Essen, Qualität der Tauchausrüstung und Strandpflege natürlich weniger als eine Insel der mittleren oder gehobenen Preisklasse.

Die Urlaubsinseln sind weitgehend gleich aufgebaut. Es gibt einen langen Landungssteg, einen Empfangsraum, ein oder mehrere Restaurants und entlang der Küste errichtete Bungalows. Teurere Inseln verfügen in der Regel über weniger, dafür aber exklusivere und einzeln mit gebührendem Abstand zum Nachbarn stehende Villen. Je preiswerter die Urlaubsinseln sind, desto einfacher werden die Bauten und umso dichter stehen sie beieinander. Manchmal sind sogar viele Zimmer in Reihenbungalows oder mehrstöckigen Gebäuden untergebracht.

Suche anhand der Hoteltypen

Die Hotelinseln unterscheiden sich nicht nur im Preis – und damit im Qualitätsniveau der Bungalows, Restaurants und technischen Einrichtung –, sondern auch in den jeweiligen Zielsetzungen.

All-inclusive-Hotels

Da jede Insel eine von der Außenwelt abgeschlossene Einheit darstellt, ist Vollpension der übliche Buchungsweg. Nur einzelne Inseln erlauben Halbpension oder Übernachtung mit Frühstück und überlassen es dem Gast, im inseleigenen Coffeeshop à la carte zu speisen. Von Vollpension zu all-inclusive ist der Weg nicht weit: Nach dem Vorreiter **Club Med Kani** schließen sich auch andere Inseln diesem Konzept an. Da all-inclusive aber nie wirklich alles einschließt, sollte man sich beim Veranstalter vergewissern, ob die gewünschten Leistungen (Tauchen, Wasserski, Schnorchelausflüge, Hochseefischen, alkoholische Getränke) im Preis enthalten sind. Beispiele für gute All-inclusive-Inseln unterschiedlicher Preislagen sind **Rihiveli** (s. S. 158) **Moofushi** (s. S. 188) und **Lily Beach** (s. S. 158).

Luxushotels

Diese Gruppe umfasst Spitzenhotels, die sich durch ungewöhnlich professionellen Service, erstklassige und vielseitige Küche, großzügige Bungalows und hervorragend ausgestattete Tauch- und Wassersportbasen auszeichnen. In der Regel finden sich auf solchen Inseln keine Karaokebars und Diskotheken. Beispiele hierfür sind die Hotelinseln **Huvafen Fushi** (s. S. 134), **Shangri-La's Viligili** (s. S. 250), **Halaveli** (s. S. 178), **Conrad Maldives** (s. S. 182), **Island Hideaway** (s. S. 208), **Sonevafushi** (s. S. 216) und **Soneva Gili** (s. S. 139).

Sternehotels

In dieser Kategorie sind Inselhotels aufgeführt, die sich anhand technischer Nachrüstung fünf oder gar sechs Sterne in den Urlaubsprospekten erkämpft haben. Je mehr der unten genannten Einrichtungen vorhanden sind, desto mehr Sterne können vergeben werden. Zu solchen ›Features‹ moderner Urlaubsdomizile gehören Satelliten-TV und Hausvideo, internationales Durchwahltelefon und Telefax im Zimmer, Sauna, Gymnastik- und Kraftraum, Schwimmbad, Billardtisch, Tischtennis, Tennisplatz, japanische, italienische und indische Restaurants (klimatisiert), Karaokeraum, Kinderbetreuung, Suiten usw. Auf manchen dieser Inseln geht das ›Robinsongefühl‹ und der stille Genuss des Sternenhimmels über dem Indischen Ozean jedoch verloren. Zu den Sternehotels gehören beispielsweise die Anlagen **Bandos** (s. S. 123), **Paradise Island** (s. S. 137), **Holiday Island** (s. S. 186), **Olhuveli** (s. S. 155), **Sun Island** (s. S. 189) und **Kurumba** (s. S. 135).

Naturresorts

Einige Hotels haben es sich zur Aufgabe gemacht, ein möglichst ungetrübtes ›**Robinsongefühl**‹ zu erhalten. Bungalows stehen einzeln in dichter Vegetation, Wege sind nicht gepflastert, sondern es werden sandbedeckte

Hilfe bei der Hotelsuche

Die Inseln werden im Folgenden mit dem touristischen Namen genannt, der oft nicht mit dem traditionellen Inselnamen übereinstimmt. So wird die Identifizierung der Hotelinsel anhand der Katalogangaben der Veranstalter vereinfacht. Nimmt man die Urlaubsprospekte allein als Grundlage für die Suche, ist die Entscheidung oft nicht leicht: Alle Inseln sind darin gleichermaßen mit strahlend weißem Sandstrand, Schatten spendenden Palmen, glasklarem Wasser und großartigen Tauchplätzen gesegnet. Hilfe bei der Suche nach der richtigen Insel können zwei grundsätzliche Fragen geben: Was soll das Hotel bieten und wie soll die Insel aussehen?

Fußpfade von den Bungalows zu Restaurant und Strand freigehalten. Die Bungalowarchitektur erlaubt natürliche Ventilation, sodass man auch ohne Klimaanlage auskommen kann. In Restaurants, manchmal sogar im Bungalow, wird der Sandboden belassen. Zu solchen ›Naturinseln‹ zählen einige der luxuriösesten und teuersten Inseln, aber auch einige preiswerte Low-Budget-Inseln: **Filitheyo** (s. S. 231), **Banyan Tree Vabbinfaru** (s. S. 126), **Fihalhohi** (s. S. 155), **Rihiveli** (s. S. 158), **Sonevafushi** (s. S. 216), **Banyan Tree Madivaru** (s. S. 174).

Familienresorts

Auf diesen Inseln fühlen sich Familien wohl, die unterschiedliche Interessen unter einen Hut bringen müssen. Kleine Kinder sollen betreut sein und einen Pool oder einen poolähnlichen flachen Sandstrand vorfinden, größere Kinder und Jugendliche sollen Sport und Spaß, Tauchen und Wassersport geboten bekommen und die Eltern können sich in Ruhe zurückziehen. Beispiele für Familienresorts sind: **Bandos** (s. S. 123), **Club Med Kani** (s. S. 129), **Antara Dhigufinolhu** (s. S. 153), **Fihalhohi** (s. S. 155), **Holiday Island** (s. S. 186), **Kuredu** (s. S. 219), **Hudhuran Fushi** (s. S. 134), **Dhonveli** (s. S. 130).

Spaß- und Sportresorts

Dazu gehören Inselhotels, die ihre Gäste zu sportlichen Aktivitäten animieren, Diskotheken und allabendliche Livemusik bieten sowie über Sauna, Swimmingpool und reichlich Sportplätze und Fitnessräume verfügen. Solche Spaß- und Sportresorts sind beispielsweise **Bandos** (s. S. 123), **Club Med Kani** (s. S. 129), **Fihalhohi** (s. S. 155), **Hudhuran Fushi** (s. S. 134), **Paradise Island** (s. S. 137) und **Reethi Beach** (s. S. 215).

Schnorchelresorts

Die für die Malediven typischen ›Spiegelei-Inseln‹ im Inneren der Atolle haben artenreiche und vielgestaltige Hausriffe. Wenn das Riff vom Strand aus einfach erreichbar ist, wird die Insel zum wahren Schnorchelparadies. Beispiele: **Mirihi** (s. S. 187), **Cocoa** (s. S. 154), **Lily Beach** (s. S. 186), **Island Hideaway** (s. S. 208), **Coco Palm Resort & Spa** (s. S. 213), **Filitheyo** (s. S. 231) oder **Baros** (s. S. 127).

Tauchresorts

Alle Malediveninseln verfügen über eine Tauchbasis, die ihre ›privaten‹ Tauchspots nahe der Insel eifersüchtig hütet. Mit den modernen Tauch-Dhonis sind weiter entfernte Tauchplätze in akzeptabler Fahrzeit erreichbar. Viele Tauchbasen besitzen zusätzlich eine schnelle Motorjacht, um mit ihren Gästen weit entfernte Tauchhöhepunkte besuchen zu können. Die folgenden Inseln gelten als ausgesprochene Taucherinseln, weil ein hoher

Prozentsatz ihrer Gäste täglich mehrmals zum Tauchen geht und damit eine Gemeinschaft Gleichgesinnter entsteht. Außerdem sind in der Nähe besonders viele erstklassige Tauchplätze zu finden: **Alimatha** (s. S. 227), **Angaga** (s. S. 180), **Bathala** (s. S. 174), **Biyadhoo** (s. S. 151), **Ellaidhoo** (s. S. 175), **Embudu** (s. S. 154), **Helengeli** (s. S. 133), **Kuredu** (s. S. 219), **Meeru** (s. S. 137), **Vadhu** (s. S. 162), **Vilamendu** (s. S. 191), **Filitheyo** (s. S. 231), **Medhufushi** (s. S. 238).

Suche anhand der Inseltypen

Jede der drei Grundtypen maledivischer Inseln hat charakteristische Eigenschaften, die dem einen entgegenkommen, den anderen vielleicht stören.

Spiegelei-Insel

Dieser Inseltyp befindet sich im Atollinneren, an strömungsarmen Plätzen. Ein runder, manchmal auch ovaler Korallenstock erreicht die Wasseroberfläche und wird von Palmen, Sträuchern und Laubbäumen besiedelt. Dieser aus der Meeresoberfläche um 1–2 m herausragende Festlandteil (›das Gelbe vom Ei‹) hat einen Durchmesser von 100–300 m. Die Insel umgibt ein etwa 100–200 m breiter Ring, der mit weißem, feinem Sand angefüllt ist. Diese Lagune ist in der Regel 1–4 m tief, manchmal auch von Korallenstöcken bewachsen und wiederum

Manche Hotelinseln legen viel Wert auf den Erhalt der Umwelt und ursprüngliches Flair

Mein Tipp

Authentische Malediven

Highlights sind auf den Malediven ganz individuell unterschiedlich. Einer empfindet eine naturverbundene Luxusinsel wie Sonevafushi als Highlight, jemand anders eine kleine, freundliche Tauchbasis, in der er sich besonders gut betreut fühlt. Ich persönlich kann einen Besuch des südlichen Addoo-Atolls mit seinem neuen Luxushotel **Shangri-La's Viligili** (s. S. 250) empfehlen. Von dort bieten sich individuelle Ausflüge auf die Nachbarinseln Hithadoo, Feydhoo und weitere Inseln an. Das Besondere: Nirgendwo sonst kann man die Malediven so authentisch erleben wie dort.

von einem Hausriff umrandet. Dieser Inseltyp ist ideal für **Schnorchler und Taucher,** insbesondere auch für Tauchanfänger, die auf die Begegnung mit Hammerhaien und starken Strömungen lieber verzichten. Beispiele: **Bandos** (s. S. 123), **Bathala** (s. S. 174), **Biyadhoo** (s. S. 151), **Angsana Ihuru** (s. S. 122), **Machchafushi** (s. S. 187).

Halbmond-Insel

Auch dieser Inseltyp liegt im Atollinneren, allerdings in einem Strömungskanal. Die Sandbank (der ›Halbmond‹), auf der einst der erste Inselbewuchs entstand, befindet sich an der Seite eines nahe der Wasseroberfläche liegenden Korallenstocks, welcher der vorherrschenden Strömung abgewandt ist. Eine ›Halbmond-Insel‹ ist etwa 200–300 m lang und 100–200 m breit. Auf der halbkreisförmigen Außenseite erstreckt sich wie bei der ›Spiegelei-Insel‹ eine Lagune von etwa 100 m

Breite, die von einem Riff (Hausriff) abgeschlossen ist. Verlängert man die Enden des Halbmondes und lässt sie zu einem Oval zusammenlaufen, entsteht auf der Innenseite die für diesen Typ charakteristische, geschützte Lagune mit weichem, weißem Sandboden, in der man hervorragend schwimmen und windsurfen kann. Eine solche Insel bietet einen guten Kompromiss: Ein Hausriff ist vorhanden, wenn auch nicht so groß wie bei der ›Spiegelei-Insel‹, dafür ist die geschützte Innenlagune größer und für Wassersport besser geeignet. Beispiele: **Banyan Tree Vabbinfaru** (s. S. 126), **Baros** (s. S. 127), **Ellaidhoo** (s. S. 175), **Embudu** (s. S. 154), **Giravaru** (s. S. 133), **Huvafen Fushi** (s. S. 134), **Kurumba** (s. S. 135).

Sandbank-Insel

Dieser Inseltyp liegt an der Außenseite eines Atolls. Er ist lang gestreckt und schließt das ruhige Atollinnere gegen den offenen Ozean ab. An ihren Schmalseiten laufen diese Inseln sanft aus und enden in einem strömungsreichen Kanal, durch den bei Ebbe das Wasser aus dem Atoll aus-, bei Flut ins Atoll einfließt. An der zum Ozean gerichteten Inselseite befindet sich meist ein nahe gelegenes Riff, das die großen Wellen vom Ozean bricht, auf der Atollinnenseite eine weite Sandbank. Solche Inseln können sehr unterschiedliche Größen haben. Zwei extreme Vertreter dieses Inseltyps sind die Luxusinseln **Cocoa** (s. S. 154), mit 30 x 100 m die kleinste, und **Sonevafushi** (s. S. 216), mit 400 x 1200 m eine der größten Ferieninseln. Tauchgänge unmittelbar vom Strand aus sind meist nicht möglich, dafür liegen in den Strömungskanälen an den beiden Schmalseiten besonders interessante und fischreiche Tauchplätze. Weitere Beispiele: **Holiday Island** (s. S. 186), **Rihiveli** (s. S. 158), **Sun Island** (s. S. 189).

Essen und Trinken

Die traditionelle maledivische Küche

Die Essgewohnheiten auf den Fischerinseln sind denkbar einfach. Eine Mahlzeit besteht in aller Regel aus gekochtem Fisch mit Reis. Wenn auf der Insel ein wenig Tarogemüse oder gar Obst angebaut werden, isst man es dazu. Tropische Früchte wachsen kaum auf den maledivischen Inseln, da der Boden zu arm und salzhaltig ist. Es überrascht, dass die Malediver auch bei der Auswahl und der Zubereitung des Fischs kaum Alternativen haben. Rifffische zu fangen ist unüblich, erst seit in den Hotels Nachfrage besteht, stellen sich einzelne Fischer um. Traditionell werden kleine Rifffische lediglich als Köder gefangen, um am Angelhaken die großen Thunfische und Bonitos anzulocken.

Mahlzeiten in den Hotels

Jedes Resort bietet seinen Hotelgästen ein oder mehrere Restaurants. Das Hauptrestaurant befindet sich meistens in der Nähe des Landungsstegs. Je komfortabler die Anlage ist, umso mehr Nebenrestaurants (auch **Coffeeshops** genannt) gibt es zusätzlich auf der Insel. Das Frühstück kann man in der Regel bereits kurz nach Sonnenaufgang genießen, das Abendessen während oder nach Sonnenuntergang.

Auf den mittleren und teureren Hotelinseln hat sich eine gehobene Esskultur etabliert. Es werden Köche aus Japan, Europa, China und Indonesien angestellt und Lebensmittel von überall her in Kühlschiffen importiert. Tropische Früchte kommen meist aus Sri Lanka und Indien oder Indonesien. Teure Hotelinseln wie die der Soneva-Hotels (s. S. 139, 216), Four Seasons (s. S. 214), Conrad (s. S. 182), Dhonveli (s. S. 130), Banyan Tree (s. S. 126, 174) und einige andere glänzen sogar mit ausgesprochen lukullischem Essen in luxuriöser Umgebung. Man hat erkannt, dass gerade auf so einer kleinen Insel die Mahlzeiten ein wichtiger Zeitvertreib sind und beim Publikum entscheidend auf die letztlich gute oder weniger gute Bewertung Einfluss nehmen. In den preiswerten Hotels muss man sich aber darauf einstellen, dass die Büfets zwar reichhaltig bestückt sind, die Qualität der Lebensmittel und der Zubereitung und auch die Vielfalt manchmal gering sind.

Wer gerne **Authentisches** isst, kann nachfragen, ob er statt der internationalen ›Entenbrust an Orangensoße‹ ein auf heimische Art zubereitetes Menü bekommen kann. Das ist eigentlich immer in der Küche vorhanden. Wer sich das wünscht, wird aus dem **Currytopf** (Fischcurry vermutlich) die besten Stücke serviert bekommen, muss sich aber darauf einstellen, dass es schärfer gewürzt ist, als unsere Gaumen das gewohnt sind. Viele Hotels der höheren Sternekategorien bieten daher inzwischen eine oder zwei maledivische Menüalternativen an, die auch aus der ›Staff-Küche‹ kommen, aber weniger scharf gewürzt sind.

Getränke

Wie in allen islamischen Ländern gilt Alkohol als gefährliche Droge, und sein Konsum ist für Malediver verboten. Auch die Einfuhr von alkoholischen Getränken im Reisegepäck ist nicht erlaubt. Bei der Kontrolle werden sie konfisziert und können bei der Ausreise wieder mitgenommen werden. Auf Malé und den Fischerinseln sind daher alkoholische Getränke weder in Geschäften noch in Restaurants erhältlich. Wenn doch ein Bier auf der Karte stehen sollte, ist es alkoholfrei. Malediver löschen ihren Durst mit Wasser (heute meist aus Entsalzungsanlagen gewonnen) oder mit Kokosmilch. Inzwischen bekommt man auf vielen Inseln auch heimisch hergestellte Coca-Cola und Sprite, die im Land aus entsalztem Meerwasser hergestellt werden. Einheimische können sich diese Getränke in der Regel aber nicht leisten.

Ein Luxusartikel ist für Malediver auch das aus den Blütenständen der Kokospalme gewonnene Kokoswasser, das sofort nach der Ernte süß und frisch schmeckt. Schon nach wenigen Stunden allerdings beginnt es zu fermentieren und wird daher für Malediver ungenießbar – zumindest bei Tag, wenn Allah und die Regierung zusehen können.

Leckeres ganz frisch auf den Tisch

In der Hauptstadt darf in den Stadthotels zwar Alkohol an Ausländer ausgeschenkt werden, doch ist die Auswahl alkoholischer Getränke eher bescheiden. Und wenn man einfach ein Bier bestellt, ist es automatisch alkoholfrei. Auf Rückfrage nach einem ›normalen‹ Bier ist die Antwort oft ein bedauerndes Kopfschütteln.

Ausländische Touristen erhalten auf den Urlaubsinseln hingegen alle gewünschten alkoholischen Getränke in unbegrenzter Menge. Es gibt Bier, Wein und Spirituosen aller Art. Die Preise sind allerdings hoch – so hoch, dass möglichst kein maledivischer Angestellter auf die Idee kommt, sich etwas Alkoholisches zu kaufen. Weil es Maledivern nicht nur verboten ist, Alkohol zu trinken, sondern auch auszuschenken, kommen die Barmänner hinter der Theke meist aus Sri Lanka, Thailand, Indien oder Europa. Seit einigen Jahren wird dieses Verbot, alkoholische Getränke auszuschenken, aber offenbar nicht mehr sehr ernst genommen und man findet immer mehr Malediver hinter dem Tresen.

Essen gehen

Als Maledivenurlauber wird man selten Gelegenheit haben, ein Restaurant zu besuchen, denn in aller Regel bucht man Halb- oder gar Vollpension. Und das ist auch ratsam, da die Preise in den Coffeeshops gesalzen sein können. Coffeeshops heißen die oft unabhängig geführten Restaurants auf preiswerteren Urlaubsinseln, die ihren Gästen damit die Möglichkeit geben, hin und wieder das Inklusivessen ausfallen zu lassen und sich etwas ›Exklusives‹ zu gönnen. Die Preise sind auf europäischem Niveau oder sogar ein Stück darüber. Das gilt sowohl für Essen als auch für Getränke.

Aktivurlaub und Sport

Angeln

Ein paar Stunden Nachtfischen nach Sonnenuntergang kann man gemeinsam mit anderen Hotelgästen schon für 15–30 € pro Person bekommen. Im Unterschied zu ähnlichen tropischen Urlaubszielen wird Hochseefischen auf den Malediven (noch) nur von sehr wenigen, sehr teuren Hotels als touristische Attraktion angeboten. Allerdings ist es wenig verbreitet, weil nach den Gesetzen der Malediven nur Schleppangeln (trolling) und das Spinnfischen (popping) erlaubt sind. Um wie Hemingway mit Schwertfisch oder Hai zu kämpfen, sind die Malediven nicht die richtigen Urlaubsinseln.

Baden

Es gibt wenige tropische Urlaubsgebiete, die annähernd so schöne Strände besitzen wie die Malediven. Genau genommen besteht so eine Insel zum größten Teil aus Strand. Eine Insel mit einem Durchmesser von 400 m hat immerhin einen Strand von fast 1,3 km Länge. Allerdings ist die Strandqualität nicht immer gleich. Manche Inseln haben durch Erosion einen Teil des Strandes verloren und durch steinerne Schutzwände ersetzt, andere sind bis nahe an den Strand mit Korallen gefüllt – was den Badespaß etwas trüben kann.

Fitness und Ballsport

Fitnessfans sollten sich eine Insel mit klimatisiertem Sportcenter aussuchen. Manche Inseln, die zur 5-Sterne-Kategorie zählen (Diva s. S. 182, Sonevafushi s. S. 216) verfügen sogar über Tennisplätze oder Volleyballplätze. Auf Male' kommen auch Fußballbegeisterte zum Zuge: Dort gibt es gleich mehrere Plätze und eine Halle (s. S. 115).

Surfen

Sie müssen den Kopf nicht gleich tief unter Wasser stecken, um sporttechnisch auf Ihre Kosten zu kommen, denn auch für Surfer sind die Maledi-

---

Taucherzertifikat mitbringen!

Als Taucher sollte man sich vor der Reise untersuchen lassen. Das ärztliche Zertifikat, das die Tauchtauglichkeit bescheinigt, gibt man bei der Tauchbasis ab. Fehlt es, wird der Basisleiter Fragen stellen und eine Freistellung verlangen, wonach der Gast alle mit dem Tauchen verbundenen Risiken alleine trägt. Egal ob mit oder ohne Zertifikat: Ein Tauchlehrer wird niemanden mitnehmen, bei dem er aufgrund der Besprechung ein Risiko sieht – das könnte schließlich nicht nur ihn, sondern die ganze Gruppe gefährden.

Wer zu Hause keine tauchsportärztliche Untersuchung durchgeführt hat, kann diese auf den Inseln **Bandos** (Nordmale'-Atoll), **Kuramathi** (Rasdhoo-Atoll) und **Kandoludu** (Ari-Atoll) nachholen. Auf diesen Inseln gibt es spezialisierte Ärzte und je eine Dekompressionskammer.

Mögliche Gefahren unter Wasser

Um auf den Malediven eine schmerzhafte oder gar gefährliche Bekanntschaft mit Tieren zu machen, muss man sich schon bemühen! Die wenigen Risiken, die Schwimmern und Tauchern hier drohen könnten, lassen sich mit ein wenig Vorsicht recht einfach ausschließen:

Haie kommen nur außerhalb der Lagunen vor, sind aber dort ebenso harmlos wie die größeren Exemplare am Außenriff. Auch wenn viele der Taucher die Malediven besuchen, um diesem dämonisierten Raubfisch zu begegnen, hat es noch keinen Angriff eines Hais auf Menschen gegeben.

Stachelrochen gewöhnen sich schnell an Menschen. Manche Insulaner füttern sie gar wie Haustiere am Strand. Allerdings können sie mit ihrem Schwanzende sehr unangenehme Verletzungen zufügen, wenn sie erschrecken: Sie könnten sich reflexhaft wehren, wenn man auf ihre Flossen tritt, daher bei Fütterungen hastige Bewegungen vermeiden und Kinder aus sicherer Entfernung zusehen lassen.

Das Kalkskelett der **Korallen** ist scharfkantig! Da manche Korallenpolypen ein Gift haben, das Reizungen und Infektionen auslösen kann, besser beim Schnorcheln und Tauchen die Berührung mit Korallen vermeiden. Eine eventuelle Wunde sorgfältig mit Süßwasser auswaschen und anschließend mit einem Desinfektionsmittel reinigen.

Steinfische liegen gut getarnt in Korallengebieten. Tritt man auf den Fisch, stellt er seine Rückenflosse auf, in deren Gräten ein Gift sitzt. Waschen Sie die Einstichstelle mit heißem Wasser, Wärme mindert die Wirkung des Gifts. Für **Seeigel** gilt das Gleiche – jedoch sieht man sie leicht und das Gift in ihren Stacheln ist weniger schmerzhaft.

ven ein Traumziel. Surfprofis sind sich auf den Inseln des Süd- und Nordmale'-Atolls guter Wellen sicher, Anfänger sollten sich besser erst einmal auf ein paar Runden in der Lagune ihrer Hotelinseln beschränken. Entsprechendes Gerät ist meist vor Ort ausleihbar und auch (Anfänger-)Kurse werden angeboten.

Tauchen und Schnorcheln

Gerade bei deutschsprachigen Maledivenurlaubern steht der Wunsch nach Tauchgängen oft im Vordergrund, denn zu Recht gehören die Malediven zu den besten Tauchspots dieser Welt. So verfügen alle Malediveninseln über eine meist gut ausgestattete Tauchbasis, wobei man sich bei der Qualität des Materials und des gebotenen Service (muss ich meine Ausrüstung selbst schleppen oder bringt sie jemand ans Wasser?) am Preis des Resorts orientieren kann. Viel Service ist teuer, wenig Service billig. Erfahrene Vieltaucher sollten ihre Ausrüstung mitbringen, für Gelegenheitstaucher ist eigentlich immer das Nötige in guter Qualität vorhanden. Die eigene ABC-Ausrüstung (Flossen, Taucherbrille, Schnorchel) ist aber auch für Anfänger empfehlenswert, denn wer benutzt schon gerne ein Mundstück, auf dem schon Hundert andere ihre Zahnspuren hinterlassen haben. Die Mietpreise bewegen sich im normalen Rahmen.

Viele Tauchbasen bieten ihren Gästen auch die Möglichkeit, an ›Schnuppertauchen‹ oder Tauchkursen teilzunehmen. Für einen Tauchkurs von einer Woche Dauer sollte man mit etwa 400 € inklusive zehn Tauchgängen und der Miete des erforderlichen Gerätes rechnen.

Wer vom Tauchen einfach nicht genug bekommen kann und gerne

Tauchspots aufsuchen möchte, die nicht ›überlaufen‹ sind, sollte sich überlegen, an einer Tauchbootsafari teilzunehmen (siehe Entdeckungstour S. 160).

Wassersportgerät mieten

Je nach Inseltyp bieten die Wassersportzentren ihre Ausrüstung gratis an (AI) oder verlangen Mietpreise. Auf den großen Inseln ist zwar viel Material (Hobbie Cats, Windsurfausrüstung, Bananaboat usw.) vorhanden, doch kann der Andrang bei 200 bis 500 Gästen auch groß sein. Entspannter geht es auf den kleineren und teureren Inseln zu, wo in der Regel keine Gebühren für die Wassersportgeräte verlangt werden und immer ausreichend davon vorhanden sind.

Fast nirgends ist es so angenehm Tauchen zu lernen wie in den Lagunen der Malediven

Feste und Unterhaltung

Islamische Feiertage

Ein Feiertag ist wie in allen islamischen Ländern der **Freitag.** Er entspricht unserem Sonntag, der auf den Malediven wiederum ein ganz normaler Werktag ist.

Am letzten Tag des Fastenmonats Ramadan wird **Kuda Id** gefeiert, ein Fest, das ähnlich unserem Weihnachtsfest mit Geschenken an die Familie begangen wird. **Bodu Id,** der Tag des Aufbruchs zum Hadsch nach Mekka, und **Maul Id,** der Geburtstag des Propheten

Feiertags- und Festkalender

Die Festtermine und Feiertage des islamischen Kalenders sind variabel und verschieben sich von Jahr zu Jahr (s. auch www.islam.de).

Januar/Februar
Neujahr: 1. Jan.
Huravee: Meist Ende Januar oder Anfang Februar; Feier des Tages, an dem 1752 die Herrschaft indischer Händler gebrochen wurde.
Maul Id: 3./4. Febr. 2012, 23./24. Jan. 2013. Drei aufeinander folgende Festtage zu Ehren des Geburtstags des Propheten Mohammed.

Juni/Juli
Märtyrertag: Gedenken des Märtyrertodes von Sultan Ali VI. im Jahr 1558. Er musste sterben, da er sich von der portugiesischen Besatzungsmacht nicht zum katholischen Glauben bekehren ließ.
Nationaltag: National Day. Erster Tag des dritten Monats des islamischen Mondkalenders Rabee-ul-Awal. Feiertag zum Gedenken an die Vertreibung der portugiesischen Besatzungsmacht im Jahre 1573.
Independence Day: 26. Juli. Feier der Beendigung des Protektoratsvertrags mit England 1965.

August/September
Roadha Mas (Ramadan): 20. Juli–19. Aug. 2012, 9. Juli–8. Aug. 2013. Islamischer Fastenmonat. Neunter Monat des islamischen Mondkalenders.
Kuda Id (Id ul Fitr): 19. Aug. 2012, 8. Aug. 2013. Fest zum Fastenbrechen am letzten Tag des Ramadan.

November
Victory Day: 3. Nov. Zum Gedenken an den Tag, an dem 1988 der Umsturzversuch durch Söldner aus Sri Lanka abgewehrt wurde.
Republic Day: 11. Nov. Tag der Gründung der Republik Malediven im Jahre 1968.
Bodu Id (Opferfest): 25. Okt. 2012, 15. Okt. 2013. Neben dem Kuda Id (s. o.) ein sehr wichtiges islamisches Fest und für viele Muslime Tag des Aufbruchs zur Pilgerfahrt nach Mekka. Es wird zwei Monate und zehn Tage nach dem letzten Tag des Ramadan feierlich begangen.

Dezember
Tag der Fischerei: 10. Dez. An diesem Tag wird die große Bedeutung des Fischfangs für die Malediven gefeiert.
Islamisches Neujahr: 15. Nov. 2012, 4. Nov. 2013.

Mohammed, sind ebenfalls Anlass zu Festen, die wie in allen islamischen Staaten ausgiebig gefeiert werden.

Familienfeste

Neben den islamischen Feiertagen gibt es innerhalb der Familien und Dorfgemeinschaften eine Reihe weiterer traditioneller Feste. Zum **Tag der Namensgebung** versammeln sich sieben Tage nach der Geburt eines Kindes Freunde, Verwandte und der oberste islamische Richter, um in einer feierlichen Zeremonie dem Neugeborenen einen Namen zu geben und bei einem anschließenden Festmahl die Taufe zu feiern.

Ein drei Tage andauerndes **Beschneidungsfest** veranstalten die Familien, wenn ihre Söhne im Alter zwischen sechs und acht Jahren beschnitten werden; eine Operation, die alle Jungen dieses Alters über sich ergehen lassen müssen. Anschließend wird den Kindern drei Tage Ruhe gegönnt, während die Eltern der Jungen ihnen zu Ehren zusammen mit der Großfamilie – und um ihnen über den Schmerz der Operation hinwegzuhelfen – mit reichhaltigem Essen, Musik und Tanz feiern.

Ebenfalls mehrere Tage dauern **Begräbnisfeiern:** Verstorbene werden auf den Inseln sofort beerdigt und an den folgenden Tagen am Grab von den Verwandten betrauert. 40 Tage später lädt die Familie des Verstorbenen zu einem Festmahl, das in den folgenden Jahren jeweils am gleichen Tag wiederholt wird. Manche Familien gedenken aller ihrer Verstorbenen einmal jährlich jeweils am gleichen Tag.

Nachtleben

Vom Nachtleben sollte man sich nicht zu viel versprechen. Die meisten Hotelgäste sind vom Faulenzen, Schnorcheln, Tauchen und Essen ohnehin bald nach dem Abendessen zu müde, um sich noch über eine Tanzfläche zu schleppen. Außerdem ist die Qualität der musikalischen Darbietungen eher mäßig – abgesehen von den **Bodu-Beru-Vorführungen,** die auf manchen Inseln gelegentlich von Einwohnern benachbarter Fischerinseln gezeigt werden. Nur auf den großen Hotelinseln wie Bandos oder Kurumba nahe Male' gastieren häufig die besten Musikgruppen des Landes, die durchaus mit guten Bands in europäischen Städten mithalten können.

Reiseinfos von A bis Z

Apotheken

In Male' gibt es Apotheken, die die gebräuchlichsten Medikamente verkaufen.

Ärztliche Versorgung

Im Osten der Hauptstadt Male' befinden sich ein gut ausgestattetes **Kran**kenhaus (Central Hospital, Sosun Magu, Tel. 332 24 40) sowie die Privatkliniken **ADK** (Tel. 332 04 36) und **AMDC** (Tel. 332 59 79, Schweizer Arzt). In allen anderen Atoll-Hauptstädten gibt es jeweils eine Krankenstation, die von einem Arzt geleitet wird.

Manche Inseln haben zudem Krankenstationen, an denen qualifizierte Arzthelfer(innen) und Krankenpfleger(innen) tätig sind. Bei Bedarf werden die Stationen auch von Ärzten besucht. Urlaubsgäste mit bekannten Gesundheitsrisiken sollten eine Insel nahe Male' als Feriendomizil wählen, um im Notfall schnell in das Krankenhaus der Hauptstadt zu gelangen oder den Heimflug antreten zu können.

Zudem sind auf der Insel Bandos auf Tauchrisiken spezialisierte, europäische Ärzte stationiert. Auch sie können im Notfall fachmännisch Erste Hilfe leisten. Hier gibt es auch eine **Dekompressionskammer,** um Taucher zu versorgen, die zu schnell aufgetaucht sind.

Diplomatische Vertretungen

… von Deutschland
Honorarkonsulat
Dr. Ibrahim Maniku
c/o Universal Enterprises
Private Ltd.
38 Orchid Magu
20213 Male' 20–02
Tel. +960 332 30 80
Fax +960 333 22 58
E-Mail: iumaniku@unient.com.mv

… von Österreich
Honorarkonsulat
39 Orchid Magu
20125 Male'
Tel. +960 332 30 80
Fax +960 332 26 78 oder 332 02 74
E-Mail: hossen@unient.com.mv

… von der Schweiz
Die Schweiz hat auf den Malediven keine eigene Vertretung. Zuständig ist die Botschaft auf Sri Lanka.
Botschaft der Schweiz
63, Gregory's Road
Colombo 7, Sri Lanka
Tel: +94 112 69 51 17
Fax: +94 112 69 51 76
www.eda.admin.ch/colombo

Diplomatische Vertretungen der Malediven

… in Deutschland
Honorarkonsulat der Malediven
Herr Gottfried Mücke
Immanuel-Kant-Straße 16
61350 Bad Homburg
Tel. 06172 862 93
Fax 06172 86 78 33

… in Österreich
Honorarkonsulat der Malediven
Weimarer Str. 104
A-1190 Wien
Tel. +43 1 369 66 44-0
Fax +43 1 369 66 44 30

… in der Schweiz
In der Schweiz sind die Malediven nicht vertreten, Schweizer wenden sich bitte an die Vertretungen in Deutschland und Österreich.

… in London
Die in London ansässige Botschaft ist auch für Deutschland, Österreich und die Schweiz zuständig:

High Commission of Maldives
22, Nottingham Palace
London WIM 3FB
Tel. +44 171 224 21 35
Fax +44 171 224 21 57

Drogen

Der Import, Handel und Konsum von Drogen ist untersagt. Für einen Malediver besteht dabei kein wesentlicher Unterschied zwischen Alkohol einerseits und Haschisch, Kokain oder Heroin andererseits. Der Import oder Genuss steht unter Strafe. Einzige Ausnahme ist der Genuss von Alkohol durch Ausländer auf den Urlaubsinseln.

Elektrizität

In Male' und auf den Urlaubsinseln steht Strom meist 24 Stunden pro Tag zur Verfügung. Die Generatoren versorgen die Inseln mit 220–240 Volt, die Steckersysteme sind den international üblichen Normen angepasst. Wer allerdings sichergehen will, sollte einen Adapter mitbringen.

FKK

Baden und sonnen oben ohne oder gar nackt ist mit den islamischen Sittenvorstellungen unvereinbar und daher untersagt. Sowohl Gäste als auch unaufmerksame Hotelmanager müssen daher auf den maledivischen Inseln mit heftigen Geldstrafen rechen, wenn sie sich nicht daran halten.

Fotografieren

Abgesehen von Sonnenauf- und Sonnenuntergängen satt bieten die Malediven vergleichsweise wenige Motive für den Überwasserfotografen. Unter Wasser ist die fotogene Vielfalt weitaus größer, erfordert allerdings eine spezielle Ausrüstung und viel Fachwissen. In manchen Tauchbasen kann Ausrüstung für die Unterwasserfotografie ausgeliehen werden.

Wenn Sie Menschen fotografieren wollen, gelten die Regeln des Anstands wie bei uns auch: zuerst fragen, dann knipsen! Anders als Moslems anderer Länder lassen sich die Malediver gerne fotografieren, wenn man sie um Erlaubnis fragt.

Da Filmmaterial auf den Malediven sehr teuer und nur schwer erhältlich ist, sollte man genügend Filme mitbringen – oder einen großen Speicherchip für die Digitalkamera kaufen.

Geld

Die Währung der Malediven heißt **Rufiyaa** (Rf.) und kann mit Bargeld oder Reiseschecks bei der Ankunft auf der Bank im Flughafengebäude gekauft werden. Der US-$ wird als Zweitwährung akzeptiert. Auf den Hotelinseln bezahlt man am Ende des Urlaubs mit Kreditkarte oder Reiseschecks. Bargeld erhält man nur bei den Banken in Male', die gegen Vorlage der Kreditkarte und Reisepass US-$ ausgeben (s. auch ›Reisekasse‹).

1 Rf. = 0,06 US-$ = 0,05 € = 0,06 sfr.

Gesundheit

Vor Ihrer Abreise sollten Sie bei Ihrer Krankenversicherung abklären, welche Kosten übernommen werden. Achten Sie darauf, dass auch Kosten abgedeckt sind, die durch die Ausübung ›gefährlicher‹ Sportarten (insbesondere Tauchen!) hervorgerufen werden. Auf den Malediven sind die Gesundheitsrisiken gering, einige Gefahren sollte man sich jedoch bewusst machen.

Dehydrierung

Trinken Sie viel Wasser und würzen Sie die Speisen gut! Durch starken Flüssigkeitsverlust gehen Salze verloren, die mit der Nahrung wieder zugeführt werden müssen. Wichtig ist, dass man durch Trinken von Wasser die vom Körper abgegebene Flüssigkeit ersetzt. Drei bis vier Liter sollte ein Erwachsener in heißem Klima pro Tag trinken! Fehlen dem Körper Salz und Flüssigkeit, reagiert er mit Müdigkeit, Abgeschlagenheit, Lustlosigkeit, Trägheit, Kopfschmerzen und niedrigem Blutdruck.

Dekompression

Zu schnelles Auftauchen aus großen Tiefen führt zur Dekompressions-

Reiseinfos

krankheit, die in der Druckkammer auf der Insel Bandos behandelt werden kann. Der Weg dorthin ist unter Umständen (zu) weit.

Gesundheitscheck für Taucher

Frischen Sie vor der Reise die Tauchkenntnisse auf, damit Sie keinen Leichtsinnsfehler begehen. Vor der Abreise sollte man auch seine **Tauchtauglichkeit** vom Arzt prüfen lassen. Wichtig sind einwandfreie Funktionen von Herz und Lunge (keine Asthmaerkrankung). Die Prüfung dient dem eigenen Schutz. Selbst wenn eine Bestätigung vorgelegt wird, sichern sich die Tauchbasen nochmals ab, indem sie die Unterschrift unter eine vorgedruckte, schriftliche Erklärung verlangen, die einen tauchgeeigneten Gesundheitszustand bestätigt und in dem die Verantwortung der Tauchbasis bei Gesundheitsproblemen ausgeschlossen wird. Ergeben sich aus einem Vorgespräch ernsthafte Risikofaktoren, wird der verantwortungsbewusste Tauchlehrer einen weiteren Gesundheitscheck in der auf Tauchkrankheiten spezialisierten Klinik auf der Insel Bandos zur Bedingung machen – oder es ablehnen, mit dem Gast zum Tauchen zu gehen.

Hitzschlag

Die Tagestemperaturen liegen auf den Malediven kaum höher als in einem mitteleuropäischen Sommer. Was dem Organismus aber zu schaffen machen kann, ist die erhöhte Luftfeuchtigkeit. Wer sich unter diesen Voraussetzungen zu lange in der Sonne aufhält, läuft Gefahr, seine Körpertemperatur in ungesunde Höhen zu treiben und einen Hitzschlag zu erleiden. Erste Anzeichen sind Unwohlsein, Trägheit, mangelnde Schweißabsonderung, Kopfschmerzen und Verlust des Gleichgewichtsgefühls. Daher: Bücher im Schatten einer Kokospalme lesen und zwischendurch ins Wasser gehen, um die Körpertemperatur zu normalisieren.

Insektenstiche

Mücken gibt es auf den Malediven, doch sind sie kein ernstes Problem. Man sollte am Abend die Haut mit leichten Baumwollstoffen abdecken und Stiche nicht aufkratzen, denn Entzündungen der Haut heilen im feuch-

ten Klima schlecht. Wenn Mücken im Zimmer auftauchen: Ventilator oder Klimaanlage einschalten, Moskitospiralen anzünden oder freie Körperstellen mit Autan einsprühen.

Klimaanlage

Viele empfinden Klimaanlagen in tropischen Gebieten als angenehm, sie sind aber alles andere als gesund. Wenn man sie unbedingt benötigt, ist es ratsam, sie nicht niedriger als auf 26 °C einzustellen. Damit vermeidet man den ständigen Wechsel aus trockener Kühle im Zimmer in feuchte Hitze draußen, was das Regulierungssystem des Organismus stört. Gesünder ist es, das Hotelzimmer gut zu durchlüften. Nach zwei Tagen hat sich der Körper an die Luftfeuchtigkeit und Temperatur gewöhnt und empfindet sie als angenehm. Ist es draußen doch mal zu heiß, braucht man nur zehn Minuten ins Wasser zu gehen, und das

Bungalow inmitten von Palmen im Medhufushi Island Resort (Mulaku-Atoll)

System ist wieder im Gleichgewicht. Wichtig ist es auch, am Abend vor dem Schlafengehen nochmals in die kühlenden Fluten zu steigen, damit der Körper gut gekühlt einschläft.

Sonnenbrand

Zwischen nördlichem und südlichem Wendekreis der Sonne (Tropen) ist der Anteil der UV-B-Strahlen im Sonnenlicht größer als in unseren Breiten. Halten Sie sich (vor allem in den ersten Tagen) nur kurz in der Sonne auf und benutzen Sie eine Sonnencreme mit hohem Sonnenschutzfaktor. Das gilt insbesondere für Kinder.

Internetzugang

Fast alle Hotels der 5-Sterne-Kategorie und auch viele 4-Sterne-Hotels verfügen über WLAN-Anschluss in all ihren Villen. Und wenn das ausnahmsweise nicht der Fall sein sollte, bieten sie ein ›Business Center‹, von dem aus man meist kostenlos surfen kann. Wer ständig mit der Heimat in Verbindung bleiben möchte, sollte seinen eigenen Laptop inklusive Skype-Anschluss mitbringen. In diesem Fall ist das Telefonieren nämlich sogar kostenlos! Am besten Sie lassen sich vor der Buchung vom Hotel bestätigen, dass WLAN vorhanden ist.

Kinder

Kinder sind da glücklich, wo Eltern Zeit für sie haben – also auch auf den Malediven. Hinzu kommen die riesige Buddelkiste rundum und die klaren Lagunen, in denen auch Kinder gefahrlos schnorcheln können. Kinderbetreuung durch Hotelpersonal (Miniclub) steckt auf den Malediven jedoch noch in den Kinderschuhen. Nehmen Sie Lieblings-schaufel und das Lieblingseimerchen mit auf die Reise!

Notruf

Auf einer Malediveninsel ist immer das Hotelpersonal erster Ansprechpartner. Es reagiert in der Regel schnell und veranlasst das Notwendige im Rahmen der Möglichkeiten. Sollte das nicht funktionieren, kann man sich auch an die bekannten Notrufnummern wenden, wobei allerdings zweifelhaft ist, ob sie akut helfen können.

Rettungsdienst: Tel. 102
Polizei: Tel. 119
Feuerwehr: Tel. 118
Deutsche Rettungsflugwacht: +49 711 70 10 70

Öffnungszeiten

Geschäfte: Es gibt keine staatlicherseits festgelegten Öffnungszeiten, sogar am Freitag, der im Islam dem christlichen Sonntag entspricht, sind viele Geschäfte in Male' geöffnet. Geschäfte sind oft auch spät in der Nacht noch offen, während der Gebetsstunden aber meist vorübergehend geschlossen.
Post: Sa–Do 9–12 und 16–18 Uhr
Bank: Sa–Do 8–13.30 Uhr

Post

Die Hauptpost befindet sich in Male' (Majeedi Magu/Chandani Magu; Sa–Do 9–12 und 16–18 Uhr). Von den Hotelinseln wird die Post regelmäßig dorthin gebracht und abgeholt. Von der Abgabe im Hotel bis zur Zustellung in Europa können zwei Wochen vergehen.

Ein Lächeln für die Kamera – Kinder auf den Malediven

Radio und TV

Die jedermann zugänglichen Radio- und Fernsehprogramme senden in Dhivehi, nur einzelne Nachrichtensendungen gibt es auch in Englisch. Urlaubsinseln senden zusätzlich 24 Stunden täglich Videoclips des Musik-Channels MTV.

Reisekosten und Preise

Maledivenurlauber haben die Reise weitgehend im Voraus gezahlt. Was dazukommt (z. B. Transfer, Getränke und Restaurants, Kursgebühren, Souvenirs und Ausflüge), wird mit Kreditkarte beglichen. Braucht man dennoch Bargeld, z. B. bei einem Besuch der Hauptstadt Male', sollte man auf einer Bank Rufiyaa eintauschen, denn das senkt die Preise erheblich. Verkäufer und Taxifahrer nehmen natürlich auch gerne US-$ oder notfalls auch Euro – allerdings zu einem schlechteren Kurs. Manche Hotels akzeptieren Euro.

Reisen mit Handicap

Die meisten der neu errichteten Inselhotels berücksichtigen die Bedürfnisse von Behinderten und Rollstuhlfahrern. Türen sind breit genug, neben den Treppen gibt es Rampen usw. Menschen mit Behinderung sollten sich dennoch vor der Buchung genau erkundigen und die für sie wichtigen Fragen stellen, damit Veranstalter und Reisebüro gegebenenfalls die Bedingungen vor Ort abklären können.

Sicherheit

Es bestehen weder auf Male' noch auf den Inseln Sicherheitsprobleme. Die Kriminalität ist gering und richtet sich nicht gegen Touristen. Kleiner Taschendiebstahl kommt – wie überall – gelegentlich vor.

Allein reisende **Frauen** sind sicher und werden auch nicht belästigt. Auf manchen Inseln werden sie allerdings als legitime Beute einheimischer Platz-hirsche (Inseleigentümer, Manager, Tauchlehrer usw.) angesehen.

Souvenirs

Die Souvenirindustrie ist auf den Ma-lediven unterentwickelt, die Auswahl gering. Wichtig: Bitte lassen Sie Koral-len, Muscheln und Schnecken unbe-rührt im Meer und am Strand, egal ob sie leben oder bereits tot sind. Meeres-lebewesen, die verpackt im Souvenir-shop liegen, sollten dort auch liegen bleiben. Wenn keine Nachfrage be-steht, wird auch der Handel und damit die ›Ernte‹ der Tiere unterbleiben. Schmuck aus Schildpatt und schwarzer Koralle wird noch immer angeboten, obwohl die Ausfuhr ebenso wie die Einfuhr in den meisten Staaten (Deutschland, Österreich und der Schweiz) untersagt ist.

Einige Inseln in den nördlichen Atol-len produzieren Holzdosen und Holz-vasen, die mit einem schwarzen Lack versehen und traditionell gemustert sind. Man kann sie z. B. in Geschäften in Male' finden. Dort werden auch aus Kokospalmholz gefertigte Löffel, Tel-ler und Gefäße zum Erwerb angebo-ten, die ohne Bedenken gekauft wer-den können.

Touristische und geografische Inselnamen
Auf den Malediven lautet der **touristi-sche Name** einer Insel oft anders als ihr **geografischer Name**. Ein Beispiel: Die Hotelinsel ›Banyan Tree‹ heißt unter den Einheimischen ›Vabbinfaru‹. Das Register enthält daher – falls es für eine Insel zwei Namen gibt – jeweils beide Namen (der Alternativname steht jeweils in Klammern).

Sprache und Schrift

Neben dem Dhivehi ist Englisch zweite **Amtssprache,** weshalb offizielle Doku-mente zweisprachig sind. Werden deutsche Dokumente benötigt, müs-sen sie ebenfalls in Englisch vorliegen oder beglaubigt ins Englische über-setzt sein.

Dhivehi hat seine Wurzeln im Sin-ghalesischen aus Sri Lanka, hat sich aber im Laufe der vergangenen Jahr-hunderte eigenständig entwickelt. Be-sonders der arabisch-islamische Ein-fluss hat dazu geführt, dass zwischen beiden Sprachen kaum noch eine Ver-ständigung möglich ist. Malediver un-tereinander haben keine ernsthaften Verständigungsschwierigkeiten, ob-wohl zwischen den **Dialekten** der viele hundert Kilometer voneinander ent-fernt liegenden Atolle im Norden und im Süden einige Unterschiede beste-hen. Im Norden beispielsweise ist der Einfluss indischer Sprachen weitaus größer als im Süden, dafür aber der arabische Einfluss geringer. Dhivehi wird in Thaana geschrieben. Thaana wird von rechts nach links geschrieben und ist der singhalesischen Schrift auf Sri Lanka ähnlich.

Telefonieren

Alle Hotelinseln bieten die Möglich-keit, sowohl internationale als auch nationale Telefonate zu führen, wobei die Aufschläge hoch sind.

Gespräche auf den Malediven
Ein Gespräch nach Mitteleuropa kostet für die ersten drei Minuten etwa 20 bis 30 €, danach pro Minute etwa 7,50 €. Günstiger wird es, wenn man sich von Deutschland aus anrufen lässt: Mit den Call-by-Call-Vorwahlnummern wie 01017 oder 01014 und der anschlie-

ßenden Wahl der Nummer auf den Malediven (01017, 00960 ...) kann man die Minutenkosten erheblich reduzieren. Je nach Anbieter kostet die Minute dann nur 12–17 Cent! Aktuelle Preise finden Sie z. B. auch auf www. biallo.de.

Handytelefonate sind auf fast allen Inseln möglich, wegen der Roaminggebühren aber noch ein gutes Stück teurer.

Vorwahlen:
von Deutschland, Österreich und der Schweiz: 009 60

Gespräche von den Malediven
Wer seinen Laptop dabei hat, sollte sich ein Skype-Konto einrichten und prüfen, inwieweit seine wichtigsten Gesprächspartner über Skype erreichbar sind. Das kostet nichts, da es über die Internetleitungen geht, die auf den meisten Inseln kostenlos zur Verfügung stehen. Wenn ein Gesprächspartner kein Skype hat, kann man seine normale Telefonnummer von Skype aus anrufen (sogenanntes ›Skype Out‹) und kommt damit immernoch weitaus billiger weg als mit den normalen Telefongebühren.

Vorwahlen:
nach Deutschland: 0049
nach Österreich: 0043
in die Schweiz: 0041

Trinkgeld

Kleine Trinkgelder für den Roomboy, den Kellner (5 € pro Woche) oder den Kofferträger (1 € pro Gepäckstück) sind üblich. Restaurants und Tauchbasen stellen in der Regel eine ›Tipbox‹ auf, in die anonym und nach Qualität des Service nach eigenem Ermessen Trinkgeld eingeworfen werden sollte.

Umgangsformen

Wir sind auf den Malediven Ausländer und sollten uns so benehmen, wie wir es von Gästen in unserer Heimat erwarten. Dazu gehört insbesondere der Respekt vor den religiösen und kulturellen Verhaltens- und Kleidungsregeln. Einen Ausflug nach Male' oder auf eine von Einheimischen bewohnte Fischerinsel sollten Männer mit langen Hosen und Hemd, Frauen mit einem langen Kleid unternehmen, dessen Ärmel auch die Schultern bedecken.

Wasser

Das auf den Inseln aus dem Hahn fließende Wasser ist entsalzt und keimfrei, hat allerdings noch einen leicht salzigen Beigeschmack. Es ist daher empfehlenswert, den hohen Flüssigkeitsbedarf mit abgefülltem Quellwasser auszugleichen.

Zeit

Der Zeitunterschied beträgt im europäischen Sommer plus 3 Std., im Winter plus 4 Std. Manche Hotels stellen die ›Inseluhren‹ nochmals um eine oder gar zwei Stunden weiter, sodass für die Gäste ›Sonnenstunden‹ hinzugewonnen werden.

Zeitungen

Einheimische Zeitungen sind in Dhivehi geschrieben. Die teureren Inseln stellen ausländische Zeitungen wie die »International Herald Tribune«, »Asiaweek« oder »Newsweek«, manche sogar den »Spiegel« im Leseraum zur Verfügung. Meist handelt es sich aber nicht um die neueste Ausgabe.

Panorama – Daten, Essays, Hintergründe

Nach Schulschluss drängen sich in der Innenstadt von Male' besonders viele Menschen

Daten und Fakten

Name: Divehi Raajje oder Republic of Maldives

Lage und Fläche: Die Malediven liegen im Indischen Ozean, ca. 700 km südwestlich der Südspitze Indiens. Breite: 7° 6' 3" Nord bis 0° 41' 48" Süd, Länge: 72° 32' 30" Ost bis 73° 45' 54" West; Nord-Süd-Ausdehnung 800 km, größte Ost-West-Ausdehnung 130 km. Die Staatsfläche beträgt ca. 90 000 km², die Landfläche – verteilt auf 1190 Inseln – 298 km². 199 Inseln sind bewohnt, weitere knapp 900 dienen als Kokosplantagen.

Bevölkerung: Rund 300 000 Einw., davon etwa ein Drittel in der Hauptstadt Male' und den beiden Nachbarinseln Viligili und Hulhumale'.

Sprache und Schrift: Landessprache ist Dhivehi, auf den südlichen Atollen und den Hotelinseln gilt Englisch als Verkehrssprache. Einheimische Schrift ist Thaana.

Geografie und Natur

700 km südwestlich der Südspitze Indiens liegt ein Unterwassergebirge, dessen höchste Erhebungen sich aus dem hier in 2000 m Tiefe liegenden Meeresgrund bis knapp unter die Wasseroberfläche erheben. Die Bergspitzen bilden die Basis der 14 Groß- und zwölf Kleinatolle der Malediven sowie der nördlich davon gelegenen Lakkadiven, die zum Staatsgebiet Indiens zählen. Das nördlichste der 26 maledivischen Atolle (Ihavandhippolhu) liegt auf der Höhe der Südspitze Indiens, das südlichste (Addoo) nicht ganz 1° südlich des Äquators. Die knapp 1200 Inseln der Malediven verfügen über ein Minimum an Vegetation. Die weiteren unzähligen Sandbänke ohne

Pflanzenbewuchs werden nicht als Inseln bezeichnet.

Die Einteilung der Inseln erfolgt nach Atollen, wobei zwischen dem geografischen Begriff und der Bezeichnung Atolu als Name für einzelne Verwaltungseinheiten unterschieden wird.

Staat und Verwaltung

Seit 1968 sind die Malediven eine präsidiale Republik. Die Bereiche Politik, Wirtschaft, Verwaltung und Religion sind stark miteinander verwoben. Mit unserem Begriff der ›Republik‹ hat die Staatsform der Malediven wenig gemein. Offen geben Regierungsbeamte zu, dass sie ihre Arbeitszeit auch nutzen, um lukrativen Geschäften nachzugehen. Der Name des Staates in Dhivehi trifft die Wirklichkeit besser: Divehi Raajje bedeutet ›Königreich Malediven‹. Und obwohl der Präsident auch religiöses Oberhaupt ist, werden religiöse Vorschriften auch schon mal zugunsten des wirtschaftlichen und politischen Lebens umgangen.

Das Staatswesen der Malediven ist streng zentralistisch organisiert, alle Gesetze werden in Male' verabschiedet, alle grundlegenden Entscheidungen vom Präsidenten getroffen. Die Volksvertretung *(Majlis)*, bestehend aus 50 Mitgliedern, hat lediglich beratende Funktion. Von den in 20 Verwaltungsbezirke gegliederten Atollen werden jeweils zwei Abgeordnete direkt in dieses Gremium entsandt, zwei Weitere kommen von der Hauptstadtinsel Male'. Die übrigen acht Mitglieder bestimmt der Präsident. Am Ende einer fünfjährigen Wahlperiode wählen diese 50 Vertreter den neuen Präsidenten, in der Regel wird der bisherige bestätigt. Diese Wahl des beratenden Gremiums wird anschließend von den stimmberechtigten Maledivern bestätigt, ein Gegenkandidat steht nicht zur Wahl. Der Präsident ist nicht nur Gesetzgeber, der seine Minister einsetzt, und Oberkommandierender der Nationalgarde, sondern auch oberste Gerichtsinstanz.

Auf der Hauptinsel jeder Verwaltungseinheit ist ein Verwaltungschef zusammen mit den beiden Abgeordneten für die Durchsetzung der Gesetze verantwortlich. In Rechtsangelegenheiten ist auf den Inseln ein islamischer Richter *(gazi)* zuständig, der mangels staatlich gesetzten Rechts auch den Koran unmittelbar als Quelle seiner Entscheidungen heranzieht. Jede Insel hat außerdem einen Inselchef *(katheeb)* und zwei Helfer, die gemeinsam alle Inselangelegenheiten regeln.

Wirtschaft

Bruttosozialprodukt: 750 US-$/Einwohner; die wichtigsten Wirtschaftsfaktoren sind Tourismus und Fischfang.

Schon im 14. Jh. waren getrockneter Fisch und Kopra die wichtigsten Exportartikel der Malediven und sie sind es bis heute. 40 % aller erwachsenen Malediver leben im weitesten Sinn vom Fischfang, die meisten als Fischer, manche als Bootsbauer oder Fisch-

händler. Indien und Sri Lanka nehmen einen Großteil des getrockneten Thunfischs ab, westliche Länder und Japan kaufen ihn in Form von Dosenfisch.

Bevölkerung

Die Malediver sind der Legende nach etwa im 4. Jh. n. Chr. von Sri Lanka aus auf die Malediven ausgewandert. Dort haben sie zunächst ihre damals buddhistische Kultur gepflegt, bis mit arabischen Seefahrern der Islam und später mit den Portugiesen das Christentum auf die Inseln kam. Im Zuge dieser Einflüsse aus dem Westen hat sich auch eine Mischbevölkerung gebildet, in welcher neben arabischem und europäischem Einfluss auch immer wieder afrikanischer und sogar malaysischer Einfluss erkennbar ist. Besonders auf den Inseln im Süden, nahe den Schifffahrtsrouten zwischen Europa, Arabien, Afrika im Westen und Indien, China und den Kolonien im Osten kann man das erkennen.

Mit dem wachsenden Einkommen hat sich in den vergangenen Jahrzehnten auch das Bevölkerungswachstum erhöht und es liegt nun bei etwa 3,4 %. Daher sind 40 % der Bevölkerung unter 20 Jahre alt und gerade auf der Hauptinsel Male' herrscht drangvolle Enge.

Religion

Sunnitischer Islam ist Staatsreligion. Es fällt jedoch auf, wie wenig man auf den Malediven spürt, in einem Land zu sein, in dem der Islam Staatsreligion ist. Nur wenige Frauen bedecken ihr Haar mit einem Kopftuch, und in der Hauptstadt Male' tragen sie häufig kurze Kleider oder Jeans. Männer sind nicht anders gekleidet als in jeder Stadt der westlichen Welt.

Dunkle Frühgeschichte

Ab 2000 v. Chr. Archäologische Funde, darunter mehr als 4000 Jahre alte Splitter von Töpferwaren, belegen, dass die Inseln wohl schon sehr früh und von unterschiedlichen Kulturen besiedelt waren. Sagen berichten von Riesen, *Redin* genannt, die in frühester Zeit die Inseln bevölkert haben sollen. Wenn man den Überlieferungen Glauben schenkt, hatten sie mit der heutigen Bevölkerung wenig gemein. Sie sollen groß und blond gewesen sein, blaue Augen gehabt haben und mit großen, schnellen Schiffen die Atolle erkundet haben.

Sicher ist, dass schon die Phönizier, Ägypter, Griechen und Chinesen die Inseln kannten und vermutlich mit der dortigen Bevölkerung Handel trieben. Sie benutzten den Äquatorialkanal als sichere Wasserstraße zwischen den Atollen Huvadhoo und Foammulah im Süden der Malediven, um aus Europa und Afrika nach Indien und China zu gelangen. Auf einer der Inseln nahe dem Äquatorialkanal wurden zum Beispiel Münzen gefunden, die etwa 100 Jahre v. Chr. in Rom geprägt wurden.

Besiedlung von Sri Lanka und die Jahrhunderte des Buddhismus

5./4. Jh. v. Chr. Singhalesische Buddhisten besiedeln die Inseln.

1. Jh. n. Chr. Der griechische Naturforscher Claudius Ptolemäus berichtet von 1378 kleinen Inseln westlich von Sri Lanka (damals Taprobane).

9. Jh. Der arabische Händler Sulaiman berichtet von 2000 Inseln, die reich an Kaurimuscheln seien und von einer Frau regiert würden.

Der Islam wird Staatsreligion

1153 Erster islamischer Herrscher ist Sultan Dharmas Mohammed Ibn Abdulla. Von diesem Zeitpunkt an sind die wichtigsten Ereignisse der Geschichte der Sultanate in der maledivischen Chronik »Tarikh« aufgezeichnet.

1166 Sultan Dharmas Mohammed Ibn Abdulla macht sich auf den Weg zum Hadsch nach Mekka, von wo er nicht zurückkehrt. Sein Schicksal ist unbekannt.

1213 Sultan Srimat Gadanaditya entsendet eine Expedition ins südlich gelegene Hadhdhunmathee-Atoll und zwingt die dort lebenden ›Ungläubigen‹, sich vom Buddhismus abzuwenden. Er lässt Buddhastatuen und Tempel zerstören und setzt den Islam als Staatsreligion aller Malediver durch.

1343/44 Der arabische Händler, Reisende und Schriftgelehrte Ibn Battuta macht auf den Malediven 18 Monate Station und berichtet später begeistert von der Aufrichtigkeit und Friedfertigkeit der Malediver. Die regierende Sultana Khadeeja Rehendhi Kabaidhi Kilege macht ihn in Male' zum Kadi, dem obersten Richter nach islamischem Recht. Als er einen Dieb verurteilt und befiehlt, ihm die rechte Hand abzuhacken, fallen die anwesenden Malediver in Ohnmacht – schon die Vorstellung, dass das Urteil vollstreckt werden könnte, ist den friedfertigen Maledivern zu viel.

Ibn Battuta nutzt seine Position, um die eher laxe Handhabung der islamischen Lebensregeln zu straffen. Er setzt Gebete zu festen Zeiten durch, führt die im Koran vorgesehenen, drastischen Strafen ein und verbietet den Frauen, ihren Oberkörper unbedeckt zu lassen. Dabei war er allerdings wenig erfolgreich, denn er brachte es nicht übers Herz, Frauen auspeitschen zu lassen, die das Verbot missachteten. Erst zu Beginn des 20. Jh. setzte sich auf den abgelegenen Inseln bei Männern und Frauen die Sitte durch, den Oberkörper zu bekleiden.

Der Beginn des europäischen Einflusses
1503 Ein Schiffschronist der Flotte Vasco da Gamas berichtet, vor der Westküste Indiens aus Bambus gebaute und mit Kaurimuscheln und wertvollen Stoffen beladene Segelschiffe gesehen zu haben. Sie seien von den Malediven gekommen, um die Waren in Indien zu verkaufen. Durch den Bericht wird das Interesse der Portugiesen an den Inseln geweckt. Die Kolonialmacht untersagt den direkten Handel mit dem indischen Festland, der Verkauf darf nur noch über sie abgewickelt werden.

1517 Der maledivische Sultan gestattet den Portugiesen, eine Handelsniederlassung auf Male' zu unterhalten. Doch schon bald wird die Mission angezündet und die Portugiesen werden vertrieben. Portugal reagiert mit einer Invasion von 120 Soldaten aus Goa und errichtet auf der Insel eine Festung. In den folgenden Jahren versucht Portugal, das Christentum zur Staatsreligion zu machen. Später wird das portugiesische Fort bei einer Rebellion zerstört.

1550 Sultan Hassan IX. begibt sich aus innenpolitischen Gründen unter portugiesischen Schutz in die südindische Hafenstadt Cochin und bekehrt sich zum Christentum.

1558 Der portugiesische König schickt unter Kapitän Andreas Andre erneut eine Flotte aus, um die Malediven zu ›befrieden‹. Der auf den Malediven als Andiri Andirin bekannte und gefürchtete Kapitän, ein portugiesisch-maledivischer Mischling, erobert Male', ernennt sich zum

Sultan und versucht in den folgenden Jahren unter Gewaltanwendung, die Malediver zu christianisieren.

1565 Der bis heute als Muhammad Thakurufaanu bekannte Nationalheld Khatib Muhammad und seine Brüder von der Insel Utheemu (Haa-Atoll) beginnen eine Verschwörung gegen die portugiesische Herrschaft. Sie verbünden sich mit Händlern aus Südwestindien, die ebenfalls daran interessiert sind, die Konkurrenten aus Portugal zu vertreiben.

1573 Nach achtjährigem Guerillakrieg gelingt es Muhammad Thakurufaanu und seinen indischen Söldnern, die Portugiesen zu vertreiben. Thakurufaanu wird zum Sultan ernannt und begründet eine mehr als 100 Jahre währende Familiendynastie.

1645 Der Sultan der Malediven reist nach Sri Lanka, um mit der neuen Weltmacht Holland einen Vertrag zu schließen, der den Inseln die Unabhängigkeit sichert. Als Tribut müssen die Malediver große Mengen an Kaurimuscheln liefern, die in vielen Ländern des holländischen Kolonialreichs als Zahlungsmittel dienen.

1648 Sultan Iskander I. besteigt den Thron. Er lässt u. a. die Moschee Hukuru Miskiiy auf Male' erbauen, richtet ein Schulsystem ein und führt die Münzprägung ein.

1687 Der Sultan wird von seiner Sklavin und Konkubine Mariyam Kabaafaanu vergiftet. Bis 1691 regiert sie selbst als lebenslustige Sultana, die sich und ihren Dienerinnen eine Vielzahl an Geliebten gönnt.

1792 Sri Lanka wird englische Kolonie. Es gelingt dem herrschenden Sultan der Malediven, auch mit der neuen Seemacht England einen Freundschaftsvertrag zu schließen, der innere Souveränität garantiert.

1887 Der Sultan vereinbart mit den Briten einen Protektoratsvertrag, in dem sich England vertraglich verpflichtet, die Malediven gegen Angriffe von außen zu verteidigen. Die neue Kolonialmacht erhält dafür Handelsvorrechte.

1932 Auf Betreiben der Engländer wird das Sultanat in eine Wahlmonarchie umgewandelt.

1942 Mit dem Einverständnis des herrschenden Sultans errichtet die Royal Air Force eine Militärbasis auf der Insel Gan im südlichen Addoo-Atoll. Sie bringt der damals unter einer Hungersnot leidenden Bevöl-

Das Kabinett der Malediven tagt im Oktober 2009 medienwirksam unter Wasser, um auf die prekäre Umweltlage aufmerksam zu machen

kerung Arbeit und Einkommen, sodass sogar die Umsiedlung der Bewohner auf Nachbarinseln akzeptiert wird.

1953 Auf weiteren sanften Druck der Engländer wird eine republikanische Verfassung eingeführt. Doch schon zehn Monate später fällt der Präsident einem Attentat zum Opfer und der Sohn des letzten Sultans, Muhammad Farid Didi, ernennt sich zum neuen Sultan der Malediven. Mit den Engländern einigt er sich friedlich, indem er den Vertrag über den Stützpunkt auf Gan um 100 Jahre verlängert, den sein Premierminister Ibrahim Nasir zwei Jahre später wieder auflöst.

1959 Die Bewohner der drei südlichen Atolle Huvadhoo, Foammulah und Addoo, die vom britischen Militärstützpunkt nach wie vor erheblich profitieren, rufen aus Protest gegen die Vertragsauflösung einen eigenen Staat mit dem Namen United Suvadiva Islands aus. Ihr Präsident Abdullah Afif Didi verlängert den Stützpunktvertrag, muss aber schon drei Jahre später mithilfe der Engländer auf die Seychellen fliehen, da von Male' Kanonenboote nahen und die Suvadiva Islands über keine Waffen verfügen.

Unabhängigkeit und UNO-Beitritt

1965   Am 26. Juli werden die Malediven unabhängig und treten der UNO bei.

1968   Das Sultanat wird ein zweites Mal abgeschafft und durch die Republik Malediven mit neuer Verfassung ersetzt. Der Präsident erhält umfangreiche Vollmachten, Parteipolitik wird untersagt und der Koran zur Grundlage aller Gesetze des Landes gemacht. Erster Präsident der neuen Republik wird der bisherige Premierminister Ibrahim Nasir.

1972   Der Absatz an Trockenfisch nach Sri Lanka und damit die wichtigste Devisenquelle des Landes bricht zusammen. Die Regierung öffnet das Land daraufhin dem Tourismus. Auf Kurumba (Vihamanaafushi) und Bandos werden die ersten Hotels eröffnet. Doch die Deviseneinnahmen verschwinden in Privattaschen und das Land verarmt.

1978   Die zunehmenden Proteste der Bevölkerung zwingen den Präsidenten Nasir, sich nach Singapur abzusetzen. Maumoon Abdul Gayoom, bisher Gesandter bei den Vereinten Nationen, wird zum Nachfolger Nasirs gewählt.

1980   Eine Verschwörung gegen Präsident Gayoom, an der sogar schweizerische und österreichische Söldner mitwirken, wird rechtzeitig aufgedeckt und die Verschwörer auf abgelegene Atolle verbannt. Als Ex-Präsident Nasir und seine Verbündeten als Hintermänner vermutet werden, folgen weitere Verbannungen. Man versucht schließlich, Nasir aus Singapur zu holen, um ihn auf den Malediven verurteilen zu können. Da das nicht gelingt, wird er in Abwesenheit zu 25-jähriger Verbannung verurteilt.

1988   Ein groß angelegter Putschversuch ist (zunächst) erfolgreich: 90 tamilische Kämpfer besetzen fast alle strategisch wichtigen Punkte der Hauptstadt. Lediglich das Hauptquartier des National Security Service, in dem der Präsident Zuflucht gefunden hat, bleibt in der Hand der Regierung. Doch der indische Ministerpräsident Rajiv Gandhi sendet noch am Abend des gleichen Tages 1600 Fallschirmjäger, die auf der Flughafeninsel Hulhule landen und von dort aus Male' zurückerobern.

1993   Die Regierung unter Gayoom fördert weiter den Tourismus, der zur wichtigsten Devisenquelle des Landes geworden ist. In fünf Atollen entstehen 80 florierende Hotelinseln. Stärkster politischer Widersacher des Präsidenten ist eine fundamentalistische, außerparlamentarische Opposition, die sich der immer offener und pluralistischer werdenden Politik entgegenstellte.

1998	Präsident Gayoom, seit nunmehr 20 Jahren im Amt, wird zum vierten Mal wiedergewählt. Weitere Inseln werden dem Tourismus geöffnet, da die Einnahmen aus dem Verkauf von Trockenfisch und insbesondere aus internationalen Hilfsprogrammen weiter zurückgehen. Das seit Mitte der 1980er-Jahre mit 9 % pro Jahr sensationell wachsende Bruttosozialprodukt bringt bescheidenen Wohlstand und eine verbesserte Ausbildung der jungen Malediver.
1999/2000	In den nördlichen Atollen Raa, Baa und Lhaviyani, die touristisch bisher kaum oder gar nicht erschlossen waren, werden acht neue Hotelinseln eröffnet, drei weitere im südlichen Nilandhoo-Atoll.
2004	Nach politischen Unruhen und aufkommenden Forderungen nach mehr Demokratie ernennt Präsident Gayoum 2005 neue Minister. Am 26. Dezember werden auch die Malediven von der Flutwelle eines Tsunamis getroffen. Rund 40 Inseln sind betroffen, hier werden elektrische Einrichtungen und Mobiliar zerstört. Außerdem versalzt die Süßwasserblase in den Inselmitten, es steht kein Trinkwasser mehr zur Verfügung. Daher muss die Bevölkerung auf unversehrt gebliebene Nachbarinseln umgesiedelt oder mit Tankschiffen Süßwasser angelandet werden, bis mit Entsalzungsanlagen Ersatz geschaffen werden kann oder sich die Brunnen von selbst wieder mit Süßwasser füllen. Der Tourismus geht auf unter 40 % im Vorjahresvergleich zurück. Es fehlen nun Gelder, die gerade jetzt dringend zur Wiederherstellung der Infrastruktur der Inseln und für den Import von Erdöl und Lebensmitteln benötigt werden.
2007	Der Tourismus boomt wieder: Neue Hotelinseln eröffnen, die bisher kaum vom Tourismus berührten Atolle im hohen Norden und Süden bekommen mehr vom Devisenkuchen ab und die bisher strikte Trennung von Einheimischen- und Urlauberinseln wird durch die neuen Hotels im Addoo-Atoll aufgeweicht.
2008	Nach politischen Auseinandersetzungen tritt Präsident Gayoom ab und wird durch einen demokratisch gewählten Präsidenten ersetzt. Eine der ersten Amtshandlungen der neuen Regierung unter dem ehemaligen politischen Gefangenen Mohamed Nasheed ist es, die Welt darauf aufmerksam zu machen, dass bei weiter steigendem Meeresspiegel die Malediven bald komplett unter Wasser stehen werden.
2011	Die Regierung erhöht die 2009 erstmals eingeführte Umsatzsteuer auf 6 % – auch um in Sri Lanka, Indien oder Australien Land zu kaufen, in das die Malediver auswandern können, wenn ihre Inseln vom steigenden Meeresspiegel überspült werden sollten.

Die Malediven – ein zweites Atlantis?

Seit Millionen von Jahren schwemmen die Gezeiten den weißen Sand innerhalb der maledivischen Atolle an die Strände der Inseln. Zu manchen Jahreszeiten tragen sie die Sandbänke auf einer Inselseite ab und werfen sie auf der Inselrückseite wieder auf. Jahrtausendelang herrschte ein ständiges Entstehen und Vergehen von Inseln und Sandbänken und viele Malediver verweisen darauf, wenn vom drohenden Untergang des Inselreichs die Rede ist.

Erst seit etwa 4000 Jahren kommen und gehen auch Menschen, die die wasserreichsten und wohnlichsten Inseln besiedeln. Füher bauten sie ihre Dörfer aus Palmholz und Palmblättern weit vom Strand entfernt im Inselzentrum. Alle drei bis vier Jahre erneuerten sie die Hütten, weil Dächer vom Wind weggeblasen, abgebrannt oder durch die Feuchtigkeit verrottet waren. Veränderungen der Inselformen und der Lage der Sandbänke waren unwichtig, denn

Die maledivischen Trauminseln sind vom Untergang bedroht

sie betrafen selten die im Inneren der Inseln gelegenen Dörfer. Und wenn doch einmal eine Sturmflut über die Insel hinwegging, suchte man sich eine unversehrt gebliebene Nachbarinsel.

Wissenschaftliche Studien bestätigen heute, was Malediver schon lange wissen: Ihre Inseln werden vom umgebenden Meer ständig verändert. Viele raten daher, dass man aus den Erfahrungen der Fischer in den vergangenen Jahrtausenden lernen müsse und Häuser nicht unmittelbar an den Strand bauen, die Vegetation einer Insel so wenig wie möglich ausdünnen und keine Stege und Wasserbungalows über die Lagune stellen dürfe, welche die Inseln destabilisieren, Meeresströmungen verändern und somit zu Umformungen der Inseln führen. Dann würden die Inseln auch weitere 4000 Jahre erhalten bleiben.

Ein bedrohtes Paradies

Seit einigen Jahrzehnten erscheinen die Naturmächte – so die Befürchtung einiger Wissenschaftler – jedoch stärker und bedrohlicher als in früherer Zeit: 1955 zerstörten gewaltige Sturmfluten mehrere Inseln im Norden der Malediven, 1964 wurde die Insel Hagnaameedu durch eine Überschwemmung unbewohnbar, 1987 schwappte eine gewaltige Flutwelle über die Inselhauptstadt Male' und warf riesige Korallenblöcke bis auf die Landebahn der Flughafeninsel Hulhule.

Schon 1992 warnte der damalige Präsident der Malediven, Maumoon Abdul Gayoom, auf dem Umweltgipfel in Rio de Janeiro, dass eine weitere globale Erwärmung, abschmelzende Gletscher und der steigende Meeres-

spiegel seinem Land nicht nur schweren Schaden zufügen, sondern die Malediven schlicht von der Weltkarte tilgen könnten. Es gibt einige Indikatoren in jüngster Zeit, die diese Vision eines zweiten Atlantis in den Bereich des Möglichen rücken.

So fehlen viele Millionen Kubikmeter der kalksteinernen Hindernisse vor den Inseln, da seit einigen Jahrzehnten die Dörfer nicht mehr aus Palmholz, sondern aus Korallenblöcken gebaut werden. Riffdächer, die sich den Flutwellen des offenen Indischen Ozeans entgegenstemmten, wurden zersägt und als Baumaterial an Land gebracht. Auch ›El Niño‹ hat 1997 und 1998 im Indischen Ozean Klimabedingungen geschaffen, die zu ungewöhnlicher Erosion führten. Der von November bis April aus Südwest wehende Wind blieb ein Jahr lang aus, und damit auch die Verlagerung des Inselsands von der Südwestseite auf die Nordostseite. Ohne den Schutz des Sandes nagte der darauffolgende Nordostwind von April bis Oktober verstärkt an Teilen der Inseln, die bisher ›Festland‹ waren. Hinzu kommt die Tatsache, dass die globale Erwärmung der Erde und damit auch der Wassertemperaturen zum Absterben temperaturempfindlicher Korallenarten führte (s. Essay S. 59). Bis wieder ein stabiles, korallenfreundliches Gleichgewicht gefunden ist, wird es Jahrzehnte, wenn nicht Jahrhunderte dauern. In dieser Zeit ist die natürliche Schutzwirkung des Riffs für die Inseln eingeschränkt.

Auch sind die Flutwellen in den Ozeanen in den vergangenen Jahrzehnten höher und die Stürme heftiger geworden. Die weitere Erwärmung der Erdatmosphäre begünstigt die Entstehung tropischer Wirbelstürme, welche die Inseln der Malediven – bisher – noch nicht erreichten.

Diese gefährlichen Stürme sind derzeit auf den nördlichen und südlichen Wendekreis beschränkt, wo die Wassertemperatur zeitweise den kritischen Wert von 26 °C überschreitet. In den Breiten der Malediven ist dies bisher nur kurzzeitig der Fall. Bei nur 1 °C erhöhter Wassertemperatur aber bilden sich auch hier Wirbelstürme und riesige Flutwellen würden über die nur 2 m hohen Inseln hinwegpeitschen. Die Inseln würden versalzen und unbewohnbar werden, lange bevor sie vom steigenden Meeresspiegel verschluckt werden.

CO$_2$-frei bis zum Untergang

Angesichts dieses beunruhigenden Zukunftsszenarios gab im Herbst 2008 der neu gewählte Präsident der Malediven, der 42 Jahre junge Mohamed Nasheed, vor Journalisten eine Erklärung ab, die in der Weltpresse Aufsehen erregte: Die Regierung der Malediven werde Einnahmen aus dem Tourismus auf ein sicheres Konto legen, um damit baldmöglichst in Sri Lanka, Indien, Neuseeland oder Australien Land zu erwerben. Dorthin werde das Volk der Malediver auswandern, wenn der Meeresspiegel weiter steigt und die knapp 1200 Inseln unbewohnbar macht. Wenige Monate später, im März 2009, landete der neue Präsident einen zweiten Treffer, als er ankündigte, dass er die Malediven zum ersten CO$_2$-neutralen Land der Welt machen wolle. Schließlich wolle man nicht nur anderen wegen ihres Beitrags zur bevorstehenden Klimakatastrophe Vorwürfe machen, deren erstes Opfer die Malediven sein werden.

Realistisch aber sind beide ›Staatsziele‹ eher nicht. Womit sollen diese an ein Leben auf Inseln gewöhnten Menschen auf einem Kontinent ihren Lebensunterhalt verdienen? Seit Jahrtausenden leben sie vom Fischfang, von Kokosplantagen, vom Export von Kaurischnecken. Die geringen Exporteinnahmen reichen gerade aus, die Einfuhr des Hauptnahrungsmittels Reis und von Stoffen zu finanzieren. Erst die Tourismuseinnahmen haben einen bescheidenen Wohlstand ermöglicht: Es gibt geschützte Häfen vor vielen bewohnten Inseln und mit Generatoren erzeugten Strom für elektrisches Licht, Kühlschränke und Fernseher. Aber wie man Reis anbaut, wissen die Malediver nicht. Auch Viehzucht kennen sie nicht, es wird kaum Gemüse auf den Inseln geerntet und auch Obst ist eine Rarität. Wie also sollten sich mehr als 300 000 Malediver auf einem Stück gekauften Landes in Australien oder anderswo über Wasser halten, wenn ihre Inseln untergegangen sind?

Und wie hofft der Präsident, seine Inseln CO_2-neutral machen zu können? Woher soll das Geld kommen, mit dem man Solar- und Windenergie in ausreichender Menge erzeugen kann? Präsident Nasheed hat auf Rückfragen hin erklärt, man werde jedem ausländischen Investor, der eine gute oder auch weniger gute Idee habe, das benötigte Land zur Verfügung stellen und die Genehmigungen erteilen, die er benötigt – sofern er die zur Verwirklichung der Idee erforderlichen finanziellen Mittel mitbringe. Ob das ausreicht?

Berechtigte Sorge?

Zum Glück für die Malediven scheinen sich die Chancen zu verbessern, die Folgen des weltweiten CO_2-Ausstoßes zu begrenzen, seit auch die USA ihre Mitverantwortung anerkennen. Zudem ist die Lage der Malediven wohl auch bei einem weiteren Anstieg des Meeresspiegels nicht ganz so aussichtslos, wie das oft dargestellt wird. Wie eingangs erwähnt, bestätigen ernstzunehmende Studien, dass sich Inseln korallinen Ursprungs schon seit Jahrtausenden ständig in ihrer Form verändern. Zudem haben Korallen die Fähigkeit, mit steigendem Meeresspiegel ausreichend schnell zu wachsen und so den Schutzring um die Inseln zu erhalten.

Die natürliche Veränderung von korallinen Inseln ist erst durch den Tourismus, und auf der Hauptinsel Male' durch das dortige explosive Bevölkerungswachstum zum Problem geworden. Urlauber legen Wert darauf, dass ihr Domizil für die ›schönsten Wochen des Jahres‹ so nahe wie möglich am Strand steht. Dadurch ist es durch Erosion gefährdet, könnte unterspült und weggeschwemmt werden. Oder der Bungalow könnte sich nach ein paar Jahren nicht mehr am Strand, sondern im Inselinneren wiederfinden, weil die Natur beschlossen hat, davor aufzuschütten, was sie auf der anderen Seite der Insel abgetragen hat.

Der Hauptinsel Male' geht es ähnlich, denn sie hat schlicht keine andere Wahl, als für ihre 100 000 Einwohner auf jedem festen Stück Land Wohnungen zu bauen und den Strand mit Betonmauern und Wellenbrechern vor Erosion zu schützen.

Präsident Nasheeds Aussagen haben für Aufmerksamkeit gesorgt: Er hat in England studiert und gelebt und kennt also das schlechte Gewissen, das viele Menschen in der industrialisierten Welt plagt, wenn sie hören, dass ein ganzer Staat im wahrsten Sinne des Wortes untergehen könnte, weil sie nicht bereit sind, etwas gegen die vorhersehbaren Klimaveränderungen zu tun.

Geografie eines Inselreichs – Atolle, Sandbänke und Korallenriffe

Die Inseln der Malediven gliedern sich – geografisch und verwaltungstechnisch – in Atolle. Geografisch betrachtet sind Atolle ringförmig angelegte, zum Teil unterhalb, zum Teil oberhalb der Wasseroberfläche liegende Kalksteingebilde, die eine seichte Lagune mit kleinen Inseln und Sandbänken umschließen.

Aufbau der Atolle

Die Gesamtheit des ringförmigen Korallengebildes mit Inseln am Außenrand und Sandbänken, Lagunen, Thilas und Gilis (s. S. 58) im Ringinneren wird in der maledivischen Sprache *atolu* genannt. Da die Malediven im Grunde rein aus Atollen bestehen, hat das Wort dort eine überragende Bedeutung und wurde in fast alle Weltsprachen in kaum veränderter Form übernommen.

An seinen Außenseiten fällt das Atoll mitunter Hunderte von Metern steil ins Meer ab, bevor der Meeresboden erreicht ist. Dieser ist meist ein untermeerischer Berggipfel, der in früheren Zeiten einmal nahe der Wasseroberfläche lag. Auf diesem Gipfel setzten sich damals Korallen fest, die dort genügend Sonnenlicht und damit gute Lebensbedingungen vorfanden. Steigt der Meeresspiegel oder sinkt der feste Grund ab, bauen sich aus dem Kalkskelett der Korallen Kalksteinschichten auf. Darüber setzen sich wiederum neue Korallen fest, die das Skelett ihrer verstorbenen Ahnen als Fundament nutzen.

Die typische Ringform des Atolls bildet sich, wenn im Uferbereich einer flachen Insel Korallen wachsen. Steigt der Meeresspiegel, überschwemmt das

Meer den Uferbereich, die Insel wird kleiner, das Riff überspült, und so entsteht eine Lagune zwischen Riff und neuem Inselufer. Wenn die Oberseite des Riffs noch dicht unter der gestiegenen Wasseroberfläche liegt, wachsen Korallen nach – je nach Geschwindigkeit des steigenden Meeresspiegels schnell und steil nach oben oder langsam in die Breite. Je größer der Durchmesser des zu Beginn des Korallenwachstums aus dem Meer herausragenden Berges, desto größer der entstehende Korallenring und das Atoll. Versinkt der Berggipfel letztlich im Meer, entstehen Atolle wie die der Malediven. Sinkt der Meeresspiegel oder hebt sich der Meeresboden wieder an, gelangen die Riffe an die Wasseroberfläche und sterben ab. Sand wird angeschwemmt, Pflanzen siedeln sich an, Humus entsteht, Vögel nisten – eine **Koralleninsel** ist am Rand des Atolls entstanden.

Wie eine Matroschka

Im Innern eines Atolls können wiederum kleine Atolle entstehen, wenn bei einer Sturmflut Korallenblöcke aus dem Ring herausgerissen werden und in der Lagune des Atolls liegen bleiben. Da sie nahe an die Wasseroberfläche heranreichen, setzt sich das Wachstum der Korallen fort, und der Korallenblock weitet sich aus. Geringe Schwankungen des Meeresspiegels führen wiederum dazu, dass kleine, runde Inseln entstehen, die ihrerseits von einem Korallenring umgeben sind (wie beim ›Hausriff‹).

Atolle können ganz unterschiedliche Formen haben: Bei den Atollen der Malediven liegt der Korallenring nahezu vollständig unter der Wasseroberfläche. Das Aldabra-Atoll im Süden der Seychellen (nahe der Nordspitze Madagaskars) hingegen stellt einen Inselring dar,

der zu 90 % oberhalb des Wassers liegt. Hier hat sich nach Herausbilden eines Atollrings der Meeresspiegel so weit gesenkt, dass das Riff nahezu geschlossen an die Oberfläche kam. Lediglich **Kanäle** *(kandu)* blieben offen, durch die das Meerwasser mit den Gezeiten ein- und ausströmen kann. Inseln wie Bora Bora (Polynesien) oder Mayotte (Komoren) wiederum sind bis heute aus dem Meer ragende Vulkankegel, die von einem Korallenring umgeben sind. Das Meer ist nicht hoch genug gestiegen, um den Berggipfel zu bedecken.

Außenriff und Kandus: Heimat von Großfischen

Der im Laufe von Jahrmillionen aufgebaute äußerste Korallenkranz wird als **Außenriff** bezeichnet *(futtaru)*. Da das Außenriff starken Strömungen des offenen Ozeans bei Ebbe und Flut ausgesetzt ist, leben hier weniger zarte und zerbrechliche Korallenarten als im Atollinneren und bunte Korallenfische fühlen sich weniger heimisch. Dafür finden sich in den Kandus Großfische wie Walhai, Hammerhai und Tigerhai. Kandu heißt der Kanal, durch welchen bei Gezeitenwechsel das Wasser vom offenen Ozean in das Atoll hinein- beziehungsweise bei Ebbe aus diesem herausfließt. Das durch die Kandus strömende Wasser versorgt die Korallenwelt im Inneren des Atolls mit Nährstoffen. Sie sind meist zwischen 50–100 m breit und 30–50 m tief.

Wegen des ständig ein- und ausfließenden nährstoffreichen Wassers zählen Kandus zu den interessantesten und vielfältigsten Tauchplätzen, sind aber nicht ungefährlich. Die Strömungsintensität und die Strömungsrichtung kann sich ständig ändern. Sie hängen u. a. von Faktoren wie die Stärke von

Ebbe und Flut, Ablenkung durch Riffe, Windrichtung und je nach Jahreszeit unterschiedlicher Großströmungen außerhalb des Atolls ab. Wenn Wasser durch einen Kandu ins Atoll einfließt, hat man dort in der Regel klare Sicht und kann Haie und Barrakudas, aber auch Schildkröten und Fischschwärme beobachten, die von Raubfischen gejagt werden. Bei ausfließendem Wasser ist die Sicht weniger gut, da das Wasser mehr Plankton mit sich führt. Das wiederum lieben Mantas und Walhaie.

ABC der Riffformen

Faru (auch *varu*) heißen kreisförmige Korallenriffe inmitten der Lagune eines Atolls. Sie ragen bei Ebbe teilweise aus dem Wasser heraus. Um sie herum kann sich im Laufe der Jahrhunderte eine Insel und um diese herum eine Innenlagune bilden. Ein Beispiel für eine solche ›Spiegelei-Insel‹ ist Vabbinfaru im Süden des Nordmale'-Atolls (s. S. 126). Bildet sich zwischen mehreren Riffen eine Innenlagune, dann nennt man dies im Maledivischen nicht einfach ›Lagune‹, sondern bezeichnet sie als *falhu* – eine Sonderform einer Lagune. Schließlich wird ein Korallenriff **Hausriff** genannt, wenn es die Lagune einer Insel nochmals deutlich, meist ringförmig von der großen Innenlagune des Atolls trennt. Meist sind Hausriffe komplett im Atollinneren gelegen und reichen bei Ebbe wenige Zentimeter unter die Wasseroberfläche.

Schnorchler sollten *nerrus* nutzen, wenn sie das Hausriff ihrer Insel von der Außenseite bewundern wollen. Dies sind schmale, mit Sand bedeckte Kanäle, durch die das bei Flut steigende Wasser durch das Hausriff in die Innenlagune zwischen Hausriff und Strand strömt. Auf diese Weise vermeiden sie die Be-

schädigung der Korallen des Riffringes, der besonders bei Ebbe nahe an der Wasseroberfläche liegt. Geschlossene, oft runde Korallenblöcke, die sich vom Grund einer Lagune oder eines Kandus erheben und mehrere hundert Meter lang und breit sein können, heißen *thila*. An ihrer höchsten Stelle liegen sie mindestens 5 m unter der Wasseroberfläche und sind daher für die Fischer-Dhonis ungefährlich. Sie haben abwechslungsreiche Formen und Strukturen, Höhlen, Steilwände, Überhänge und Terrassen und sind sehr fischreich.

Inseln und Inselchen

Lang gestreckte Sandbänke, die dauerhaft über der Wasseroberfläche liegen und nur spärlich mit Grün bewachsen sind, werden *finolhu* genannt. Dicht bewachsene, lang gestreckte Inseln mit vielfältiger Vegetation und stabiler Natur – meist am Atollrand – heißen *fushi* und *gilis* sind steil aus dem Atollboden bis knapp unter die Wasseroberfläche gewachsene Korallenstöcke. *Huraa* wiederum heißen Inseln, die sich nicht auf einer Sandbank begrünt haben, sondern auf festem Korallengestein entstanden, das durch Absenkung der Meeresoberfläche ans Tageslicht kam. *Raa* (oder *rah*) sind Inseln, die bei ihrer Besiedlung bereits mit Palmen und Laubbäumen bewachsen waren, eine vielfältige Tierwelt und einen Süßwasserspeicher besitzen.

Bei Urlaubern erfreuen sich die *velis* besonderer Beliebtheit. Das sind Sandstreifen unterhalb der Wasseroberfläche, die nur bei Ebbe aus dem Wasser ragen. Manche Hotels bieten Gästen an, sie für ein paar Stunden auf solch einer Sandbank allein zu lassen – gut versorgt mit Getränken, leckeren Speisen, einem Sonnenschirm und Handy natürlich.

Korallen – fragile Farbenpracht

70 verschiedene Korallenarten hat man auf den Malediven gezählt, vermutlich sind es aber weit mehr. Trotz einer erstaunlichen Anpassungsfähigkeit reagieren sie empfindlich auf schwankende Wassertemperaturen – die globale Erwärmung könnte zur Existenzfrage für sie werden.

Korallen wurden von Meeresbiologen lange Zeit den Pflanzen zugeordnet, wobei man wohl durch das Aussehen der Korallenriffe, das dem eines blühenden Gartens ähnelt, fehlgeleitet wurde. Inzwischen zählt man die Korallen zur Tierwelt, denn ihre Lebensweise kommt der von Seeanemonen und Quallen sehr nah. Ihre Nahrung besteht vorwiegend aus tierischem Plankton, das sie mit ihren vielfältig gestalteten Fangarmen heranwedeln. Wenn das Plankton einmal knapp wird, haben Korallen die er-

staunliche Fähigkeit, sich auch wie eine Pflanze zu ernähren. Dazu erlauben sie es vielfarbigen Algenarten, sich in ihrem Körper zu entwickeln – so entsteht die Farbenpracht des Korallenriffs. Die Korallen geben Nitrate, Phosphate und Kohlendioxyd an die Algen ab und bekommen als Gegenleistung in planktonarmen Notzeiten Aminosäuren und Zucker von diesen zurück.

Korallen sind sensibel: Schon geringe Temperaturschwankungen oder zu geringe Lichtausbeute durch Trübung des Wassers hat den Tod der Koralle zur Folge. Nach einigen Jahren allerdings können sich unter den veränderten Umweltbedingungen andere Korallenarten ansiedeln, für die die neuen Umweltbedingungen günstig sind. Auch die Wachstumsgeschwindigkeit ist je nach Art unterschiedlich. Manche produzieren pro Jahr bis zu 2 cm dicke

59

Kalkablagerungen, andere lediglich 1 mm dicke Schichten. So passt sich das Wachstum der Korallenstöcke der Geschwindigkeit des steigenden Meeresspiegels oder des absinkenden Meeresgrunds an. Verändert sich der Abstand zwischen Korallenoberfläche und Meeresspiegel nur wenig, dominieren langsam wachsende Korallen, die sich in die Breite vermehren. Bei rasch wachsendem Abstand entstehen steile und schmale Riffwände aus schnell und vertikal wachsenden Korallen. Aus der Struktur und Form eines Außenriffs lassen sich somit Rückschlüsse auf die Geschwindigkeit des Sinkens oder Steigens des Meeresspiegels im Laufe der Jahrmillionen ziehen.

Korallen und Biologen werden blass

Korallen lieben Wassertemperaturen zwischen 20 und 32 °C – eine beachtliche Bandbreite, doch gibt es Arten, die bei 20–22 °C gedeihen, andere brauchen 26–28 °C, die hitzebeständigsten lieben 30–32 °C. Da sich in allen tropischen Meeren die Korallenarten jeweils dort durchgesetzt haben, wo sie die günstigste Umgebungstemperatur finden, genügt schon eine Schwankung von 1–2 °C, um einen jahrtausendealten Korallenbestand zu zerstören.

Diese gefährlichen Temperaturschwankungen scheinen angesichts der globalen Erwärmung Realität zu werden. Bis 1997 schien die Erwärmung der Weltmeere nicht alarmierend, die Meeresfauna und -flora litt unter ›Stress‹, starb aber nicht. Doch als ›El Niño‹, ein periodisch auftretender, sich von Südamerika aus ausbreitender Warmwasserschwall, hinzukam, war die Toleranzgrenze vieler Korallenarten der tropischen Meere überschritten. Überall im Indischen Ozean, in der Karibik, am Barrier Reef vor Australien und im Pazifik ›erblassten‹ innerhalb weniger Monate 30–70 % der Korallenstöcke. Zunächst starben die mit ihnen in Symbiose lebenden Algen, die ihnen ihre leuchtenden Farben geben, die Korallen wurden blass (coral bleaching genannt) und starben dann selbst.

Dabei bleibt es aber nicht, denn die Abhängigkeiten innerhalb des Ökosystems eines Korallenriffs sind komplex. Schon nach wenigen Wochen werden die toten Riffe von Grün- und Blaualgen überzogen. Bohrschwämme durchlöchern die Korallenskelette, bis sie in sich zusammenstürzen. Das befürchtete ›Umkippen‹ der Lebensgemeinschaft Korallenriff setzte im Sommer 1998 dramatisch ein. Tom Goreau, der Präsident der Global Coral Reef Alliance (New York), erklärte, dass ein globales Massensterben der Riffe im Gange sei, wie es die Welt nie zuvor gesehen habe. Die Chancen der schnellen Regeneration sind gering, denn unter Hunderten von Korallenarten gibt es nur einige, die darauf spezialisiert sind, abgestorbene Korallenskelette wieder zu besiedeln. Ausgerechnet diese Arten wurden vom Massensterben aber weitgehend vernichtet. Nur wenn die Temperaturen in den nächsten Jahren nicht mehr so hoch sind, haben die Korallen eine Chance, sich im Laufe der kommenden 15–20 Jahre weiter zu regenerieren.

Doch es gibt noch weitere Opfer der Klimaveränderung: Die im Riff lebenden Fische und Krustentiere, denen die Korallen als Nahrungsquelle und als Schutz vor Raubfischen dienten. Viele dieser Fischarten gibt es heute nicht mehr. Andere haben ihren Platz eingenommen. Auch wenn das Thema in den Medien in den letzten Jahren weniger präsent war, ist die Gefährdung dieses Lebensraums weiterhin sehr real.

Vielfältige Unterwasserwelt

Die Korallengärten der Malediven sind unter Wasser das, was unberührte Regenwälder über Wasser sind – die in ihrem jeweiligen Element artenreichsten Gebilde unseres Globus.

In den Hausriffen der maledivischen Hotelinseln können Schnorchler und Taucher eine schier unglaubliche Anzahl bunter, teilweise fantasievoll aussehender Korallenfische bewundern. Für alle, die genauer wissen wollen, welche Fische ihnen da unter Wasser begegnen, kann die folgende Beschreibung der häufigsten Arten hilfreich sein.

Bunt und ungewöhnlich

Eher an eine Schlange als an einen Fisch erinnern **Muränen,** so stark haben sie ihr Aussehen im Laufe der Evolution verändert. Vom Kopf bis zum Schwanzende ziert eine durchgehende Flosse den Rücken des Tieres. Muränen können bis zu 3 m lang werden und haben bis zu 260 Rückenwirbel, wodurch ihr langer, muskulöser Körper extrem beweglich ist. So können sie sich durch engste und verwundene Korallengänge schlängeln, ohne ihre Haut an den scharfen Kanten zu verletzen. Tagsüber leben sie versteckt in Höhlen und Korallenspalten, nur gelegentlich strecken sie ihren wuchtigen Kopf mit den mächtigen Kiefern heraus. Erst in den Abendstunden verlassen sie ihre Wohnhöhle und unternehmen Raubzüge auf Fische und Krebse. In den Gewässern der Malediven finden sich viele verschiedene Arten, von der braun-weiß geringelten Zebramuräne über Gelbkopfmuräne und Netzmuräne – die Letztere sieht aus, als sei über ihren braunen Körper ein engmaschiges, weißes Netz gespannt – bis zur Riesenmuräne.

Skorpionfische nennt man eine große Gruppe von Riffbewohnern, die durch farbenfrohe und weit ausladende Flossen auffallen. Allen ist gemein, dass sie in den Stacheln der Rückenflossen ein Gift produzieren, das bei Berührung heftige allergische Reaktionen auslöst. Einer der bekanntesten Skorpionfische ist der Feuerfisch, der seinen Namen seiner roten Färbung und den wie Flammen den Körper umgebenden, weit ausladenden hauchdünnen Flossen verdankt. Ein besonders auffälliges Exemplar ist der Strahlenfeuerfisch, dessen Flossen wie feine Fäden oder Strahlen ausgebildet sind, die den ganzen Körper umgeben.

Ebenfalls zu den Feuerfischen gehören die Drachenköpfe und Steinfische. Auch Letztere wurden ihrem Aussehen nach benannt, denn sie sind ruhig am Grund liegend von ihrer Umgebung aus bizarr geformtem Kalkstein kaum zu unterscheiden. Der Steinfisch gilt als vermutlich giftigster aller Fische. An der Wurzel seiner nach oben gerichteten Rückenflossen sitzt ein Giftsack, den er zur Verteidigung gegen Fressfeinde, aber auch in die Haut eines unvorsichtig in den Korallen umherstapfenden Schnorchlers entleert. Der Drachenkopf, wegen seiner hässlich und abstoßend wirkenden Kopf- und Körperform so genannt, ist nicht ganz so perfekt getarnt, doch für ein ungeübtes Schnorchlerauge ebenfalls kaum vom Hintergrund zu unterscheiden. Wie der Steinfisch liegt er nahezu reglos am Boden und sperrt sein riesiges Maul weit auf. Schwimmt ein Fisch unvorsichtig nahe vorbei, schießt er blitzartig nach vorne und verschluckt ihn im Ganzen!

Häufig vertretene Riffbewohner

Zahlreich vertreten sind die **Barsche**. Neben den bekannten Zackenbarschen schwimmen auch Fahnenbarsche, Seifenbarsche, Zwergbarsche und Dutzende andere dieser Gattung durch maledivische Gewässer. Der Zackenbarsch, von dem es viele Arten gibt, ist der größte aller Riffbewohner. Der mächtigste unter ihnen, der *Epinephelus lanceolatus,* wird bis zu 400 kg schwer und bis zu 3 m lang. Aber auch kleinere Zackenbarsche wie der Pfauen-Zackenbarsch oder der Gold-Zackenbarsch (wegen seiner Färbung so genannt) haben einen bulligen, kräftigen Körper und ein riesiges, immer schlecht gelaunt aussehendes Maul mit weit heruntergezogenen Mundwinkeln. Am liebsten verspeisen sie Krebse, die sie aus den Höhlen im Riff jagen und blitzschnell verschlingen. Ein besonders schönes Exemplar ist der Juwelen-Zackenbarsch. Sein Körper leuchtet in zartem Rot-Orange und ist mit vielen kleinen blauen, türkisfarbenen und gelben Punkten übersät.

Ebenfalls zur Ordnung der Barsche zählen die Familie der Süßlippen, wegen ihrer wulstigen Lippen so genannt, und die ihnen ähnlichen Schnapper.

Süßlippen haben ein vergleichsweise kleines Maul mit leichtem ›Überbiss‹, denn die Oberlippe liegt vor der Unterlippe. Von vorne gesehen sind sie hoch und flach, von der Seite gesehen haben sie einen stark gerundeten Körper. Gegen Abend beginnen sie, den Meeresgrund mit ihrem Maul nach wirbellosen Tieren wie Muscheln, Würmern und Schnecken abzusuchen.

Die Familie der **Riffbarsche** gehört zu den buntesten Flecken im vor Leben strotzenden Korallenriff. Zu ihr zählen die bunten Anemonenfische und die Lippfische, wie z. B. der Napoleonfisch. Taucher oder Schnorchler, die einem Napoleonfisch zum ersten Mal begegnen, machen normalerweise spontan Halt und treten den Rückzug an. Ursache ist die schiere Größe und Masse des Fisches – als ausgewachsenes Tier hat er ein Gewicht von bis zu 300 kg und kann bis zu 2,5 m lang werden. Auffällig und unverwechselbar ist sein ausgeprägtes Horn, das sich oberhalb der Augen wie ein Rammbock nach vorne über das spitz zulaufende Maul wölbt. Der Fisch ist jedoch absolut harmlos; manchmal schwimmt er neugierig und stoisch ruhig auf die verschreckten Taucher zu.

Ganz anders verhalten sich die Anemonenfische. Im Gegensatz zum Napoleonfisch sind sie nur wenige Zentimeter groß und in grellen Farben attraktiv gemustert. Ihr Lebensraum ist nicht das offene Meer, sondern die giftigen, nesselnden Fangarme der Seeanemonen, die ihnen Schutz vor Raubfischen bieten. Diese halten nämlich respektvollen Abstand von den Armen der Anemonen und deren Gift. Die Schuppen der Anemonenfische hingegen sind diesem Gift gegenüber unempfindlich und so können sie sich zwischen den in der Strömung hin und her schwankenden Armen der Anemonen verstecken wie ein Reh im hohen Gras.

Farbenfreude kennzeichnet viele maledivische Riffbewohner

›Malerische‹ Outfits und wirksame Abwehr

Zu den **Haftkieferfischen** gehören die Drückerfische und die früher als Lampenschirme beliebten Koffer-, Igel- und Kugelfische. Der auffälligste der vielfarbig und fantasievoll ›gestylten‹ Drückerfische ist der Picasso-Drückerfisch. Fast die Hälfte seines massigen Körpers macht der mächtige Kiefer aus. Der außergewöhnliche Name dieses Fisches geht auf die farbenfrohe und großflächige Zeichnung seines Körpers zurück, die an ein Bild des spanischen Malers erinnert. Die vordere Hälfte ist einheitlich hellgelb gefärbt, um die fast in Körpermitte liegenden Augen schließt sich ein vielfarbiges Oval aus mehreren Ringen. Der Rücken und das Schwanzende sind mit hellen und dunklen blauen bis grünen Streifen versehen. Der Picasso-Drückerfisch bewohnt flache Sandflächen nahe den Korallenriffen und ernährt sich, indem er aus dem Korallenkalk kleine Brocken herausbricht, sie mit seinem har-

ten Kiefer zermahlt, um so an das Fleisch der sich darin zurückziehenden Koralle zu gelangen. Wie der Papageifisch, der ebenfalls zu den Drückerfischen zählt, trägt er so zur Produktion des strahlend weißen und feinen Sandes bei, der sich an den Stränden der Malediveninseln angesammelt hat.

Schließlich sind noch die Kugel-, Koffer- und Igelfische zu erwähnen, die alle die Fähigkeit haben, dafür vorgesehene Hohlräume ihres Körpers mit Wasser zu füllen, und sich damit auf das Vier- bis Fünffache ihrer normalen Körpergröße ausdehnen können. Das sieht spektakulär aus und ist eine äußerst wirksame Abwehrstrategie gegenüber Raubfischen. So mancher Hai musste sein Leben lassen, weil ein von ihm geschnappter Igelfisch sich in seinem Schlund aufblähte und sein Gift verspritzte! Der Kugelfisch ist bekannt für das in seiner Leber befindliche, tödliche Gift Tetratodoxin. Angeblich soll es von den früher auf den karibischen Inseln lebenden Indianern als Pfeilgift genutzt worden sein. Haitianische Voodoo-Meister benutzten es (oder benut-

Walhai

Grauer Riffhai

Riesenkugelfisch

Schwarzspitzen-Riffhai

Manta-Rochen

Napoleon-Lippfisch

Picasso-Drücker

Großer Barrakuda

Leoparden-Drücker

Schwarzfleck-Stechrochen

Pfauenauge-Zackenbarsch

Juwelen-Zackenbarsch

Waben-Zackenbarsch

Strahlen-Feuerfisch

Malediven-Anemonenfisch

Echter Steinfisch

Gemeiner Putzer-Lippfisch

Orient-Süßlippe

Kugelkopf-Papageifisch

Geistermuräne

Blaustreifen-Schnapper

Riesenmuräne

zen es immer noch) als Heilmittel. Auf die richtige Dosierung kommt es an!

Seltene Gäste und ›Unterwasserautos‹

Während der Überfahrten mit Dhonis vom Flughafen nach Male' oder zur Ferieninsel kann man häufig am Riffrand oder zwischen den Atollen größere Gruppen von **Tümmlern** beobachten, welche die Boote begleiten. Versucht man jedoch, sich ihnen schwimmend zu nähern, ziehen sie sich zurück und sind spurlos im unendlichen Ozean verschwunden. Große **Wale** sind in den Gewässern der Malediven selten, dazu ist das Wasser zu warm und innerhalb der Atolle zu flach. Gelegentlich an Stränden angeschwemmtes Ambra – ein Verdauungsprodukt des Pottwals, das zur Parfüm- und Kosmetikherstellung benötigt wird – beweist aber, dass es sie auch in diesen Breiten des Indischen Ozeans gibt.

Haie sind auf den Malediven dem Menschen wohlgesinnt. Aggressionslos patrouillieren sie die Riffe entlang, wo sie von den Tauchern bewundert werden. Die häufigsten Arten sind Ammenhaie, die den Tag in einer geschützten Höhle verdösen, Weiß- und Schwarzspitzenhaie von 2–3 m Länge und, an den Außenriffen und Riffkanälen, die Grauen Riffhaie – auch Hausmeister des Riffs genannt.

Die imposanten **Walhaie,** ebenfalls nur selten zu entdecken, sehen zwar gefährlich aus, sind aber absolut friedlich. Sie gehören zur Familie der Haifische, sind jedoch keine Raubfische, sondern ernähren sich – wie der ebenfalls riesenhafte Manta – ausschließlich von Plankton. Der Walhai kann bis zu 20 m lang werden, der **Manta** erreicht eine Spannweite von bis zu 7 m und ein Gewicht von 2 t, also etwa das eines Pkws der Mittelklasse.

Das ist aber nicht das Einzige, was der Manta mit einem Auto gemein hat. Wenn er jagt, sperrt er sein riesiges Maul rechteckig auf, sodass es wie der Kühlergrill eines Autos aussieht. In das aufgerissene Maul strömen gigantische Mengen von Meerwasser ein und

Ein Erlebnis mit Seltenheitswert – Auge in Auge mit einer Meeresschildkröte

durch die an der Unterseite des Körpers liegenden Kiemen wieder aus. Dazwischen liegen zwei Filter: Einer entzieht dem Wasser Sauerstoff, der andere sammelt Plankton und leitet es in den Magen. Im Unterschied zu seinen nahen Verwandten, den Rochen, hat der Manta keinen Stachel am Ende seines peitschenförmigen, bis zu 2 m langen Schwanzes. Dieser dient ausschließlich als Lenkhilfe beim ›Flug‹ durchs Meer. Dabei steuert der Manta mit sanften Auf- und Abbewegungen seiner riesigen Flossen majestätisch durchs Meer wie ein Adler durch die Lüfte.

Bedrohte Riesen

Trotz zahlreicher Schutzmaßnahmen zählen Meeresschildkröten zu den stark vom Aussterben bedrohten Arten. Schon immer haben die Inselbewohner die Eier, die ein Schildkrötenweibchen im heißen Küstensand abgelegt hat, ausgegraben und verspeist. Die Tiere selbst wurden gefangen und gegrillt, ihr Panzer zur Herstellung von Schmuck aus Schildpatt verkauft. Der arabische Weltreisende Ibn Battuta schilderte im 14. Jh. den Export von Schildpatt von den Malediven nach Indien als eines der einträglichsten Exportgeschäfte. Doch erst die Massennachfrage zu Beginn des Tourismusbooms hat die Art ernsthaft in Gefahr gebracht.

Muscheln, Schnecken und Krebse

5000 verschiedene Arten von Muscheln und Schnecken bevölkern die Korallenriffe der Malediven. Tagsüber kann man sie selten sehen, da sie in ihre Gehäuse zurückgezogen ruhen. Die berühmteste ist die **Kaurischnecke**

Finger weg von Schildpatt!
Es ist zu hoffen, dass das strikte Verbot, die Meeresschildkröten zu töten, deren Population wieder anwachsen lässt. Der Import, Export und sogar die Verarbeitung von Schildpatt ist durch die Regierung der Malediven verboten. Wer dennoch mit Schildpattprodukten erwischt wird, hat mit erheblichen Strafen zu rechnen!

(fälschlich oft Kaurimuschel genannt), die in früheren Jahrhunderten ein wichtiges Exportprodukt der Malediven war, da sie in vielen Ländern Afrikas und Asiens als Zahlungsmittel genutzt wurde. Auch auf den Malediven diente sie lange Zeit als ›Kleingeld‹. **Tritonschnecken** und **Perlmuscheln** sind selten geworden, da sie ein teuer bezahltes Souvenir waren, bevor der Export verboten wurde.

Krabben und Einsiedlerkrebse verstecken sich tagsüber im Sand und im ufernahen Gebüsch, nachts gehen sie auf Beutejagd. Die **Einsiedlerkrebse** suchen an Land gespülte Schneckengehäuse, die sie für ein paar Monate als Wohnort und Schutzpanzer mit sich herumtragen. Irgendwann wird das Haus zu klein und der Krebs muss sich ein neues Zuhause suchen. Wer tagsüber am Strand scheinbar leblose kleine Schneckengehäuse sammelt und als Trophäen auf der Terrasse Ihres Bungalows ausstellt, sollte sich nicht wundern, wenn diese sich in der Abenddämmerung in Bewegung setzen und über Nacht verschwunden sind. Daher: Lassen Sie Muscheln und Schnecken liegen. Entweder sind sie noch ›bewohnt‹ oder sie werden als Wohnung einer Krabbe benötigt, die aus ihrem bisherigen Heim herausgewachsen ist.

Pflanzen und Tiere oberhalb des Meeresspiegels

Das wichtigste Merkmal der Pflanzenwelt auf den maledivischen Inseln ist die fast unglaubliche Artenarmut und das dadurch labile Gleichgewicht. Ebenso artenarm präsentiert sich die Tierwelt. Neben den Geckos dürften Touristen in erster Linie die Flughunde auffallen. In der Abenddämmerung kann man sie im Wald beobachten, wenn sie auf der Suche nach essbaren Früchten sind.

Von den auf den Malediven bis heute gezählten 600 Pflanzenarten dürfte es nur etwa 100 bis 150 geben, die sich ohne menschliche Unterstützung behaupten konnten. Die übrigen 450 bis 500 Arten wurden im Laufe der Jahrtausende zu Kultur-, später auch zu Zierzwecken importiert und gepflegt, sodass sie von den einheimischen Arten nicht verdrängt wurden.

Am weitesten verbreitet sind Kokospalmen und Pandanus (Schraubenbaumgewächse). Beide können auf den Inseln gut gedeihen, da sie flache Wurzeln ausbilden – tief nach unten ragende Wurzeln würden sehr schnell auf Salzwasser stoßen und die Pflanzen töten. Auch der Banyan-Baum (Würgefeige) kann sich behaupten, denn er ernährt sich über seine flach wurzelnden Wirtspflanzen. Neben Pionier- und anderen Kulturpflanzen bilden Kokospalmen die Lebensgrundlage der Menschen auf den Inseln.

Grundlegend: Pionierpflanzen

Von entscheidender Bedeutung für das Entstehen und den Erhalt einer Insel sind flache, im Uferbereich wachsende Gräser, die sogenannten Pionierpflanzen. Sie siedeln sich zuerst auf einer Sandbank an und befestigen den Uferbereich mit dichtem Wurzelwerk. Erst wenn dieser über lange Zeit gehalten und dadurch stabilisiert ist, finden dahinter Hecken und Büsche Halt und festigen den Boden. Im Laufe von Jahrtausenden sorgen sie dann für eine dünne Humusschicht, in der sich salzfreies Regenwasser ansammelt. Hier, etwa 1 m über der Hochwasserlinie, entsteht schließlich ein Wald aus Schraubenpinien, Kokospalmen, Würgefeigen, Mandelbäumen und vielen anderen Gewächsen.

Je unberührter die Insel bleibt, desto leichter und dichter werden die Pflanzen den für sie günstigsten Lebensraum besiedeln und damit festigen. Dies wiederum sorgt dafür, dass auch starke Stürme und Fluten die junge Insel nur schwer erodieren können. Sobald aber eine der Pflanzengruppen geschwächt wird, schwächt das auch ihre Nachbarn: Wenn beispielsweise am Strand der Hotelinseln das Ufergras, die sich über den Sand ausbreitenden Pflanzen oder auch nur herabgefallene Blätter entfernt werden, schwemmen schon kleine Fluten Sand und Erde zwischen den Wurzeln der Kokospalmen aus. Diese beginnen sich zu neigen – das ist zwar hübsch anzusehen, bedeutet aber den nahen Tod der Kokospalme.

Spärlich: Kulturpflanzen

Auf den Inseln der nördlichen Malediven wachsen Kulturpflanzen mangels guter Erde nur spärlich. Etwas besser gestalten sich die Lebensbedingungen für Bäume und Sträucher aus weit entfernten Erdteilen auf den südlichen Atollen Foammulah und Addoo, wo die Landflächen größer sind und die im Laufe der Jahrtausende entstandene Humusschicht dicker. Hier werden daher verschiedene Hirsearten, Taro, Maniok und Yamswurzel angebaut, und die Bevölkerung ist in Notzeiten vom Reisimport unabhängig. Auf Foammulah wachsen in einigen besonders bevorzugten Gegenden sogar Mangobäume, Ananas, Brotfruchtbäume, Bananenstauden und Wassermelonen.

Überragend: Die Kokospalme

Die für den Menschen auf den Malediven wichtigste Kulturpflanze aber ist die Kokospalme. Sie deckte einst – neben dem Fischfang – nahezu den gesamten Bedarf der Bevölkerung ab: Das Fleisch der Kokosnuss sättigt und liefert Öl für die Küche, die Milch löscht den Durst, aus den Knospen wird ein Gemüsegericht bereitet, der süße Saft aus den Blütenständen ist Zuckerersatz. Die Hülle der holzigen Frucht dient als Ausgangsmaterial für die Herstellung von Seilen, Netzen und Matten, aus dem Holz des Stammes bauen die Malediver Schiffe, Möbel und Häuser. Und in früheren Jahrhunderten flochten die Fischer sogar die Segel ihrer Dhonis aus den Blättern der Kokospalme. Vermutlich wäre eine Besiedlung der Inseln ohne die Kokospalme nicht möglich gewesen.

Die Bedeutung der Kokospalme hat dazu geführt, dass sie unter besonderem Schutz des Staates steht. Keine Kokospalmen befindet sich in Privatbesitz, alle gehören dem Staat, tragen eine Nummer und sind registriert. Das gilt nicht nur für Palmen auf Plantageninseln, sondern auch für solche auf den Hotelinseln. Der Staat wiederum verpachtet die Palmen zu einem niedrigen Preis an einheimische Familien, die aus der Ernte der Früchte und der Weiterverarbeitung der Rohstoffe der Palme ihren Lebensunterhalt und auch Gewinn erwirtschaften können. Daher Hände weg von Kokosnüssen, auch wenn sie scheinbar herrenlos am Boden liegen.

Auf den zweiten Blick: Reptilien

Schildkröten, Schlangen und Geckos fallen nur aufmerksamen Urlaubern auf. **Geckos** wird finden, wer auf ein klimatisiertes Zimmer verzichtet, denn aus der Kälte eines solchen Raumes flüchten sie. Sobald das Licht eingeschaltet wird, kommen sie dagegen in offen und winddurchlässig gebaute Zimmer und lauern nahe der Lichtquelle auf Insekten. Diese in Dhivehi *hoanu* genannten, scheuen und völlig ungefährlichen Reptilien an der Zimmerdecke und an den Wänden werden dem Urlauber nicht näher als 2 m kommen. Je mehr von ihnen im Zimmer sind, desto weniger Insekten gibt es. Geckos leben natürlich auch in den Wäldern und Gärten, sind dort aber wegen ihrer angepassten Färbung nur mit geübtem Auge zu entdecken.

In den Gärten trifft man auch auf die **Indische Schönechse.** Sie ist hellgrün, etwa 10–15 cm lang, hat einen rötlichen Kopf und ein gelbliches Schwanzende. Ähnlich wie man es von Chamäleons kennt, bleiben sie wie erstarrt stehen, wenn man ihnen nahe kommt. Gelegentlich wippen sie auf ihren langen Beinen wie ein Blatt im Wind. Aus 5–10 m Entfernung sind sie dadurch kaum von am Boden liegenden, leicht welken Blättern zu unterscheiden – eine perfekte Tarnung vor Fressfeinden wie Nattern und Vögeln.

Die beiden auf den Malediven vorkommenden Schlangenarten – **Blindschlangen und Nattern,** die sich wiederum von Eidechsen und Geckos ernähren – sind auf den Urlauberinseln ausgestorben, da die Vegetation dort nicht dicht genug ist. Beim Besuch unbewohnter Inseln kann man sie hingegen hin und wieder noch beobachten. Nannugathi heißt eine Blindschlange *(Typhlops braminus),* die zweite ist die Wolfszahnnatter *(Lycodon aulieus capucinus),* die versteckt im Dickicht lebt. In Feuchtgebieten der mit Gestrüpp, Palmen und Schraubenpinien bewachsenen, wilden Inseln findet man schließlich die Schwarznarbenkröte *(Bufo melanosticus).* Bei den Maledivern wird sie Boh genannt und bereichert gelegentlich den Speisezettel. Mit etwas Glück kann man auch mal einen Frosch beobachten.

Erhebend: Vögel

Vielfältiger ist die Vogelwelt, denn man nimmt an, dass etwa 120 verschiedene Arten auf den Inseln leben. Eine auffällige Vogelart ist auf vielen Inseln ein schwarzer **Rabe,** genannt Kaalhu. Indische und singhalesische Seefahrer nahmen die Tiere auf ihre Schiffe mit und ließen sie frei, wenn sie glaubten, in der Nähe einer Insel oder des Festlands zu sein. Wenn die Raben orientierungslos umherflogen und nach kurzer Zeit zurückkehrten, war kein Land in der Nähe. War jedoch eine Insel oder eine Festlandküste nahe, flogen sie direkt darauf zu. Das Schiff folgte ihnen und erreichte so auf direktem Weg das nächstgelegene Ufer.

Auf manchen Hotelinseln gibt es in großen Volieren oder sogar frei fliegend kleine **Sittiche.** Sie haben hellgrünes Gefieder und einen roten Schnabel. Lediglich im Addoo-Atoll südlich des Äquators findet man weiße **Feenseeschwalben** mit ihren schwarzen Augen und dem spitzen, schwarzen Schnabel. Diese Tiere sollen der Legende nach von einem arabischen Heiligen eingeführt worden sein und die vorher dort lebenden Raben vertrieben haben. **Bussarde, Falken** und **Weihen** machen auf ihren Wanderungen von im Winter kalten Regionen in den Süden gelegentlich auf den Inseln Station, zahlreiche Wattvögel bleiben sogar die Wintermonate dort.

Entlang der Inselstrände findet man verschiedene **Reiherarten,** die sich von Jungfischen im flachen Küstenwasser ernähren. Selten kommt in den südlichen Atollen sogar der große **Fregattvogel** (Kurangi) vor, der vermutlich von den Seychellen herübergekommen ist, wo er in großer Zahl lebt.

Auf den Inseln der Malediven kann man einige Reiherarten bewundern

Haie –
die gejagten Jäger

Seit es Tourismus auf den Malediven gibt, hat es keinen Angriff eines Hais auf Schwimmer, Schnorchler oder Taucher gegeben. Die Furcht vieler Urlauber vor diesen ›Monstern‹ scheint also wenig begründet. Um die Risiken einer Begegnung mit einem der 50 auf den Malediven bekannten Arten – weltweit sind es etwa 200 – richtig einschätzen zu können, lohnt es sich, mehr über dieses faszinierende Urtier zu wissen.

Haie sind Jäger, jedoch sind sie nicht darauf programmiert, nach Menschen zu suchen. Vielmehr erkunden sie ihre Umwelt nach Fischen, die durch Alter oder Krankheit geschwächt sind und schnappen sie aus einem Schwarm heraus oder jagen sie im Riff. Taucher, Schnorchler und Schwimmer müssen in maledivischen Gewässern keine Angst vor den Raubfischen haben, denn Haie werden sie zwar möglicherweise neugierig beäugen, aber nicht angreifen.

In anderen Meeren gibt es Haiarten, die ein ausgeprägtes Revierverhalten aufweisen. Sie verteidigen eine von ihnen einmal besetzte Region gegen Futterkonkurrenten und solche, die sie dafür halten. In diesen Regionen sollten Taucher sich zurückziehen, wenn ein aggressiv wirkender Hai auftaucht. Trotz der uns Menschen gegenüber in der Regel passiven Verhaltensweise, gelten Haie als die Herrscher der Weltmeere und von Haiangriffen wird immer wieder einmal berichtet.

Gefahr im Verzug?

Die Hochseefischerei bildet für den Hai nicht nur die unmittelbare Gefahr, als Beifang zu enden, sondern ist auch eine ernsthafte Konkurrenz um seine Nahrungsquelle. Dazu gehören nahezu alle Fischarten, die sich in den meist kilometerlangen Schleppnetzen verfangen. Werden die Haie vielleicht einfach hungriger und müssen härter um ihre Nahrung kämpfen und werden deshalb aggressiver? Dazu ein paar Zahlen: Pro Jahr kommen weltweit etwa zehn Menschen durch Haiangriffe ums Leben. Das sind weniger, als an manchem schönen Sommerwochenende bei Motorradunfällen auf Bergstraßen in Oberbayern sterben. Bedenkt man, wie viele Millionen Menschen sich täglich in die Fluten eines der fünf Weltmeere stürzen, ist die Gefahr, die von Haien für Menschen ausgeht, weitaus geringer, als allgemein angenommen wird.

Obwohl es bei den Haiarten der Malediven keine Revierkämpfe gibt, sind auch dort Respekt und Vorsicht geboten. Friedlich am Boden liegende Ammenhaie darf man bewundern, aber nicht berühren oder gar festhalten. Wenn man in Höhlen oder Durchgängen taucht, sollte man stets genug Platz zwischen sich und der Riffwand lassen. Ein Hai, der friedlich in der Höhle liegt, könnte sich bedroht fühlen, wenn er seinen Fluchtweg versperrt glaubt.

Der Mensch als Bedrohung der Haie

Menschen fangen pro Jahr etwa 100 Mio. Haie als Trophäen, als Rohstoff für ›Naturmedizin‹ oder als Nahrungsmittel. Das sind pro Sekunde (!) drei von Menschenhand getötete Haie. 2,5 Mio. Haie werden von Sportfischern ›zum Spaß‹ getötet. In den meisten Fällen landen die Tiere auf der Müllkippe oder werden schwer verletzt ins Meer zurückgeworfen. Weitere Millionen fallen Fischern zum Opfer, die sie fangen, um ihnen die Flossen abzuschneiden und sie getrocknet in Hongkong, Singapur und Japan zu verkaufen. Weitere Hunderttausende werden nicht gezielt gefangen und getötet, sondern verfangen sich als Beifang in den Netzen der Thunfischflotten. Schwer verletzt werden sie ins Boot gezogen und – die ›glücklicheren‹ unter ihnen – wieder ins Meer zurückgeworfen. Häufig ereilt sie aber ein schlimmeres Schicksal. Fischer schneiden ihnen bei lebendigem Leibe nur die Flossen und die Geschlechtsteile ab, um sie zur Herstellung von angeblich potenzsteigernden Medikamenten zu verkaufen. Den Rumpf werfen sie lebend ins Meer zurück. Unfähig sich fortzubewegen, sinken die Tiere auf den Meeresgrund und verenden Tage später an Blutverlust und Sauerstoffmangel.

So gelten heute 69 Haiarten als ernsthaft in ihrer Existenz bedroht. Dennoch gibt es noch nur wenige internationale Bestrebungen, die Tiere zu schützen. Sollten die Haie in den kommenden Jahrzehnten tatsächlich aussterben, wird das Gleichgewicht in den Weltmeeren aus den Fugen geraten, denn sie haben eine entscheidende Funktion im maritimen Ökosystem. Vor den Küsten Australiens etwa hat die Reduzierung der Haie bereits zu einer explosionsartigen Vermehrung der Robben geführt. Selbst wenn man einen wirksamen Schutz für Haie fände, wäre nicht zu erwarten, dass sich dort in den nächsten Jahren das Gleichgewicht wieder einstellen kann. Die meisten Haiarten benötigen nämlich etwa 20 Jahre bis zur Geschlechtsreife und bringen danach nur ein bis zwei Nachkommen zur Welt.

Haie sind für viele Menschen ein Anblick, den sie lieber nicht in natura erleben

Die Entstehung des maledivischen Königreichs

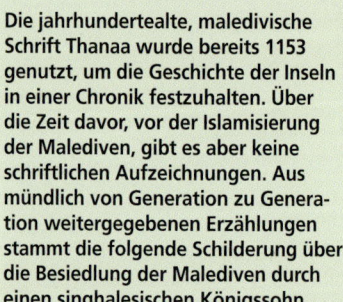

Die jahrhundertealte, maledivische Schrift Thanaa wurde bereits 1153 genutzt, um die Geschichte der Inseln in einer Chronik festzuhalten. Über die Zeit davor, vor der Islamisierung der Malediven, gibt es aber keine schriftlichen Aufzeichnungen. Aus mündlich von Generation zu Generation weitergegebenen Erzählungen stammt die folgende Schilderung über die Besiedlung der Malediven durch einen singhalesischen Königssohn.

Am Rande der Hauptstadt von Serendip (Sri Lanka), nahe dem Urwald, lebte eine arme Familie. Nachdem die Frau schwanger geworden war, verstarb ihr Mann, und kurz nach der Geburt ihres ersten Sohnes starb auch sie. Das hungrige Kind kroch in den Wald, wo es auf einer Lichtung auf eine Rinderherde traf. Eine Kuh nahm sich des Kindes an: Sie ließ es an ihrem Euter trinken und es folgte ihr auf ihrer Suche nach saftigen Weiden.

Eine Hungersnot droht

Als sich in der nahen Hauptstadt Serendip eine Hungersnot ankündigte, sandte der König Jäger aus, um Rinder zu fangen. Sie stießen auf die Herde, die den kleinen Jungen aufgenommen hatte. Sofort sandten die Jäger einen Boten zum König und baten um Erlaubnis, den Jungen einfangen und in den Königspalast bringen zu dürfen. Der König war einverstanden, nahm ihn in seinem Haus auf und ließ das Kind, das er Dschungelblüte nannte, lesen und schreiben lernen.

Als der König einmal nach dem aufregendsten Erlebnis seines Adoptiv-

sohns als Mitglied einer Rinderherde fragte, erzählte Dschungelblüte von einer riesigen Schlange, die im Urwald seinen Weg gekreuzt habe. Als er ihr folgen wollte, sei sie durch ein Felsloch in einer Höhle verschwunden. Der Junge war neugierig und wollte die Schlange gerne noch einmal sehen, also gingen der König und Dschungelblüte mit einer Gruppe von Kriegern in den Wald, um sie zu suchen. Schließlich fanden sie die Felsenhöhle, die ihr als Versteck gedient haben sollte. Doch nachdem sie von der Größe der Schlange gehört hatten, wagte keiner der Krieger hineinzugehen. Der Junge schlug vor, ein Feuer zu entzünden, um so die Schlange nach draußen zu locken. Als das Feuer – ohne den gewünschten Erfolg – erloschen war, wagte noch immer keiner der Soldaten, die Höhle zu durchsuchen, sodass

Dschungelblüte letztendlich allein hineinging. Die Schlange fand er zwar nicht, aber eine kleinere Nebenhöhle, die mit Gold und Edelsteinen angefüllt war. Als die Soldaten das hörten, liefen sie ihm nach und brachten einen gewaltigen Schatz in den Königspalast.

Wem gehört der Schatz?

Der König rief nun seine Rechtsgelehrten zusammen, um klären zu lassen, ob der Schatz ihm oder seinem Adoptivsohn gehöre. Nach langem Überlegen kamen sie zu dem Schluss, dass Dschungelblüte rechtmäßiger Eigentümer sei. Der König könne nur Eigentümer werden, sollte der Junge sterben, da er ja keine leiblichen Angehörigen als Erben habe. Da der König sein Adoptivkind jedoch lieb gewonnen hatte, entschied er sich, es am Leben zu lassen. Stattdessen gab er Dschungelblüte seine leibliche Tochter formell zur Frau und sicherte sich auf diese Weise als Vater seines noch unmündigen Schwiegersohnes die Beteilung am Schatz.

Als die Rechtsberater allerdings herausfanden, dass Dschungelblüte und die Königstochter nicht gemeinsam lebten, machten sie den König darauf aufmerksam, dass die Ehe ungültig sei und das Eigentum an den Schätzen daher allein Dschungelblüte gebühre. Der König beriet sich mit seinem Adoptivsohn, der ihm folgenden Vorschlag unterbreitete: Die formelle Ehe zwischen Adoptivsohn und Königstochter solle in die Wirklichkeit umgesetzt werden. Dann dürfe der König ein Drittel des Schatzes verkaufen und mit dem Erlös zwei große Schiffe ausrüsten. Ein weiteres Drittel dürfe er behalten und mit dem letzten Drittel würde das Prinzenpaar aufs Meer hinaussegeln, um sich ein neues Königreich zu suchen. Der König war einverstanden und ließ seinen erfahrensten Kapitän die Schiffe bauen und eine Mannschaft von zuverlässigen Sklaven zusammenstellen.

Dschungelblüte wird König der Malediven

Nach vielen Tagen auf dem offenen Meer erreichte das Prinzenpaar eine Gruppe von Inseln und sie ließen an einer seichten Stelle ihre Anker auswerfen. Zu beiden Seiten des Ankerplatzes befand sich jeweils eine dicht bewaldete, unbewohnte Insel. Auf der einen ließ Dschungelblüte eine Hütte für seine Frau und sich errichten und nannte sie Königsinsel *(Rasgetheemu)*. Der anderen gab er den Namen Skla-

veninsel *(Alhugetheemu)* und wies seine Mannschaft an, sich dort einzurichten. Anschließend lud er die auf zwei Nachbarinseln lebenden Fischer zu einem großen Fest auf seine Inseln ein, bei dem er sie reich bewirtete und beschenkte. Doch bevor die Fischer auf ihre Heimatinseln zurückkehren konnten, ließ er sie von seinen Sklaven überfallen und ermorden. Daraufhin erklärte er sich zum König des Inselreiches und wies seine Sklaven an, eine Siedlung zu bauen.

Die neue Hauptstadt

Eines Tages beobachtete Dschungelblüte eine Gruppe von Krähen vom Meer aus näher kommen. Sie umkreisten die Insel, krähten und flogen dann nach Süden davon. Als sich dies häufiger wiederholte, sah der König darin ein Zeichen, weiter nach Süden zu ziehen. Er stoppte die Bauarbeiten, ließ seine Schiffe bereit machen und folgte mit seiner Frau und den Sklaven einer nach Süden fliegenden Krähe. Der Vogel flog weit über das Meer und ließ sich schließlich auf dem hohen Baum einer ungewöhnlich großen, unbewohnten Insel nieder. Nur einige Fischer nutzten diese Insel, um dort Fische zu reinigen und zu trocknen. Mit der Erlaubnis der Fischer beschloss das Königspaar, sich hier niederzulassen.

König Dschungelblüte nannte sich von nun an König Koimala und ließ auf seiner Insel zwei Tempel erbauen. Diese Insel – das heutige Male' – sollte von da an Hauptstadt seines Inselreiches sein. In den folgenden Jahren errichtete er von hier aus ein florierendes, friedliches Reich, dem sich die Bewohner der Nachbarinseln anschlossen – so entstand das Königreich der Malediven.

Eine Tragödie mit zivilen Opfern – der Putsch von 1988

Im Herbst 1988 kam es in der Hauptstadt Male' zu einer blutigen Tragödie: Am frühen Morgen des 3. November legten im Dhonihafen schwer bewaffnete, unter den Tamil Tigers in Sri Lanka rekrutierte Söldner an und starteten einen blutigen Putschversuch.

Handgranaten töteten einige junge Männer bei der Morgengymnastik, Maschinengewehrsalven beendeten die Nachtruhe. Eine zweite Gruppe landete im Frachthafen und drang zunächst unbemerkt in Richtung Innenstadt vor. Innerhalb weniger Stunden hatten die insgesamt 150 Putschisten ein Dutzend Malediver getötet, ehe der überraschte Nationale Sicherheitsservice begann, Widerstand zu leisten. Als Drahtzieher des Putschversuchs galt später der maledivische Ex-Präsident Nasir, der bereits 1980 einen – erfolglosen – Putschversuch unternommen hatte. Er war 1968 Präsident der neu gegründeten Republik geworden und hatte die Grundsteine für die touristische Infrastruktur gelegt. Nach Geldveruntreuungsvorwürfen musste er außer Landes fliehen.

Bevor die Putschisten die Telefonleitungen lahmlegten, konnte Außenminister Fathulla Jameel noch den indischen Premierminister Rajiv Gandhi um Hilfe bitten. Gegen Mittag entschied das indische Kabinett, drei Kriegsschiffe und Militärtransportmaschinen nach Male' zu schicken. 1600 schwer bewaffnete und erstklassig ausgebildete indische Soldaten landeten auf der Flughafeninsel Hulhule. Angesichts dieser Übermacht kaperten die Angreifer im Hafen den Frachter ›Progress Light‹ und zwangen die Mannschaft, Kurs Richtung Sri Lanka zu nehmen. Vor ihrer Flucht hatten sie Geiseln genommen, darunter den prominenten Imam des Islamischen Zentrums, Dhiraama Abdul Rahman. Die indische Armee schickte weitere Kriegsschiffe und ließ das Meer mit Flugzeugen überwachen, bis es in der folgenden Nacht gelang, Kontakt zu dem Frachter aufzunehmen. Über Funk forderten die Söldner die indischen Kriegsschiffe auf, nicht näher als 6 Seemeilen heranzukommen – andernfalls werde man Geiseln erschießen.

Nach einem zwei Tage dauernden Nervenkrieg näherten sich die Kriegsschiffe in der Nacht zum 7. November entgegen der Warnungen dem Frachter. Daraufhin erschossen die Putschisten auf der von Scheinwerfern hell erleuchteten Brücke den Imam und einen jungen Mann und warfen sie an eine Boje gebunden ins Meer. Es folgten Stunden gespenstischer Stille, bis um 1 Uhr nachts die Kriegsschiffe ohne Vorwarnung zu feuern begannen. Einige Söldner und vier Geiseln starben, viele wurden verletzt. Schließlich gaben die Söldner auf. 69 von ihnen mussten sich 1989 vor einem Gericht in Male' verantworten und wurden zum Tode verurteilt. Schließlich ließ man sie nach Sri Lanka ausreisen. Zum Andenken an die 19 maledivischen Opfer, elf davon Zivilisten, ist der 3. November seither ein nationaler Feiertag.

Maledivische Alltagskultur

Der Islam, viele kulturelle Einflüsse aus dem hinduistischen Indien und dem buddhistischen Sri Lanka und ein einfaches Sozialsystem prägen das tägliche Leben der Malediver. Nur in der hoffnungslos überbevölkerten Inselhauptstadt Male' hat sich in den vergangenen Jahrzehnten ein an materiellen Werten orientierter Lebensstil entwickelt.

Laut UN-Angaben liegen die Malediven hinsichtlich der Bevölkerungsdichte an siebter Stelle weltweit und wer schon einmal auf der Hauptinsel Male' übernachtet und hier Zeit verbracht hat, kann das wohl ohne Weiteres nachvollziehen. Auf dieser kleinen Insel von nur etwa 3 x 5 km Größe leben mehr als 100 000 Menschen. Doch erscheinen die Zahlen bedrohlicher, als die Wirklichkeit ist, denn anders als in vielen anderen dicht bevölkerten Staaten, in denen die Menschen bereits jede bewohnbare Fläche des Landes nutzen, bieten die Malediven zahlreiche Ausweichmöglichkeiten: Von den rund 1000 bewohnbaren Inseln der 26 Atolle sind bisher 199 bewohnt. Weitere etwa 110 dienen dem Tourismus. Es bleiben somit noch an die 700 Inseln, die jeweils mit etwa 500 bis 1000 Menschen besiedelt werden könnten.

Solche Um- und Neubesiedlungen sind auf den Malediven durchaus nichts Ungewöhnliches. Wenn Inseln beispiels-

40 % der Malediver sind jünger als 20

weise durch Erosion beschädigt werden, siedeln die Einwohner häufig einfach auf eine Nachbarinsel um. Auch wenn die Bevölkerungszahl einer Insel unter 100 Bewohner sinkt, gesellt sich die kleine verbliebene Gruppe normalerweise zu der größeren Gemeinschaft einer benachbarten Insel, da sie alleine die Kosten für Schule, Verwaltung, Hafen und Moschee nicht schultern kann.

Ethnische Vielfalt

Die Malediver erscheinen dem Besucher als homogene Gesellschaft, doch ist diese in Wahrheit aus vielen Elementen zusammengesetzt. Wenn man darauf achtet, ist dies an den unterschiedlichen Gesichtsschnitten und Hautfarben erkennbar: Eine zahlenmäßig kleine Urbevölkerung war wohl schon mehrere tausend Jahre vor unserer Zeitrechnung in engem Kontakt mit dem hinduistischen Indien und später dem buddhistischen Sri Lanka. Im Norden des Landes dürften ursprünglich hinduistisch-tamilische, im Süden zur Zeit der Einwanderung buddhistisch-singhalesische Einwanderer den überwiegenden Bevölkerungsanteil ausgemacht haben. Daher finden sich in den südlichen Atollen auch weitaus mehr Überreste buddhistischer Stupen, Tempel und Skulpturen als im Norden. In den ersten Jahrhunderten unserer Zeitrechnung wurde die Bevölkerung außerdem von arabischen (im Süden) und persischen (im Norden)

Händlern beeinflusst, die auf den Inseln blieben. Hinzu kamen indonesische und chinesische Seefahrer, die ebenfalls Spuren in der maledivischen Bevölkerung hinterlassen haben. Außerdem nimmt man an, dass arabische Seefahrer ihre afrikanischen Sklaven mit auf die Inseln gebracht haben.

Adel verpflichtet und erleichtert die Karriere

Lange Zeit herrschte auf den Malediven ein ausgeprägtes Hierarchiedenken. Neben Angehörigen und Mitarbeitern des Sultans oder der Sultana genießen seit jeher auch Bootsbauer, Heilkundige, Schmiede, Juweliere, Bootseigentümer und Skipper hohes Ansehen. Familien aus diesen Gruppen dürfen die Ehrentitel *Didi, Maniku, Kaloa* oder *Fulu* an ihren Namen anhängen. Auf der Hauptstadtinsel Male' hängt heute der soziale Status aber kaum noch von Herkunft und Namenszusatz ab. Ähnlich wie in Europa ist hier der wirtschaftliche Erfolg entscheidend. So gibt es mittlerweile viele nicht dem Adelsstand angehörende Malediver, die Motorboote und Häuser besitzen und Inseln gepachtet haben. Nach wie vor erleichtert es jedoch die Herkunft aus einer Familie der Oberschicht, dieses Ziel zu erreichen.

Dass die Malediver statistisch zu den Armen dieser Welt gehören, liegt daran, dass ein hoher Prozentsatz der Bevölkerung zum Bruttosozialprodukt nichts beiträgt. Dieser Teil der Menschen lebt vom Fisch, die der Mann für seine Familie fängt, von den Kokosnüssen, die er pflückt, und von den Tarowurzeln, die er erntet. Echte materielle Not wie in den Slums Afrikas, Asiens oder Südamerikas ist wegen des Reichtums des Meeres auf den Malediven nicht bekannt. Es gibt keine Bettler, keine Kranken, die

mangels Geld unbehandelt bleiben müssen, keine Alten, die unversorgt sind. Angestellte müssen keine Sozialabgaben bezahlen und keine Versicherungen finanzieren, denn der Staat bietet ein kostenfreies Sozial- und Krankensystem.

Familienbande

Wie vorislamische Traditionen mit den strengen Regeln des Islam in Einklang gebracht werden, zeigt sich im Familienleben. Es ist keine Seltenheit, dass Frauen im Alter von 25 Jahren schon mehrere Kinder haben, die von verschiedenen Vätern stammen. Da der Islam Sexualität außerhalb des Ehestandes streng bestraft, heiraten Frauen mit 15 oder 16 Jahren zum ersten Mal und lassen sich oft mit 17 oder 18 wieder scheiden. Wer möchte schon durch eine außereheliche Beziehung mit den strengen Moralvorschriften des Koran in Konflikt geraten? Ein Mann heiratet lieber eine zweite oder dritte Frau, als vom Inselgeistlichen und obersten Richter *(gazi)* wegen Ehebruchs, einem nach islamischem Recht schweren Vergehen, zu Stockschlägen verurteilt zu werden. Im Durchschnitt ist eine 35-jährige Malediverin viermal verheiratet gewesen. Zehn bis 15 Ehen in einem Leben sind keine Seltenheit.

Weder um die Hochzeit noch von der Scheidung wird viel Aufheben gemacht. Sie sind eher eine lästige Formalität, zu deren Erledigung nicht einmal die Braut oder der Bräutigam unbedingt anwesend sein muss. Für eine Heirat genügt es, dass sich der Bräutigam, dessen Vater, ein Verwandter der Braut und zwei Zeugen beim *gazi* versammeln und die Formalitäten erledigen. Anschließend erhält die Braut ihr Hochzeitsgeld und zieht ins Haus ihres (neuen) Mannes um.

Ebenso unspektakulär geht eine Scheidung vor sich. Der Mann erklärt seiner Frau schlicht, dass er sie nicht mehr will und bittet den *gazi,* die entsprechende Eintragung zu machen. Will sich die Frau scheiden lassen, dauern die Formalitäten etwas länger. Bevor die Eintragung ins Familienregister erfolgt, müssen drei Monate vergehen – für den Fall, dass sie noch von ihrem augenblicklichen Mann schwanger sein sollte.

Bildung und Schule

Die Malediven zählen zwar hinsichtlich des Bruttosozialproduktes zu den Armen der Erde, gehören aber keineswegs zu den Ungebildeten. 98 % der erwachsenen Bevölkerung können lesen und schreiben. Kinder lernen bereits ab dem dritten Lebensjahr in privaten Koranschulen die Lehren Mohammeds in arabischer Sprache zu zitieren. Der Staat lehrt ab dem sechsten Lebensjahr Lesen, Rechnen, Schreiben und Englisch. Wer die auf jeder Insel vorhandene Grundschule erfolgreich absolviert, kann auf der Hauptinsel des Atolls eine weiterführende Schule bis zum 16. Lebensjahr besuchen. Die besten Absolventen werden anschließend auf eine höhere Schule in Male' geschickt. Wer die Schule mit 19 Jahren erfolgreich abschließt und ein Auslandsstudium in Indien, Sri Lanka oder Europa nicht selbst finanzieren kann, hat die Möglichkeit, in der Hauptstadt die staatliche Hotelfachschule zu besuchen, sich zum Lehrer ausbilden zu lassen oder das Institut für Islamische Studien zu besuchen.

Heilkunde und Medizin

Ähnlich wie in der Religion vermischen sich auch in puncto Medizin Auffas-

Straßenverkehr in Male'

sungen verschiedener Kulturen. Mit guten Erfolgen wenden sich die Insulaner auch bei ernsthaften Erkrankungen zunächst an den *hakeem,* einen örtlichen Heilkundigen. Aus den Heilmethoden der vielen Völker aus Afrika, Indien, Sri Lanka, Persien und Arabien, die zur heutigen Besiedlung beigetragen haben, hat sich ein weites Wissen über die Heilkräfte von Hölzern, Wurzeln, Blättern und Kräutern entwickelt und mangels anderer Möglichkeiten auf den Inseln auch weitgehend erhalten.

Entsprechend ihrer Tradition werden in der heutigen Medizin der Malediven moderne westliche Heilmethoden mit traditionellen Verfahren kombiniert und unter dem Begriff **Unani-Heilkunde** praktiziert. Danach entsteht eine Krankheit, wenn die verschiedenen innerhalb eines Körpers und Geistes wirksamen Kräfte aus der Balance geraten. Die traditionelle Heilkunde der Malediver kennt viele Möglichkeiten, diese Balance wieder herzustellen.

Dhoni –
das Boot der Malediver

In den vergangenen Jahrhunderten besaß eine maledivische Familie nur zwei Wertgegenstände: ein aus Palmholz und Palmenblättern errichtetes Wohnhaus und ein Fischerboot – das traditionelle Dhoni.

Ursprünglich für den Fischfang und den Transport von Waren gedacht, erfüllen diese Boote mittlerweile viele Zwecke. Sie stellen eine Art ›Busverbindung‹ zwischen Male' und den benachbarten Inseln Hulhule und Viligili her, dienen als Ausflugsboote der Städter, um am Wochenende ein Picknick auf der kleinen Insel Kuda Bandos zu machen, und Touristen werden damit zum Tauchen oder zu Tagesausflügen auf die bewohnten Nachbarinseln gebracht.

Über Jahrhunderte blieb das Dhoni in seiner Bauweise unverändert. Erst die Motorisierung in den 1970er- und 1980er-Jahren brachte eine Veränderung in der Form mit sich. Der Rumpf wurde schlanker, um sich den mit Dieselmotoren erreichten höheren Geschwindigkeiten anzupassen. Das Schiff erhielt ein Deck, um den Motor zu verstecken und Stauraum für Fracht und Dieselöl zu schaffen.

Die Schiffsrümpfe werden jedoch wie in früheren Zeiten aus dem extrem harten und schwer zu bearbeitenden Holz der Kokospalme hergestellt. Es ist so widerstandsfähig und elastisch, dass

Wer auf den Malediven ein Dhoni besitzt, ist reich

die Boote auch Kollisionen mit Korallenriffen unbeschadet überstehen können. Fast alle bewohnten Inseln verfügen über eine Dhoniwerft oder zumindest über einen Strandabschnitt, an dem die Schiffe repariert werden. Manche Inseln haben sich sogar auf den Bau von Dhonis spezialisiert und leben ausgezeichnet davon. Die Insel Alifushi im Raa-Atoll beispielsweise steht im Ruf, die besten Bootsbauer zu beschäftigen (s. S. 209). Dort wurde mit staatlicher Unterstützung die erste Werft eröffnet, auf der Motordhonis gebaut werden konnten.

Der Tradition verbunden

Die schönsten Dhonis sind die traditionellen **Wadu-Dhonis**, etwa 10 m lange und 4 bis 5 m breite Fischerdhonis mit Segel, hochgezogenem Bug, einer Plattform am Heck und einem Ruder, das mit einem langen Hebel vom Kapitän bedient wird, während zwei bis drei Besatzungsmitglieder das Segel bedienen und das Meer nach Untiefen absuchen. Sie sind ideal für den Fischfang innerhalb der geschützten Atollringe geeignet, dem Seegang außerhalb des Atolls sind sie aber nicht gewachsen und bis heute verlassen Fischer mit solchen Dhonis niemals ihr Heimatatoll. In den Atollen nahe der Hauptstadt Male' sind sie heute nur noch selten anzutreffen.

Gelegentlich sieht man dort noch **Mas-Dhonis**. Diese ebenfalls mit Segeln bestückten, um einiges größeren Dhonis sind auch für den Fischfang außerhalb der Atolle geeignet. Sie kommen von weit entfernten Atollen teilweise über hohe See bis nach Male', um dort Fisch, Kunsthandwerk oder Matten zu verkaufen. Im Fischerhafen von Male' kann man solche Boote häufig bewundern.

Aber auch sie werden zunehmend von modernen, mit einem Dieselmotor ausgestatteten **Ingeenu-Dhonis** (*engine dhonis*) verdrängt, die außerhalb der Atollringe reicheren Fischfang versprechen. Im Unterschied zu den Segeldhonis können sie mit ihren starken Dieselmotoren Fischschwärmen folgen und so die Fangquote einer Nacht erheblich erhöhen.

Dhonis für die Freizeit

Erst seit der Urlaub auf den Malediven nicht mehr ausschließlich auf den Inseln und unter Wasser verbracht wird, entstehen weitere neue Formen von Dhonis, die sich den neuen Bedürfnissen anpassen. Urlaubshotels haben sich zunächst *engine dhonis* zugelegt, denn sie sind hervorragend für Tagesausflüge von den Hotelinseln nach Male', für Inselhüpfer zu bewohnten Nachbarinseln und für den Transfer zu den flughafennahen Resorts geeignet. Auch die Tauchbasen nutzen sie für ihre Touren zu entfernten Korallenriffen.

Eine neue, mit aufwendigen Aufbauten und Kabinen versehene Dhoni-Version wird neuerdings als Safariboot für weitere Rundfahrten über mehrere Atolle gebaut. Die einfachsten davon haben einen kleinen Essplatz und drei enge, oft nur sehr einfach eingerichtete Doppelkabinen. Meist ist es bequemer, die Matratze an Deck zu schleppen und die Nacht im Freien zu verbringen. Große Safaridhonis bieten bis zu 14 Passagieren und vier bis sechs Mann Besatzung Platz. Inzwischen findet man aber auch sehr großzügige und fast luxuriöse Safariboote, die nach wie vor aus dem harten und elastischen Kokospalmholz auf den Werften der Malediven hergestellt werden.

Tanz und Musik auf den Malediven

Als die wichtigste traditionelle Kunst der Malediven gilt neben dem Bootsbau der Tanz. Der bekannteste Tanz ist der Bodu Beru (›große Trommel‹) – nach den ekstatischen Rhythmen benannt, mit denen die Fischer den Tanz mit Trommeln begleiten. Auf vielen Hotelinseln können Touristen bei eigens organisierten Abendveranstaltungen einen Einblick in den Bodu Beru gewinnen. Dafür werden Einwohner einer bewohnten Nachbarinsel eingeladen, um am Strand zu musizieren und zu tanzen.

Wenn ein vermeintlich wilder Haufen von Fischern nach ihren mit Rochenhaut bespannten Trommeln greift und Tänzer sich dazu wie gelangweilte Discobesucher bewegen, mag das auf so manchen Urlauber zunächst wie eine etwas peinliche touristische ›Kultur-

show‹ wirken. Doch nach und nach wird der Trommelrhythmus heftiger, treibender und lauter, und die Tänzer entwickeln Bewegungstalent und Temperament, das man von den sonst so zurückhaltenden, ruhigen Maledivern nicht erwartet hätte.

Von den 15 bis 20 Männern, die an der Vorführung teilnehmen, schlagen drei die Trommel und einige andere tanzen, ohne sich an erkennbare Choreografien zu halten. Die Übrigen sitzen daneben, hören zu, rauchen eine Zigarette oder lassen sich vom Rhythmus inspirieren. Unvermittelt springt der eine oder andere auf und schließt sich seinen inzwischen wild tanzenden Kollegen an. Da afrikanische Ursprünge der Musik und des Tanzes unverkennbar sind, nimmt man an, dass der Bodu Beru von afrikanischen Sklaven auf die Inseln gebracht wurde.

Diesem Tanz ähnlich ist der **Langiri Dschehun** (auch Thaara genannt), bei dem sich Männer in zwei Reihen gegenübersitzen, mit Tambourinen einen Rhythmus schlagen und nur die Oberkörper dazu wiegen.

Reine Frauensache

Während im stark islamisch beeinflussten Süden der Malediven nur Männer tanzen, gibt es weiter im Norden auch Formen, die allein von Frauen getanzt werden. Dem Langiri Dschehun der Männer sehr ähnlich ist zum Beispiel der ›Frauentanz‹ **Dandi Dschehun:** Zwei sich gegenüberstehende Reihen von Mädchen tanzen allerdings aufrecht und schlagen den Rhythmus mit Stöcken (dandi). Ein anderer Tanz wird **Bandiya Dschehun** genannt: Die Mädchen schlagen mit Fingerringen auf metallenen Wasserbehältern (bandiya) einen Rhythmus und singen und tanzen dazu. Beide Tänze haben Ähnlichkeit mit südindischen und tamilischen Tänzen.

Letzteren Tanz, ebenso wie einen von Tänzerinnen vorgeführten Bodu Beru, kann man nur bei Festen im Norden erleben. Hier haben sich islamische Traditionen weit weniger gegen die alte Kultur durchgesetzt als südlich von Male'. Dennoch gilt es auch hier als unschicklich, dass maledivische Frauen in Hotels gehen und dort vortanzen. Gemeinsam tanzen Männer und Frauen zwar auch im Norden nicht, aber mit etwas Glück kann man dort eine Tanzform sehen, die dem arabischen Bauchtanz ähnelt. Dessen Aufführung wäre auf den islamisch-prüden Inseln der südlichen Atolle unvorstellbar.

Fandithas, Jinnis und Mohammed – eine Glaubensfrage

Der Monotheismus des Islam konnte die Vorstellungen der Malediver aus der Zeit vor der Islamisierung nicht verdrängen. Bis heute leben die Insulaner in einer religiösen Welt, die sich neben den islamischen auch buddhistische, animistische und hinduistische Elemente bewahrt hat.

Die Legende von der Islamisierung

Maledivische Geschichtsforscher gehen davon aus, dass viele mündliche Überlieferungen hinsichtlich der Bekehrung der Malediver zum Islam zwar nicht wörtlich korrekt, aber doch im Kern wahr sind. Eine Bekehrungsgeschichte berichtet Folgendes:

Eines Nachts im Jahr 1153 (christlicher Zeitrechnung) entstieg bei Voll-

mond ein riesiger Dämon den aufgewühlten Fluten des Indischen Ozeans und überfiel Hütten, vergewaltigte Frauen und tötete Männer. Erst bei Sonnenaufgang verschwand er im Meer. Doch damit hatte der Spuk kein Ende, denn der Dämon kehrte von nun an in jeder Vollmondnacht zurück, um zu morden und zu vergewaltigen. Der König der Malediven, Koimala (s. Essay S. 74) befragte seine religiösen Berater, was man tun könne und erhielt folgenden Rat: »Errichte an der Stelle, an welcher der Dämon an Land geht, einen Tempel und bestimme am Tag vor Vollmond per Los eine Jungfrau, die gefesselt in den Tempel gesetzt wird, um dem Dämon zu Willen zu sein.« Tatsächlich entstieg er dem Meer, stürzte sich auf das Mädchen im Tempel, vergewaltigte und tötete sie und verschwand vor Sonnenaufgang wieder im Meer. Von diesem Tag an wurde vor jedem Vollmond ein Mädchen ausgewählt und in der Vollmondnacht dem Dämon geopfert.

Der Retter vor dem bösen Geist

Eines Tages traf das Los die Tochter einer angesehenen Familie, die den islamischen Schriftgelehrten Yousuf König Koimalas zum Islam und bat ihren Vater, ebenfalls Muslim zu werden. Dieser zögerte jedoch, denn er war tief in seiner Glaubenswelt verwurzelt. Bevor er sich zu diesem Schritt durchringen konnte, bat er Yousuf Shamsuddheen-al Tabrezi um einen erneuten Beweis, dass er den Dämon bezwungen hatte. Yousuf forderte daraufhin den König auf, alle Hausabfälle nahe dem Meeresufer aufhäufen zu lassen. Als aller Unrat zusammengetra-

Shamsuddheen-al Tabrezi (Thabrezgefaanu) zu Gast hatte. Die Familie flehte beim König um das Leben der Tochter und bat den Gelehrten um Rat. Dieser bot seine Hilfe an, indem er sich selbst in den Tempel begab und auf das Erscheinen des Dämon wartete. Als dieser aus dem Meer stieg und im Tempel erschien, begann Yousuf aus dem aufgeschlagen vor ihm liegenden Koran zu zitieren. Als der Dämon das hörte, floh er voller Panik zurück ins Meer.

Vor dem nächsten Vollmond wurde erneut gelost. Dieses Mal traf das Los die älteste Tochter des Königs! Wieder bot der Schriftgelehrte seine Hilfe an. Nach Einbruch der Dunkelheit ging er gemeinsam mit ihr in den Tempel. Von Sonnenunter- bis Sonnenaufgang rezitierten sie aus dem Koran: Der Ozean tobte zwar in dieser Nacht, aber der Dämon erschien nicht an Land.

Aus Dankbarkeit ihrem Lebensretter gegenüber konvertierte die Tochter

gen war, nahm er den Herrscher zu einem Spaziergang über die Insel mit.

Der Geist wird gebannt

In der Ferne sahen sie bald einen kleinen Jungen, der aus dem Meer kam. Kaum war er ein paar Meter vom Wasser entfernt, wuchs er um ein Vielfaches seiner Körpergröße, größer als der höchste Baum der Insel. Er beugte sich zu dem Abfallhaufen herab und aß ihn auf. Dann schrumpfte er wieder auf seine vorherige Größe und machte sich auf den Weg zurück zum Meer.

Yousuf aber stellte sich ihm in den Weg und forderte ihn auf, ein zweites Mal zum Riesen zu werden. Der Junge tat, als ob er nicht verstünde. Da befahl Yousuf einem ihm dienstbaren Geist, so groß zu wachsen, wie es der Junge gerade vorher getan hatte. Der Geist gehorchte und der Junge tat es ihm nach. Der Gelehrte und sein dienstbarer Geist aber befahlen ihm nun, auf die Größe eines Wurms zu schrumpfen und in ein bereitgehaltenes Gefäß zu kriechen. Beeindruckt von der Größe des Geistes und der Macht Yousufs beklagte er sich, bevor er in dem Gefäß verschwand: »Diese Inseln waren mein Königreich, ich habe es geerbt! Welches Recht hast du, mich daraus zu vertreiben? Ich muss mich deiner Übermacht beugen, doch sobald deine Macht erlischt, werde ich zurückkehren.« Der islamische Gelehrte antwortete: »Solange diese Insel uns gehört, werden unsere Trommeln jeden Abend vor Sonnenuntergang die Macht Allahs und des Königs verkünden. Wenn du eines Tages die Trommeln nicht mehr hören wirst, ist es dir erlaubt zurückzukehren!« Am folgenden Tag konvertierten der König und alle seine Untertanen zum Islam und der König ließ vor Sonnenuntergang am Hauptplatz vor dem Königspalast für fünf Minuten Trommeln schlagen.

Als über 800 Jahre später – im März des Jahres 1968 – das Königreich der Malediven durch eine Republik ersetzt wurde, beschloss das Kabinett des Ministerpräsidenten, diese Tradition abzuschaffen, da sie als Symbol der Feudalherrschaft galt. Angst und Schrecken breiteten sich daraufhin unter den Bewohnern von Male' aus. In der ersten darauffolgenden Vollmondnacht versammelten sie sich nahe dem Grabmal von Yousuf Shamsuddheen-al Tabrezi und erwarteten angsterfüllt die Wiederkehr des bösen Geistes. Das Meer war aufgewühlt wie damals, aber der Geist erschien nicht mehr.

Platzmangel zeigt sich auf der Hauptinsel Male' in vielfacher Form

Geisterglaube auf den Malediven

Obwohl die Malediven seit fast 1000 Jahren islamisch sind, haben sich die alten Traditionen trotz vielfacher Versuche in den vergangenen Jahrhunderten nicht ganz auslöschen lassen. Die islamischen Lebensregeln haben sich oft einfach mit den vormals herrschenden hinduistischen und buddhistischen Verhaltensweisen vermischt. Der Glaube der Malediver stellt eher eine Mischform dar, wenn nicht gar eine eigenständige Religion, die sich an den Islam ›anlehnt‹. Zwar ist Allah der einzige wahre Gott, gleichzeitig haben die Malediver auch kein Problem mit Geistern – ähnlich der hinduistischen Vielzahl an Göttern.

So haben *fandithas* (Gelehrte) und ihre *jinnis* (dienstbare Geister) noch starken Einfluss auf das Leben auf den Inseln. Bei Unfruchtbarkeit einer Frau, bei ausbleibendem Regen, bei schlechtem Fischfang oder Problemen mit den Nachbarn wird ein Fanditha zurate gezogen. Dieser besitzt Macht über Jinnis, die Krankheiten heilen und Übeltäter bestrafen können. Heilungszeremonien sind bis heute auf abgelegenen Inseln häufig, sollen aber auch auf Male' vorkommen. Hier eine Schilderung aus einem in Male' erhältlichen Buch über die Kraft der Fandithas und ihrer Jinnis (s. Tipp rechts):

Eine ratlose Familie brachte ihre Tochter zu Mohammad Fulu, einem mächtigen Fanditha. Das Mädchen fantasierte, war wütend und gewalttätig. Mohammed Fulu nahm sie in sein Haus auf, beobachtete ihr Verhalten und las in einem Buch nach, das er von seinem Vater – ebenfalls einem bekannten Fanditha – erhalten hatte. Nach einigen Tagen hatte er erkannt, von welchem bösen Geist das Mädchen beses-

Mein Tipp

Zum Nachlesen
Hussain, Ali: Mysticism in the Maldives. Eyewitness accounts of supernatural encounters. Novelty Press and Publishers, Male'. Ein interessantes Buch über Religion und Mythen auf den Malediven. In Deutschland nicht erhältlich, am besten schaut man im Flughafen-Bookshop auf Hulhule.

sen war und rief einen seiner Jinnis herbei. Dann sang er magische Lieder und zitierte Texte aus dem Koran, bis das Mädchen schließlich in eine Trance fiel. In diesem Zustand war sie zu ein Medium geworden, in welchem einem Kampf zwischen dem bösen Jinni und dem guten Jinni des Fandithas entbrannte. Mohammed Fulu verfolgte den Kampf. Sobald er eine Schwäche des bösen Jinni erkannte, machte er eine Notiz auf einen Zettel und verbrannte diesen in einem bereitstehenden Feuer. Nach und nach verlor dadurch der böse Geist seine Macht und verließ schließlich entkräftet den Körper des nun geheilten Mädchens.

Es gibt aber auch Magier, die man besser mit Vorsicht genießt. Sie werden *ravaabeenaa* genannt und haben die Macht, mit gut klingenden Lobesworten Unglück zu stiften. Lobt ein *ravaabeenaa* etwa das gute Betragen eines Kindes, wird es bald darauf ein ungezogenes, vielleicht sogar kriminelles Kind werden. Lobt er ein Haus, weil es besonders stabil gebaut ist, könte es bald abbrennen oder während eines Sturmes einstürzen.

Von kleinen und großen Fischen – Wirtschaft und Tourismus

Dass die Malediven zu den armen Ländern der Welt zählen, spüren Touristen auf den abgeschotteten Urlaubsinseln kaum. Dabei hat sich in den letzten Jahrzehnten das Einkommen der Malediver erhöht und die Möglichkeiten für eine gute Berufsausbildung haben sich vervielfacht. Ursache ist der Tourismus, der nicht nur direkt, sondern auch über den Umweg des Fischfangs für die 400 000 Urlauber pro Jahr viel Geld auf die Inseln bringt.

Der Thunfischfang

Jahrhundertelang prägte der Fischfang das Inselparadies – und das heißt auf den Malediven: Jagd auf Thunfische! Die in anderen Inselstaaten beliebten Rifffische *(farumass)* werden traditionell nicht oder nur als Köderfisch geangelt. Für die Thunfischjagd müssen die Fischer mit ihren Dhonis oft weit hinausfahren. Auf dem Weg wird zunächst am Riff mit einem Netz nur kleiner Köderfisch gefangen. Sobald man außerhalb des Atolls auf Thunfische trifft, wird der Köder lebend am Haken befestigt. Die Thunfische schnappen danach und werden gekonnt und schnell ins Boot gezogen – kein Wunder nach Hunderten von Jahren Training. Der Eigentümer des Dhonis bekommt 25 % des Fanges. Der Rest wird unter der fünf bis zehn Mann starken Besatzung aufgeteilt. Industrielle Schleppnetz- oder Longline-Fischerei wird auf den Malediven bisher nicht betrieben. Dennoch kann das Land seine Bevölkerung mit dem Thunfischertrag ernähren und riesige Mengen als Dosen- oder als Trockenfisch *(hikki mas)* exportieren.

Der Tourismusboom

Seit einigen Jahren hat der Tourismus den Fisch als Devisenbringer Nr. 1 abgelöst. 1972 eröffneten mit Kurumba und Bandos die ersten Tourismusinseln. Auf diesen vergleichsweise großen Inseln nahe Male' wurden jeweils 30 einfache, aus Palmwedeln hergestellte Hütten im traditionellen Maledivstil errichtet. Süßwasser gab es nicht, von Klimaanlagen oder Pools ganz zu schweigen. 1977 standen dann Hotels auf neun weiteren Inseln, und eine Welle von Rucksacktouristen schwappte von Indien und Sri Lanka aus herüber, die sich auf abgelegenen Fischerinseln Hütten mieteten.

Schon bald begann die islamische Bevölkerung sich zu beklagen, dass die Hippies der 1970er-Jahre sich wenig um die Sitten der Einheimischen scherte. Sie brachten Drogen mit und wanderten nackt die Traumstrände entlang. Als Präsident Gayoom 1978 an die Macht kam, beauftragte er Consulting-Firmen mit der Erstellung eines Plans, wie die wirtschaftlichen Möglichkeiten des Tourismus optimiert und zugleich die traditionelle Kultur der Malediven geschützt werden könne. Das Ergebnis war ein einfaches Konzept: Touristische Infrastruktur darf nur auf bisher unbewohnten Inseln entstehen. Bewohnte ›Fischerinseln‹ dürfen von Touristen nicht oder nur für sehr begrenzte Zeit tagsüber besucht werden. Oben ohne oder gar Nacktbaden ist streng untersagt.

Der Schutz der islamisch-maledivischen Kultur ist damit gewährleistet. Aber wie konnte der Deviseneingang für den Staat optimiert werden? Zunächst wurde eine sogenannte ›Bedtax‹ eingeführt. Für jede Übernachtung müssen seither einige US-$ pro Tourist an den Staat abgeführt werden. Damit war der ›Billigsttourismus‹ der Hippies auf einen Schlag Geschichte, denn in Indien und Sri Lanka konnte man billiger leben. Eine zweite Maßnahme war ein staatliches Lizenzierungssystem. Nur wer eine Lizenz hat, darf Gäste aufnehmen und muss sich strengen Vorschriften hinsichtlich Qualität, Hygiene und Umweltschutz unterwerfen. Der Gebrauch von Harpunen, das Tauchen unter 30 m Tiefe, Abschlagen von Korallen, Sammeln von Muscheln usw. wurden untersagt. Hinzu kamen Verordnungen, die den Bau von Billighotels uninteressant machten. So wurde u. a. festgelegt, dass höchstens 20 % der Inseloberfläche bebaut werden darf, dass jeder Hotelkomplex eine Entsalzungs- und eine Kläranlage braucht und kein Bauwerk die Vegetation der Insel überragen darf.

Schließlich führte man ein Ausschreibungssystem für Hotellizenzierung und Inselpacht ein. Wenn eine unbewohnte Insel zur touristischen Nutzung freigegeben wird, kann jeder Interessent ein Gebot abgeben. In diesem Gebot muss ein Hotelkonzept mit Architekturzeichnungen und Kostenberechnung enthalten sein. Ferner muss es angeben, welche Inselpacht der Interessent an die Regierung zu zahlen bereit ist. Den Zuschlag für eine 25 Jahre gültige Hotellizenz bekommt derjenige, der im Konzept alle Auflagen berücksichtigt, die höchste Pacht anbietet und Sicherheiten für deren Bezahlung nachweist.

Unter dem Druck dieses Systems verwandelte sich der Tourismus auf den Malediven innerhalb eines Jahrzehnts vom günstigen Traumziel für Taucher und Globetrotter zur Luxus-Destination für hohe Einkommensgruppen.

Thunfisch auf dem Fischmarkt in Male': Traditionshandwerk auf den Malediven

Unterwegs auf den Malediven

Palmen und azurblaues Meer im Filitheyo Island Resort

Die Hauptstadt Male'

Highlights !

Sultanspark: Nur 100 m von der Freitagsmoschee entfernt liegt mit dem alten Sultanspark eine der wenigen verbliebenen Grünflächen auf Male'. **5** S. 99

Die Freitagsmoschee Hukuru Miskiiy: Bis 1982 rief der Muezzin die Gläubigen Male's vom stämmigen Turm der heute neben den Nachbarhäusern winzig wirkenden Moschee zum Gebet. **8** S. 104

Auf Entdeckungstour

Abenteuer pur – mit Fischern von Male' aus zu fernen Inseln: Wer Zeit, Mut und Abenteuerlust hat, karges Essen und Unterhaltungen mit Händen und Füßen nicht scheut und sich vor hohem Seegang unter kleinen Holzschiffen nicht fürchtet, kann auf den maledivischen Fischerinseln eine Welt entdecken, die nur wenige Europäer bisher erlebt haben. S. 100

Tea Shops – die Erholungsorte der Malediver: Die Trennung zwischen ›heiler Urlaubswelt‹ und ›maledivischem Alltag‹ wird seit Beginn des Malediventourismus streng gehandhabt. Einen kleinen Eindruck vom Alltag der Einheimischen erhält jedoch, wer eine Pause in einem Tea Shop einlegt. S. 116

Mit Fischern von Male' aus zu fernen Inseln

11

Freitagsmoschee
Hukuru Miskiiy

4 **8**

Sultanspark

5

1

3

↑ *Viligili*

Tea Shops – Erholungsorte der Malediver

Kultur & Sehenswertes

Das Islamische Zentrum: Die in den 1980er-Jahren errichtete Freitagsmoschee und das dazugehörige Islamische Zentrum repräsentieren die modernen Malediven. **4** S. 98

Aktiv & Kreativ

Baden und Tauchen: Male' selbst hat nur einen künstlichen Strand zu bieten. Wer es natürlicher mag, setzt nach Viligili über und steuert den schönen Strand am Nordostende der Insel an. **3** S. 115

Genießen & Atmosphäre

Fischmarkt: Thunfisch ist *das* Lebensmittel der Malediver. Auf dem kleinen Fischmarkt versorgt sich die ganze Stadt damit – entsprechend lebhaft geht es hier in den Nachmittagsstunden zu! **11** S. 108

Abends & Nachts

Trends: Nettes Gartenrestaurant im Traditionshotel Nasandhura Palace, in dem die letzten großen Laubbäume der Insel Schatten spenden. Die Speisekarte ist einfach, und es gibt sogar Bier – natürlich alkoholfrei! **1** S. 114

Die am dichtesten besiedelte Hauptstadt der Welt

Male' ist eine winzige Insel mit nur 2 km^2 Fläche, auf der etwa ein Viertel der maledivischen Bevölkerung lebt. Da die Stadt nicht in die Höhe wachsen kann – dafür ist der Untergrund nicht stabil genug –, muss auf Nachbarinseln umgesiedelt werden: Der Flughafen befindet sich auf Hulhule, Viligili ist ein Neubaugebiet, auf Kurumba und Bandos stehen die ›Geschäftshotels‹ der Hauptstadt.

Mit rund 100 000 Einwohnern allein auf Male' (auf den Nachbarinseln Viligili und Hulhule wohnen noch einmal rund 10 000 Menschen) ist sie die einzige echte Stadt der Malediven. Häuserschluchten, Pkws, Mopeds, Fahrräder und ein quirliger Hafen verschaffen der Insel, die noch vor wenigen Jahren ein verschlafenes Nest war, urbanen Charakter. Doch die Kapazität dieses kleinen Fleckens Land ist erschöpft. Vergleicht man Luftaufnahmen aus den 1970er-Jahren mit aktuellen Bildern, ist der Unterschied erschreckend. Damals lagen Wohnhäuser weit verteilt unter ausladenden Baumkronen, und Grün war die dominierende Farbe. Heute findet man nur noch spärliches Grün in einzelnen Innenhöfen größerer Anwesen.

Male' ist von den Aufgaben überfordert, die sich aus der hohen Bevölkerungszahl mit wachsendem Bildungsniveau und bescheidenem Wohlstand ergeben. Die Entsorgung des Abwassers, Mülldeponien, Parkplätze, Lagerhallen, die Erweiterung der Verwaltungsgebäude und das Schaffen von Erholungsgebieten für die Einwohner stellen schier unlösbare Aufgaben dar und werden auf Nachbarinseln ausgelagert. Bei weiterem Wachs-

tum der Bevölkerungszahlen (momentan 3,4 % pro Jahr) des Landes im Ganzen und dem ungebremsten Zuzug der gebildeten und erfolgsorientierten Bevölkerungsteile aus entfernten Atollen wird die Hauptstadtinsel aus allen Nähten platzen. Die ehemalige Hotelinsel Viligili westlich der Hauptstadt wurde daher bereits eingemeindet und zum Wohnviertel besser gestellter Malediver ausgebaut. Das Gefängnis (Doonidhoo, ▶ E/F 4), die Mülldeponie, der private Wohnsitz des Staatspräsidenten (Aarah, ▶ E 4) und der Lagerplatz für Erdöl und Kerosin (Funadhoo, ▶ F 4) sind bereits seit Jahren auf Inseln in unmittelbarer Nähe der Hauptstadt ausgelagert.

Individuelle Besuche für den besseren Einblick

Die noch unbewältigten Probleme einer viel zu schnell gewachsenen und stets weiter wachsenden Stadt und eines Staates, der zum ersten Mal in seiner Geschichte mit der Aufgabe konfrontiert ist, das Zusammenleben vieler Menschen auf engstem Raum zu organisieren, macht aus Male' eine Stadt, die alles andere als eine Attraktion ist. Einen Besuch ist die Insel aber dennoch wert – wenn auch nur, um zu sehen, wie das tägliche Leben eines Maledivers von dem abweicht, was man auf den mehr oder weniger komfortablen Urlauberinseln erlebt. Alle Hotelinseln nahe Male' haben eine Ausflugstour mit dem Namen ›Male'-Shopping‹ im Programm, die für Abwechslung im Urlaubsalltag sorgt. Während der 15–30-minütigen Boots-

Infobox

Reisekarte: ▶ Karte 4, E/F 4

Infos

Maldives Tourism Promotion Board: in der Mitte der Boduthakurufaanu Magu im neuen Hochhaus der Bank of Ceylon. Tel. 332 32 28, Fax 332 32 29, www.visitmaldives.com, mtpb@visit maldives.com. Es gibt dort einige Broschüren. Alles, was es an gedruckten Unterlagen gibt, bekommt man übrigens auch an einem Stand des Tourismusministeriums in der Ankunftshalle des Flughafens auf Hulhule.

Anreise und Weiterkommen

Fähre: Die Flughafeninsel Hulhule erreicht man mit Motordhonis, die alle paar Minuten am Südostende der Boduthakurufaanu Magu (gegenüber Nasandhura Palace Hotel) auslaufen. Von Hulhule legen ebenfalls alle paar Minuten Motordhonis nach Male' ab. Die Fahrzeit zwischen der Hauptstadtinsel und Hulhule beträgt 10 Min., das Ticket kostet 1 € (oder den Gegenwert in maledivischen Rufiyaa). Wer es sehr eilig hat, kann auch ein Special für 5 € mieten. Das Dhoni wartet dann nicht auf weitere Fahrgäste, sondern legt sofort ab.

Die Insel Viligili erreicht man mit Motordhonis, die alle paar Minuten am neuen Fischereihafen am Nordwestende der Insel auslaufen.

Taxi: Versteckte Ecken der Insel Male' sollte man mit dem Taxi ansteuern, auch wenn sie möglicherweise nur einige hundert Meter entfernt liegen. Die Fahrt kostet 1 $. Die Taxis sind klimatisiert, und die Chauffeure kennen jedes Büro, jeden Laden und den kürzesten Weg dorthin. Sie selbst zu suchen, kann hingegen mühsam sein, denn Hausnummern und Firmenschilder sind nur selten zu finden.

Mietwagen, Straßenbahnen oder Busse gibt es auf Male' nicht.

überfahrt werden die Gäste informiert und angehalten, die islamischen Moralvorstellungen zu akzeptieren und den Präsidentenpalast nicht zu fotografieren. Im Hafen von Male' angekommen, wird die Gruppe von einem Reiseleiter – unübersehbar mit den Logos der großen Reiseveranstalter bewaffnet – in Empfang genommen. Die Sehenswürdigkeiten der Stadt, der Dhonihafen und die wichtigste Einkaufsstraße liegen dicht beieinander, sodass Einkäufe und Informationen über die Geschichte in gut zwei Stunden in Plastiktüten und Köpfen verstaut sind, bevor das Boot zur heilen Welt auf der gebuchten Trauminsel zurückkehrt.

Einen besseren Eindruck vom Leben auf Male' bekommt man mit offenen Augen und unabhängig von Reiseleiter und Gruppe. Einige Stunden durch Straßen wandern, Museum und Moscheen besuchen, in einem der Teehäuser mit Geschäftsleuten, Fischern, Schülern und Studenten zu Mittag essen und die Geschäftigkeit im Hafen auf sich wirken lassen, all das fügt einem Maledivenurlaub einen interessanten Aspekt hinzu. Fragen Sie in Ihrem Hotel, ob das täglich nach Male' fahrende Versorgungsdhoni Sie morgens mitnehmen und am Abend zurückbringen kann, oder planen Sie vor Ihrer Heimreise eine Übernachtung in einem der einfachen, aber sauberen

Stadthotels (s. S. 112) ein. Dann können Sie erleben, wie in den Nachmittagsstunden die Fischer und Händler aus entfernten Atollen im Dhonihafen einlaufen und ihren Tagesfang an Thunfisch sowie Trockenfisch und aus den Blättern des Pandanusstrauches handgefertigte Matten entladen.

Die Innenstadt von Male'

Um sich auf Male' zu orientieren, muss man sich nur zwei Straßenzüge merken: Die **Boduthakurufaanu Magu** (auch **Marine Drive** genannt) ist eine 2 km lange Küstenstraße entlang der Nordküste Male's. Sie beginnt an der Westspitze der Insel, von wo aus Dhonis regelmäßig zur Nachbarinsel Viligili übersetzen, und führt am Ufer entlang nach Norden. Nach etwa 500 m biegt sie nach Osten ab und trennt auf gut 1,5 km Länge den Dhoni- und Jachthafen im Norden von den südlich der Straße liegenden Regierungs- und Bürohäusern, die sich die gesamte Küste entlangziehen. Am Westende der Insel angelangt, biegt die Straße nach Süden ab und endet am Südostseck der rechteckigen Insel. Während die Boduthakurufaanu Magu die Insel von ihrer Südwestspitze bis zur Südostspitze in einem Bogen am Meer entlang umspannt, verbindet die **Majeedi Magu** die beiden Endpunkte auf dem kürzesten Weg von Ost nach West und teilt die Insel zu etwa gleichen Teilen in eine nördliche und eine südliche Hälfte.

Die wichtigsten Sehenswürdigkeiten

Zwischen Majeedi Magu und Boduthakurufaanu Magu liegen auf einer Breite von 500 m in Nord-Süd-Richtung und 1000 m Ost-West-Richtung die Sehenswürdigkeiten des Städtchens übersichtlich beieinander, sodass alle bequem in einem Spaziergang besichtigt werden können. Sich zu verlaufen ist unmöglich, denn die Entfernungen sind so gering, dass man immer ohne Probleme zum Ausgangspunkt seines Rundgangs zurückfindet. Sollten Sie dennoch einmal nicht wissen, wie es weitergeht, wird ein freundlicher Malediver Ihnen gern den Weg weisen.

Ausgangspunkt einer Erkundung der Insel ist der nordöstliche Teil der Boduthakurufaanu Magu beim Nasandhura Palace Hotel. Dort befindet sich der **Fähranleger** **1** für die Dhonis, die zwischen dem Flughafen auf Hulhule und Male' pendeln. Etwa 300 m weiter im Westen, im Inner Harbour, gibt es eine zweite **Anlegestelle** **2**. Dort gehen die Motorjachten der Hotelinseln vor Anker.

Unweit davon erstreckt sich der **Jumhooree Maidan** **3**. Dieser begrünte und mit steinernen Bänken umgebene Platz südlich der Boduthakurufaanu Magu ist unverwechselbar: Er ist im Osten von einem eindrucksvollen sechsstöckigen Regierungsgebäude, im Süden vom streng bewachten Gelände des Nationalen Sicherheitsservice und der goldenen Kuppel der großen Freitagsmoschee und im Westen von mehrstöckigen, modernen Geschäftshäusern eingegrenzt.

Neue Freitagsmoschee und Islamisches Zentrum **4**
9–17 Uhr auch für nichtmoslemische Besucher geöffnet
Die neue Freitagsmoschee und das daran angegliederte Islamische Zentrum wurden in den 1980er-Jahren mit großzügiger finanzieller Hilfe mehrerer Golfstaaten errichtet und nach dem

maledivischen Nationalhelden Sultan Muhammad Thakurufaanu benannt. Er hatte im 16. Jh. zusammen mit seinem Bruder einen erfolgreichen Aufstand gegen die brutale, 15-jährige Kolonialherrschaft der Portugiesen organisiert und die Malediven vor der endgültigen, gewaltsamen Christianisierung bewahrt. Der große Gebetsraum bietet 5000 Gläubigen Platz und ist mit einheimischen Holzschnitzarbeiten reich verziert. Im gleichen Gebäudekomplex befindet sich auch das Islamische Zentrum, das ein Konferenzzentrum sowie Unterrichts- und Verwaltungsräume beherbergt.

Lassen Sie Ihre Schuhe am Fuße der breiten, weißen Marmortreppe stehen und gehen Sie barfuß und einem islamischen Heiligtum angemessen gekleidet – Frauen mit langem Kleid und bedeckten Schultern, Männer mit langen Hosen – hinauf. Zu Gebetszeiten müssen ›Ungläubige‹ den Gebetsraum verlassen. (s. Abb. S. 105)

Sultanspark❗ 5
Sa–Do 8–12 und 15–17, Fr 16–18.30 Uhr, an Feiertagen geschl.
Wenige Meter im südlich der Freitagsmoschee, nur durch die schmale Medhuziyaarai Magu getrennt, befindet sich der Eingang zu dem von einem schmiedeeisernen Zaun umgebenen Sultanspark – hier gibt es noch etwas Grün und Ruhe zum Entspannen.

Am Fähranleger in Male'

Auf Entdeckungstour

Abenteuer pur – mit Fischern von Male' aus zu fernen Inseln

Wer Zeit, Mut und Abenteuerlust hat, karges Essen und Unterhaltungen mit Händen und Füßen nicht scheut und sich vor hohem Seegang unter kleinen Holzschiffen nicht fürchtet, kann auf den maledivischen Fischerinseln eine Welt entdecken, die nur wenige Europäer bisher erlebt haben.

Ausgangspunkt: Dhonihafen Male'

Infos und Genehmigung: Ministry of Atolls Administraion, Boduthakurufaanu Magu, Male', Tel. 332 28 26

Unbedingt beachten: Kleidungs- und Verhaltensvorschriften des Islam; Besuche müssen beim Inselvorstand angekündigt werden, der dann auch für die Unterbringung auf der Insel verantwortlich ist. Klären Sie vor Fahrtantritt den Zeitraum des Ausflugs ab.

Urlaubern, die einheimische Fischerinseln auf eigene Faust besuchen möchten, hat die Regierung vor Jahrzehnten zwar einige bürokratische Hürden in den Weg gestellt, aber es gibt eine Möglichkeit, auch als unabhängiger Tourist diese Inseln zu besuchen: Im Hafen von Male' liegen schwer beladene Dhonis, deren Besitzer oft von weit entfernten Inseln gekommen sind. Sie liefern Trockenfisch oder geflochtene Matten und nehmen auf dem Rückweg Reis, Stoffe, Holz oder Zement auf ihre Heimatinsel mit. Es ist nicht ganz einfach herauszufinden, wo diese Boote herkommen, denn meist sprechen die Fischer lediglich ihre Muttersprache. Anhand der Registriernummer am Bug jedes Schiffes allerdings kann man den Heimathafen der Dhonis herausfinden. Im Tourismusministerium gibt es eine Registrierungsliste, aus der ersichtlich ist, welches Dhoni aus welchem Atoll und von welcher Insel stammt.

Auf ins Abenteuer – aber bitte mit Genehmigung

Mit dieser Liste in der Hand kann man sich nun also auf den Weg machen und im Hafen von Male' ein Dhoni mit dem gewünschten Ziel suchen. Hat man das geschafft und ein passendes Boot ausfindig gemacht, ist sich zudem mit dem Bootseigner über die Bedingungen des Transports einig geworden, muss schließlich noch eine letzte bürokratische Hürde genommen werden: Man muss die Sondergenehmigung des Atollministeriums einholen, mit der man auf diesem Reiseweg der Malediver unterwegs sein und auf deren Insel übernachten darf! Ist dies schlussendlich vollbracht, darf man sich als unabhängiger Tourist auf einen Ausflug ins friedliche und unkomplizierte Inselleben der Malediver freuen.

Eine friedliche Welt

Besucher einer traditionellen Fischerinsel sind von der Sauberkeit und den hübsch angelegten Gärten überrascht. Vom Bootssteg aus führt meist eine breite Staubstraße über die Insel zum gegenüberliegenden Ufer. Sie wird von zwei oder drei Querstraßen in rechtem Winkel gekreuzt, die das Dorf kerzengerade durchqueren und schließlich in einem Palmenhain oder in wildem Buschwerk enden. In den ummauerten Gärten stehen kleine, saubere Häuser aus Korallengestein, vor dem Eingang Bänke aus Holz (*joli*), die mit Fischernetzen als Sitzfläche bespannt sind. Im Hauptraum des Hauses hängt eine Schaukel (*undholi*), und entlang der Wände stehen Betten. Erst seit etwa 100 Jahren werden Häuser auf den Inseln aus Korallengestein gebaut. Vorher bestanden die traditionellen Hütten aus hartem Kokospalmholz, hatten Palmblattdächer und Palmholzmöbel. Besucher können erleben, wie ein Schiff vom Medizinmann am Strand geweiht wird, bevor es zu seinem ersten Fischfang ausläuft, wie die Beschneidung eines kleinen Jungen gefeiert wird, wie die Gemeinde eine Moschee errichtet oder gemeinsam die Insel von Unrat säubert.

Blick in die Zukunft

Seit dem Regierungswechsel im Jahr 2008 wird in der lokalen Presse immer häufiger die Trennung von Touristen und Einheimischen auf den Malediven kritisiert und im Internet tauchen bereits Übernachtungsmöglichkeiten auf bewohnten Inseln auf (z. B. Guraidhoo im Südmale'-Atoll). Ob das seriöse Angebote sind und ob sie realisiert werden können, ist zweifelhaft. Doch es bewegt sich etwas hinsichtlich der Vereinbarung von Inselleben und Tourismus. Bis dahin bleibt abenteuerlustigen Touristen die beschriebene Möglichkeit.

Male'

Sehenswert
1. Fähranleger
2. Anlegestelle
3. Jumhooree Maidan
4. Neue Freitagsmoschee und Islamisches Zentrum
5. Sultanspark
6. Nationalmuseum
7. Grab des Sultan Muhammad Thakurufaanu
8. Freitagsmoschee Hukuru Miskiiy
9. Präsidentenpalast Muleeage
10. Schrein Medhu Ziyaaraiy
11. Fischmarkt
12. Obst- und Gemüsemarkt
13. Präsidentenpalast
14. New Harbour

Übernachten
1. Traders Hotel Male'
2. Nasandhura Palace Hotel
3. Kam Hotel
4. Relax Inn
5. Athama Palace
6. Blue Diamond Guest House
7. Kai Lodge
8. Maagiri Lodge
9. Transit Inn
10. Viligili View Inn
11. Beeva Inn
12. Extra Haven
13. Royal Inn

Essen & Trinken
1. Trends
2. Sea House
3. Salsa Royal
4. Thai Wok
5. Beach Restaurant
6. Queen of the Night
7. Jaafaiy Tea Shop
8. Fini Tea Shop

Einkaufen
1. Chandhani Magu
2. Orchid Magu

Aktiv & Kreativ
1. Fußballplätze
2. Sea Dive School
3. Künstlicher Strand

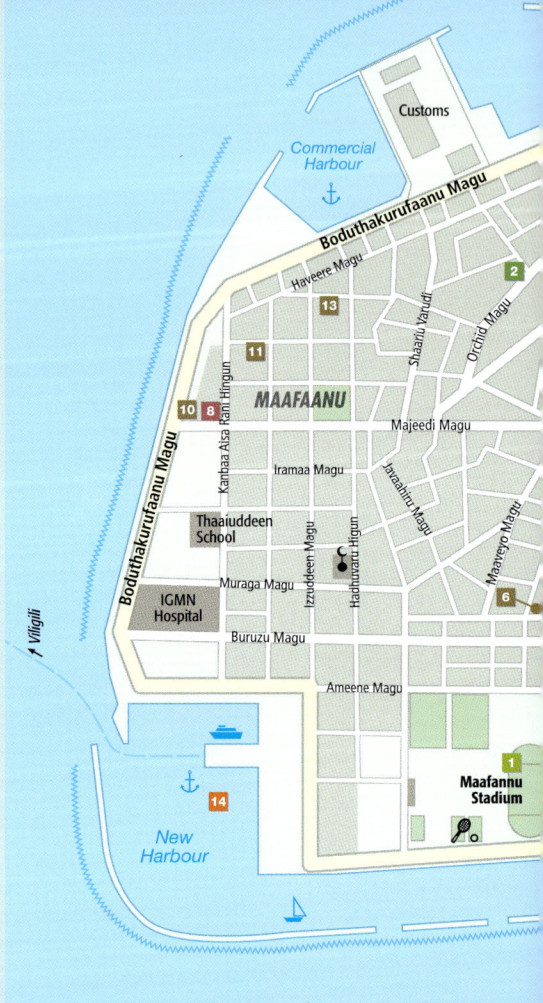

Dhoni Harbour

11

12

13

HÄNDLERVIERTEL

1

3

4

President's Jetty

2

Marine Drive

1

4

5

6

1

2

8

1

Ameer Ahmed Magu

3

4

8

1

Medhuziyaarai Magu

9

10

Parlament

3

HENVEIRU

Roashanee Magu

3

Fareedhee Magu

7

3

5

6

Aminiya School

Chandani Magu

Neelafaru

Magu

7

Hithaffinia Magu

Violet Magu

12

Henveiru Stadium

1

Sosun Magu

MACHANGOLHI

Arabiyya School

5

Majeedi Magu

ADK Hospital

3

9

Chandani Magu

Nikagas Magu

Rah Dee Magu

Alhi Kilegefanu Magu

1

Galolhu National Stadium

Sosun Magu

Janavari Magu

2

Mirihi Magu

Jamaluddeen Primary School

Lonuziyaarai Magu

GALOLHU

Marine Drive

Buruzu Magu

Ah'Madhivyaa School

UN

Ameer Ahmed School

Kalaafaanu School

Buruzu Magu

Ameene Magu

Maledives Institute of Technical Education

Male English School

Marine Drive

Vaadhoo Kandu

N

0   100   200 m

Hulhule/Flughafen

103

Die Hauptstadt Male'

Nationalmuseum 6
Sa–Do 8–12 und 15–17 Uhr, an Feier-tagen geschl.

Im Sultanspark steht das kleine Nationalmuseum. Es ist in einem Seitenflügel des ehemaligen Sultanspalastes untergebracht, der 1752 von indischen Seeräubern schwer beschädigt worden war. Das Hauptgebäude wurde 1968 ganz abgerissen, als der Protektoratsvertrag mit England auslief und die Malediven sich eine republikanische Verfassung gaben. Damals hielt man die Erhaltung eines Symbols des Sultanats nicht für erforderlich. Das Museum ist zwar klein und unscheinbar, lohnt aber, um einen Eindruck vom vergleichsweise einfachen Leben der Sultane zu gewinnen. Viele der Schaustücke sind Kleidungsstücke, Besteck oder Werkzeuge der Herrscherfamilien früherer Jahrhunderte. Ein Thronsessel befindet sich darunter, aber auch ein Stock, mit dem Ehemänner ihre untreuen Frauen züchtigten, oder Holzstäbe, die zum Training von Kampfsportarten benutzt wurden.

Der schöne Kopf einer Buddhastatue aus Korallengestein ist einer von mehreren steinernen Beweisen, dass vor der Islamisierung im 12. Jh. eine buddhistische Hochkultur auf den Inseln existiert hat. Viele solcher leider schwer beschädigten Skulpturen wurden von dem Wissenschaftler Thor Heyerdahl auf auf abgelegenen Inseln im Süden gefunden. Er hatte im Auftrag der Regierung in den frühen Achtzigerjahren erstmals versucht, Näheres über die vorislamische Geschichte der Malediven herauszufinden. In einem anderen Raum erinnern zwei Motorräder mit zerschossenen Tanks an den Staatsstreich von 1988 (s. S. 77). Sie sind wohl die kuriosesten Schaustücke des Museums.

Der Sarong des Nationalhelden **Sultan Muhammad Thakurufaanu** hinge-

gen dürfte das älteste und wertvollste sein, da er wie ein Heiliger verehrt wird. Sein **Grab** 7 befindet sich in einer Moschee, genannt **Bihuoazu Kamanaa Miskiiy**, in der Neelafaru Magu, einer Seitenstraße 50 m südlich des Sultansparks.

Freitagsmoschee Hukuru Miskiiy ❗ 8
Eintritt für Nichtmuslime nur mit Sondergenehmigung

Das älteste und gleichzeitig geschichtsträchtigste Gebäude der Malediven ist allerdings die Freitagsmoschee Hukuru Miskiiy nordöstlich des Sultansparks in der Medhuziyaarai Magu, die vermutlich Mitte des 17. Jh. während der Regierungszeit Sultan Ibrahim Iskandhars erbaut wurde. Einige Jahre später, nach seiner Rückkehr von einer Pilgerfahrt nach Mekka, ließ er den merkwürdig stämmig und kurz geratenen, weiß-blau gestrichenen Turm des Munnaaru-Minaretts erbauen, von dessen Spitze jahrhundertelang der Muezzin die Gläubigen Male's zum Gebet rief. Erst 1982 übernahm der schlanke, hohe Turm der neuen Freitagsmoschee diese Aufgabe.

Hukuru Miskiiy hat schwere, geschnitzte Holztüren, der Boden ist mit Teppichen bedeckt, die Wände mit Holzreliefs aus Teakholz geschmückt. Äußerlich macht sie wenig her, denn das baufällige Dach und auch die alten Wände werden durch Wellbleche vor weiterem Zerfall geschützt. Ihre Innenräume dürfen von Nichtmoslems nur mit einer Sondergenehmigung besucht werden. Verziert mit kunstvollen Steinreliefs, die Koranverse in arabischer Schrift wiedergeben, strahlt es meditative Ruhe aus. In dem Friedhof, welcher die Moschee umgibt, stehen steinerne Grabhäuser mit kunstvoll geschnitzten Holztüren der Herrscherfamilien der vergangenen Jahrhunderte,

Moderne Malediven: die neue Freitagsmoschee und das Islamische Zentrum

die von gravierten Grabsteinen umgeben sind. Oben spitz zulaufende Steine dienen dem Gedenken an einen männlichen, die abgerundeten an einen weiblichen Verstorbenen.

Präsidentenpalast Muleeage 9
nicht zugänglich
Auf der gegenüberliegenden, südlichen Straßenseite befindet sich der kolonial anmutende, kleine Präsidentenpalast Muleeage, den Sultan Shamshuddin 1913 erbauen ließ und bis 1936 als Residenz nutzte. Ab 1953 diente er als Wohnsitz des Präsidenten und zu-

gleich als Unterkunft für hohe Staatsgäste wie etwa Indiens Präsident Rajiv Gandhi, dem die Regierung das Eingreifen der indischen Armee während des Putschversuches von 1988 verdankt.

Schrein Medhu Ziyaaraiy 10
Gleich nebenan befindet sich der Heilige Schrein Medhu Ziyaaraiy. Die kleine, blau-weiß gestrichene Gedenkstätte erinnert an den islamischen Schriftgelehrten Yousuf Shamsuddheen-al Tabrezi, welcher der Überlieferung zufolge im 12. Jh. nach

105

Lieblingsort

**Typisch für die Malediven –
der Fischmarkt in Male' 11**

Es ist nicht einfach, einen Eindruck vom täglichen Leben der Malediver zu bekommen, da Urlauber nur für kurze Zeit die Inseln der Einheimischen besuchen können. Ein wenig erlebt man es aber auf dem Fischmarkt der Hauptstadtinsel Male', wo sich die rund 100 000 Einwohner der kleinen Insel versorgen. Dhonis, die traditionellen maledivischen Fischerboote, stehen voll mit Thunfisch beladen nebeneinander am Kai und Fischer entladen ihren Fang, bevor sie ihre oft tagelange Rückreise zu den Heimatinseln antreten. Auf den Tischen stapeln sich die Fische und am Nachmittag geht es hier dann richtig geschäftig zu.

Male' kam und die Insel von der Plage eines mädchenmordenden Meergeistes befreite. (s. S. 86).

Spaziergang durch den Westen Male's

Wer die zuvor beschriebenen Bauwerke gesehen hat, hat den Pflichtteil der Stadtbesichtigung hinter sich und kann nun unbeschwert durch die schmalen Gassen spazieren, mal einen Blick in einen Hinterhof werfen oder in einem der vielen Tea Shops ein Short Eat einnehmen. So nennen die Malediver die von den Küchen Indiens und Sri Lankas beeinflussten Snacks, die in klimatisierten Imbissstuben für wenig Geld gereicht werden. Einige dieser Tea Shops finden sich entlang der Boduthakurufaanu Magu – vom Präsidentenpalast nur etwa 150 m in nördlicher Richtung entfernt.

Es lohnt sich auch, die Boduthakurufaanu Magu nach Westen zu wandern, zum **Fischmarkt 11** (s. auch S. 106), wo am Nachmittag der frische Fang angeboten wird. Nur wenige Meter weiter erstreckt sich der **Obst- und Gemüsemarkt 12**. Hier biegt man nach Süden ab in eine der schmalen Gassen in Richtung Orchid Magu. In dieser Geschäftsstraße befinden sich neben Elektronikgeschäften, Supermärkten und Banken der 1994 neu errichtete **Präsidentenpalast 13**, das **Justizministerium** und ein elegantes, neues **Gästehaus der Regierung**. Die Orchid Magu führt diagonal in den Südwesten der Insel und trifft nach 500 m auf die Majeedi Magu, eine fast 2 km lange Geschäftsstraße. Gehen Sie die Majeedi Magu nach Westen weiter, erreichen Sie bald das Meer und den neuen südlichen Hafen, **New Harbour 14**, von dem aus Dhonis zur Nachbarinsel Viligili übersetzen.

Die ›Stadtteile‹ Viligili und Hulhule

Viligili ▶ E 4

Viligili war bis Anfang der 1990er-Jahre eine der bekanntesten und komfortabelsten Touristeninseln, wurde dann aber umfunktioniert. Die Hotelgebäude machten einem Fernseh- und Rundfunksender Platz, und die Insel wurde der Stadtverwaltung von Male' unterstellt. In den kommenden Jahren hofft man, komfortable Wohnungen und Büros dort einrichten zu können und den Siedlungsdruck der Hauptinsel zu mindern. Viligili ist als Wohnort weitaus attraktiver als Male', denn die Insel hat noch alten Baumbestand, weite, saubere Straßen und Wege sowie Badestrände am Nordostende. Allerdings scheint auch hier die Besiedlung zu schnell voranzuschreiten, als dass sie kontrolliert und in Bahnen gelenkt werden könnte, die den neuen Bewohnern auch in einigen Jahren noch Lebensqualität garantieren.

Mein Tipp

Ausflug nach Viligili

Wer nahe Male' wohnt, sollte für ein paar Stunden mit der Fähre von Male' nach Viligili übersetzen. Auf dieser weit weniger dicht besiedelten Nachbarinsel kann man nicht nur baden, in Restaurants oder Teestuben einkehren, sondern auch maledivisches Inselleben kennenlernen.

Flughafeninsel
Hulhumale' ► F 4

Die einstige bewohnte Insel **Hulhule** wurde schon vor Jahrzehnten mit der nördlichen Nachbarinsel **Gaadho** verbunden, damit die für Langstreckenflugzeuge geeignete Landebahn errichtet werden konnte. Durch riesige Sandaufschüttungen wurde in den ersten Jahren des 3. Jahrtausends nochmals eine weiter im Norden gelegene Insel mit Hulhule zusammengefügt. Seither wird die nun sehr große Insel auch als Hulhumale' bezeichnet, denn der neue, nördliche Teil wird gegenwärtig zu Wohngebiet für die aus allen Nähten platzende Insel Male' ausgebaut.

Der **Flughafenteil** Hulhule allerdings ist die einzige Malediveninsel, die jeder Besucher zweimal betritt – sei es auch nur für eine Stunde nach der Ankunft und vor dem Heimflug. Neben den üblichen Flughafeneinrichtungen wie dem Tower und der Abflug- und Ankunftshalle, den Verwaltungsgebäuden der einheimischen Fluglinie Maldivian und diverser privater Fluggesellschaften, die mit Wasserflugzeugen Urlaubsgäste zu weit entfernten Inseln bringen, gibt es auf Hulhumale' wenig Interessantes: Das Hulhule Island Hotel dient als Zwischenstopp für Gäste von spät ankommenden oder sehr früh abfliegenden Fluggesellschaften und wird von den Crews der Fluggesellschaften und manchmal auch von Geschäftsreisenden genutzt. Einen Buchladen und ein kleines Restaurant im Flughafengebäude (s. Tipp rechts) – mehr gibt es nicht zu sehen.

Im **Hafen** von Hulhule, nur wenige Schritte vom Flughafengebäude entfernt, legen Dhonis und Motorjachten an, um Passagiere nach Male' oder zu ihren gebuchten Inseln im Male'- und

Mein Tipp

Bücher und Bananenmilch
Im Flughafengebäude von Hulhule befindet sich der am besten ausgestattete Buchladen der Malediven. Hier können Sie in einer großen Auswahl an Karten, Bildbänden, Spezial-Tauchführern und Reiseführern in den verschiedensten Sprachen stöbern. Im klimatisierten Satellite Restaurant – das ebenfalls im Flughafengebäude liegt – kann man sich mit Snacks und Bananenmilch stärken.

Ari-Atoll zu bringen. Der Rest der Insel ist von der Landebahn geplättet, und an der Nordküste zieht sich der Dhoni- und Jachthafen entlang.

Vergangenheit und Zukunft
Der arabische Weltreisende Ibn Battuta hatte mehr Zeit, die Insel zu erkunden, als er bei seinem zweiten Besuch der Malediven im Jahr 1346 auf Hulhule an Land ging. Er beschrieb die Insel als grünen, dicht bewachsenen Dschungel mit einem kleinen Fischerdorf, dem die fischreichen Gewässer Wohlstand brachten. Wohl aus diesem Grund und wegen ihrer geringen Entfernung zu Male' (2 km) diente sie über Jahrhunderte maledivischen Sultanen und später auch dem Präsidenten der Republik als Ferieninsel.

Anfang der 1960er-Jahre allerdings stellten die Engländer – damals noch als Protektoratsmacht – Untersuchungen an, wie die Malediven an den sich entwickelnden internationalen Flugverkehr angebunden werden könnten. Die stadtnahe, lang gestreckte Insel erschien ideal, und man errichtete eine

Geschäftiges Treiben in den engen
Gassen der maledivischen Hauptstadt

Graspiste, auf der am 19.10.1960 das erste Flugzeug landete. Die Bevölkerung Hulhules siedelte schließlich nach Male' über, als man die Landebahn asphaltieren und ausbauen musste, um auch Langstreckenflugzeugen genügend Platz zu bieten. Das Korallenriff zwischen Hulhule und der nördlichen Nachbarinsel Gaadhoo wurde zu diesem Zweck mit Sand aufgefüllt, bis aus den beiden Inseln eine zusammenhängende wurde. Es dauerte noch weitere 15 Jahre, bis die heutige 3,5 km lange Landebahn ausgebaut war und 1981 der **Male' International Airport** eröffnet wurde. Inzwischen ist daraus ein lebendiger Großflughafen mit täglich fünf bis zehn Starts und Landungen von Großraumflugzeugen geworden. Einschließlich des Inlandsverkehrs mit Wasserflugzeugen und einer Propellermaschine der Maldivian, die Gan und weitere Flughäfen in südlichen und nördlichen Atollen anfliegt, fertigt er 2008 knapp 690 000 Passagiere ab. Aufgrund der Wirtschaftskrise seit 2008 blieb diese Zahl bisher unter den Erwartungen, denn man hatte mit etwa 750 000 Gästen gerechnet. In den kommenden Jahren dürfte aufgrund vieler Hotelneueröffnungen auf etwa 15 Inseln in bisher kaum erschlossenen Atollen im Norden und im Süden wieder mit einem Zuwachs von 20–30 % zu rechnen sein.

Da die neuen Tourismusinseln weit von Hulhule entfernt im Norden und Süden der Malediven liegen, muss auch eine größere Start- und Landekapazität für Inlandsflüge geschaffen werden. Dazu werden neben mittelgroßen Propellerflugzeugen, die auf kurzen Landebahnen auf den wichtigsten Atollhauptinseln landen können, vor allem Wasserflugzeuge mit fünf bis zehn Sitzen eingesetzt, die täglich etwa 1000 bis 2000 Gäste zu Atollen im Norden und im Süden der Malediven bringen.

Übernachten

Wer ohne Hotelreservierung auf Hulhule ankommt, kann sich im Hulhule Island Hotel wenige hundert Meter vom Terminal entfernt einquartieren oder mit den ständig verkehrenden Dhonis nach Male' übersetzen. Entlang der Boduthakurufaanu Magu (Marine Drive), der langen Küstenstraße, an der die Fähren anlegen, findet man dort viele, unscheinbar aussehende Reisebüros, die Zimmer buchen können. Neutrale Beratung oder die Suche nach dem günstigsten Angebot darf man sich dort nicht erhoffen. Man wird Inseln empfehlen, die der Agentur selbst gehören oder an denen sie finanziell beteiligt ist. ›Schnäppchen‹ findet man eher in den Katalogen europäischer Reiseveranstalter. Schließlich hat man noch die Möglichkeit, in den wenigen brauchbaren Hotels oder einem der oft netten, kleinen Gästehäuser unterzukommen. Das Tourismusbüro hilft bei der Wahl.

Hotels

Sternekomfort – **Traders Hotel Male'** **1**: Ameer Ahmed Magu, Tel. 330 08 88, Fax 330 07 90, www.ichotelsgroup. com, DZ/ÜF ab 220 €. Bestes Geschäftshotel der Stadt ist das 2010 eröffnete Traders Hotel, das zu der Hotelgruppe Shangri La gehört. Es ist in einem modernen Hochhaus untergebracht, von dessen Dachterrasse man einen weiten Blick über Stadt und Ozean genießt.

Traditionshaus – **Nasandhura Palace Hotel 2**: Tel. 332 33 80, Fax 332 08 22, DZ/ÜF 120 €. Das Hotel liegt direkt am Dhonihafen und nahe dem Fähranleger für die Dhonis zum Flughafen. Die klimatisierten Zimmer haben internationales Direktwahltelefon und Minibar (ohne alkoholische Getränke!). Es gibt eine großzügige, angenehme Lobby und ein hübsches Gartenrestaurant.

Am Dhonihafen – **Kam Hotel** `3`: Tel. 332 06 11, Fax 332 06 14, DZ/ÜF 100 €. Das Hotel ist ein achtstöckiges Hochhaus in einer schmalen Seitenstraße der Boduthakurufaanu Magu, nur 50 m vom Dhonihafen entfernt. Die Zimmer sind klimatisiert, mit eigenem Bad und internationalem Durchwahltelefon an der Rezeption. Als einziges Hotel hat es ein Minischwimmbad für Hotelgäste. Es organisiert Inselausflüge und Rundflüge über Male' und die umliegenden Inseln.

Hochhaus – **Relax Inn** `4`: Tel. 331 45 32, Fax 331 45 33, DZ/ÜF 80 €. Das Hotel befindet sich in einem achtstöckigen Gebäude gleich neben dem Kam Hotel. Die Ausstattung entspricht weitgehend der des Kam Hotels, mit internationaler Telefonverbindung an der Rezeption, Ausflugsservice und Restaurant im obersten Stockwerk mit Blick auf den Hafen.

Gästehäuser

Neben den Stadthotels gibt es eine Anzahl kleiner Hotels und familiärer Gästehäuser, die preiswerter als die oben genannten Hotels sind.

Mittendrin – **Athama Palace** `5`: Tel. 331 31 18, Fax 332 88 28, DZ/ÜF 40 €. Das im Stadtkern gelegene Gästehaus verfügt über 15 klimatisierte Zimmer, Telefon und Bad mit fließend heißem Wasser.

Freundlich – **Blue Diamond Guest House** `6`: Tel. 332 61 25, Fax 331 64 04, DZ/ÜF 40 €. Frühstückspension mit 6 kleinen, sauberen Zimmern und hilfsbereiten Besitzern.

Mit Garten – **Kai Lodge** `7`: Tel. 332 87 42, Fax 332 87 38, DZ/ÜF 35 €. 15 Zimmer mit eigenem Bad und fließend heißem Wasser, Klimaanlage, Satellitenfernseher gibt es in der Lounge. Dort wird auch das Frühstück serviert, außerdem vorhanden: ein kleiner Garten.

Am Hafen – **Maagiri Lodge** `8`: Tel. 332 25 76, Fax 332 87 87, DZ/ÜF 30 €. 8 Zimmer mit Telefon, Bad mit heißem Wasser, Fernseher mit maledivischem Programm, keine Klimaanlage. Es ist günstig direkt am Hafen gelegen.

Aussichtsreich – **Transit Inn** `9`: Tel. 332 04 20, Fax 332 96 65, DZ/ÜF 30 €. 10 große, klimatisierte Zimmer und eine Aussichtsterrasse auf dem Dach.

Der Name ist Programm – **Viligili View Inn** `10`: Tel. 332 86 96, Fax 332 52 13, DZ/ÜF 30 €. 12 klimatisierte Zimmer mit Bad und Telefon. Die teureren Zimmer sind sogar recht geräumig, von den Zimmern in den oberen Stockwerken hat man einen schönen Blick zur Nachbarinsel Viligili.

Go west – **Beeva Inn** `11`: Tel. 331 64 16, Fax 331 82 97, DZ/ÜF 30 €. Am Westende der Stadt, 8 Zimmer mit eigenem Bad und Telefon, die teureren sogar mit Klimaanlage.

Klein, aber fein – **Extra Haven** `12`: Tel. 332 74 53, Fax 332 53 62, DZ/ÜF 20 €. 18 saubere, kleine Zimmer mit Bad, manche klimatisiert.

Mit Klimaanlage – **Royal Inn** `13`: Tel. 332 05 73, Fax 332 01 08, DZ/ÜF 15 €. 6 vergleichsweise große Zimmer, die mit Klimaanlage und Bad ausgestattet sind.

Hotel auf Hulhule

Unschlagbar praktisch – **Hulhule Island Hotel:** Tel. 333 08 88, Fax 333 07 77, Zimmer DZ/ÜF ab 100 €. Mit 88 Zimmern ist das Airporthotel nicht groß, hat aber alle Einrichtungen sowohl eines Urlaubs- als auch eines Geschäftshotels. Es liegt am Strand, hat einen großen Pool, tropische Vegetation im Garten, ein Spa und komplett und komfortabel eingerichtete Zimmer. Sogar eine Tauch- und Wassersportbasis ist vorhanden. Und natürlich hat es einen 24-Stunden-Service, damit spät ankommende und früh abreisende Gäste versorgt werden können.

Essen & Trinken

Einfach und gut – **Trends** **1**: im Nasandhura Palace Hotel neben dem Tourismusministerium an der Boduthakurufaanu Magu (Marine Drive), Tel. 332 33 80. Gemütlich sitzt man im Trends, allerdings gibt es in dem Gartenrestaurant keine Klimaanlage und nur an einigen Tischen Kühlung durch Ventilatoren. ›Chicken Birijany‹ für 12 €.

Neu und mit Rundumblick – **Sea House** **2**: Boduthakufuranu Magu 34, www. seahousemaldives.com, 24 Stunden am Tag geöffnet mit Frühstücksservice und Gerichten von 6–30 €. Blaubeerkäsekuchen? Quiche? Shrimpsalat? Steak? Im hellen und gut klimatisierten Hauptrestaurant oder auch am Abend im Freien gibt es im Sea House vieles, was Europäer in Male' bisher vermissten! Und der Blick auf den Ozean und den Hafen ist einfach umwerfend.

Italienische Küche – **Salsa Royal** **3**: Ameer Ahmed Road. Bei Europäern und Maledivern mit gut gefülltem Geldbeutel ist das italienisch geführte Lokal wegen seiner Pizzas, des guten Cappuccino und frisch gepresster Obstsäfte beliebt. Pizza 6–12 €.

Das Beste – **Thai Wok** **4**: an der Boduthakurufaanu Magu (Marine Drive), gleich neben dem Büro des Reiseveranstalters Sun Travel & Tours. Das Thai Wok gilt als eines der besten Restaurants der Insel und ist nicht mal teuer. Ohne Platzreservierung ist allerdings selten ein Tisch zu bekommen.

Tea Shops

Einfach zu finden – **Beach Restaurant** **5**: an der Boduthakurufaanu Magu (Marine Drive). Das Lokal hat den Vorzug, dass es – anders als viele andere Tea Shops – anhand der großen Beschriftung in lateinischen Buchstaben über dem ersten Stock als Teestube

auch für Urlauber leicht erkennbar und zudem noch klimatisiert ist.

Außen pfui, innen hui – **Queen of the Night** **6**: in einem schäbigen Hafengebäude 100 m weiter im Südosten an der Boduthakurufaanu Magu. Das Lokal ist ebenfalls nichts weiter als eine anständige Teestube, in der würzige Short Eats angeboten werden.

Noch mehr Tea Shops – Weitere Tipps für scharfe, kleine Gerichte sind der **Jaafaiy Tea Shop** **7** in einer Seitenstraße, die von der Einkaufsstraße Orchid Magu nach Süden abzweigt, und der **Fini Tea Shop** **8** am Westende der Majeedi Magu.

Einkaufen

Authentisches und Überflüssiges – In der **Chandhani Magu** **1** gleich beim Jachthafen findet man Lackgefäße, gewebte Matten und alles, was auf den Malediven handwerklich hergestellt wird, aber auch übler Ramsch aus Hongkong, Taiwan, Indonesien, Indien oder von den Philippinen sowie Sonnenbrillen, Kameras, Tauchausrüstung, Taucheruhren und Badebekleidung. Den richtigen Shop zu finden, ist kein Problem, denn der Ladeneigentümer findet Sie!

Eine Entdeckungsreise – Die **Orchid Magu** **2** ist zwar keine Einkaufsstraße im westlichen Sinne, aber in den aneinandergereihten Kramerläden, Stoffgeschäften, Elektrogeschäften und Friseurbuden findet sich neben Reissäcken auch teils hochwertiges Kunsthandwerk.

Belesen – **Buchladen** im Flughafen von Hulhule (s. Tipp S. 109): Sollten Sie vor der Reise nicht dazu gekommen sein, sich mit ausreichend Lesestoff einzudecken, in diesem gut sortierten Laden können Sie sich mit Büchern über die Malediven versorgen.

Volleyball ist auf den Inseln die Sportart Nr. 1 – vor Fußball

Aktiv & Kreativ

Sport über Wasser – In Male' gibt es mehrere **Fußballplätze** [1] und eine große Sporthalle, die vorwiegend für Volleyballturniere genutzt wird. Für Touristen gibt es auf Male' ansonsten eher wenige Möglichkeiten, sich sportlich zu betätigen. Wer sich austoben will, muss nach **Kurumba** oder **Bandos** übersetzen, wo Tennisplätze, Fitnessräume und Wassersportbasen zur Verfügung stehen.

Sport unter Wasser – **Tauchen:** Es ist zwar ungewöhnlich, aber keineswegs unmöglich, von Male' aus die Malediven unter Wasser zu erkunden. Man wird dort zwar neben Korallen, Haien und Mantas auch jede Menge alter Fahrräder und Dosen finden, doch befinden sich auch einige ausgezeichnete Tauchplätze in der Nähe, und es gibt sogar die **Tauchbasis Sea Dive School** [2] (1st Floor, H. Asfaam Building, Bodufungandu

Magu, Tel. 331 61 72, www.seamaldives. com). Der Vaadhoo-Kanal zwischen dem Nordmale' und dem Südmale'-Atoll gilt als besonders interessantes **Tauchgebiet** (s. S. 142 und 163).

Sport im Wasser – **Baden:** An der Südseite Male's wurde ein **künstlicher Strand** [3] angelegt, da der natürliche der Erosion zum Opfer gefallen ist. Der künstliche Badeplatz wurde durch übereinandergeschichtete Betonblöcke vor den hohen Wellen aus Süden und Osten geschützt. Schöne Strände haben Viligili und vor allem die Ausflugsinsel Kuda Bandos, die allerdings freitags, samstags und sonntags den Einheimischen vorbehalten ist.

Infos

Überfahrten nach Viligili: vom New Harbour [14] aus setzen alle 15 Min. Dhonis zur Nachbarinsel über.

Auf Entdeckungstour

Tea Shops – die Erholungsorte der Malediver

Die Trennung zwischen ›heiler Urlaubswelt‹ und ›maledivischem Alltag‹ wird seit Beginn des Malediventourismus streng gehandhabt. Einen kleinen Eindruck vom Alltag der Einheimischen erhält jedoch, wer beim Besuch der Hauptstadt Male' eine Pause zur Stärkung in einem Tea Shop einlegt.

Einige Tea Shops: Tea Shops befinden sich an der Boduthakurufaanu Magu (Marine Drive), Karte von Male' S. 102 und weitere Adressen s. S. 114

Kosten: sehr günstig, höchstens 5 US-$

Eine gute Möglichkeit, das Alltagsleben auf den Malediven hautnah zu erleben, ist der Besuch eines Tea Shops. In diesen ›Kneipen‹ stärken sich die Fischer und Händler und Jugendliche treffen sich zum Feiern. Es gibt dort nicht nur zu Essen und zu Trinken, sondern meist sind sie auch klimatisiert und gewähren daher vorübergehenden Schutz vor der herunterbrennenden Sonne, was bei einem Rundgang durch die Atollhauptstadt durchaus gelegen kommt.

Ursprünglich und einfach

Die kleinen, mit langen Tischen und Bänken vollgestellten Restaurants sind für Urlauber wahrlich nicht leicht zu entdecken, denn sie verbergen sich hinter schwarz gefärbten, nur von innen nach außen durchsichtigen Glasscheiben. Auch weist kein Restaurantschild den Weg, denn die einheimischen Gäste kennen schließlich ›ihren‹ Tea Shop! Wenn man an einer von außen schwarz wirkenden Glastüre vorbeikommt: Einfach mal reinschauen, denn meist ist es ein Tea Shop. Eine Ausnahme in Male' ist das **Beach Restaurant** 5 an der Boduthakurufaanu Magu (Marine Drive), das mit seinem gut erkennbarem Schriftzug auch von ausländischen Gästen leicht zu identifizieren ist.

Geschmackvolle Hausmannskost

Gepflegte Gastlichkeit darf man in solchen Restaurants jedoch nicht erwarten. Man sucht sich einen freien Platz zwischen den einheimischen Männern, denn üblicherweise werden Tea Shops nur von Männern besucht. Doch niemand hat etwas einzuwenden, wenn sich entgegen den Gepflogenheiten auch eine Europäerin dazusetzt. Sie werden sehen: Nach einem Moment des Erstaunens und der Überraschung

kehren die Gäste zu ihrer gewohnten Unterhaltung zurück.

Kaum sind die Tischnachbarn ein wenig zusammengerückt, um Platz zu schaffen, kommt auch schon die Bedienung vorbei, stellt ein Glas Wasser und einige Schalen in Öl ausgebackener Speisen und frisch gekochten weißen Reis vor die Neuankömmlinge auf den Tisch. Das Wasser wird ständig nachgefüllt – es ist kostenlos und in beliebiger Menge zu haben. Der Reis ist ebenfalls inklusive. Nur die ausgebackenen Auberginen, Fleisch-, Gemüse- oder Fischbällchen in den Schälchen sind abgezählt.

›Short Eats‹ werden diese intensiv und geschmackvoll gewürzten Happen in maledivischem Englisch genannt. Die Bedienung weiß, wie viele davon sie in der Schale vor den Gast gestellt hat. Wer gehen möchte, macht ein Handzeichen und schon kommt die Bedienung vorbei, sieht mit geübtem Blick wie viele der Short Eats in der Schale verblieben sind und drückt dem Gast einen Zettel in die Hand, auf dem die Zahl der verspeisten Teile vermerkt ist. Damit geht es dann zur Kasse, man bezahlt und erhält noch eine Betelnuss, Kalkpulver und ein Lorbeerblatt in die Hand gedrückt. Auch diese auf den Malediven wie in weiten Teilen Asiens beliebte ›Nachspeise‹ ist im Gesamtpreis inklusive.

In solchen Tea Shops erhält man nicht nur einen interessanten Blick auf den maledivischen Alltag, der an den meisten Touristen vorbeigeht. Es ist obendrein auch ein sehr günstiges Vergnügen, sich im Tea Shop satt zu essen: Selbst wenn man sich anstelle des kostenlosen Wassers den Luxus einer eisgekühlten Coca-Cola oder einen anderen Drink leistet, ist es kaum möglich, auf eine Rechnung von mehr als 5 US-Dollar zu kommen.

Das Nordmale'-Atoll

Highlight !

Abwechslungsreiche Tauchplätze im Süden und Osten des Nordmale'-Atolls: Das Nordmale'-Atoll ist seit vielen Jahren von Tauchprofis erforscht und kartografiert. Hier kann man sicher sein, von seiner Basis an Tauchplätze gebracht zu werden, die bei den herrschenden Wetterbedingungen optimal sind und dem Können der Tauchgruppe entsprechen. Im engen, tiefen und strömungsreichen Kanal zwischen den beiden Atollen gibt es obendrein viele Großfische! S. 142

Auf Entdeckungstour

Auf den Spuren der ersten Malediven-urlauber: Kurumba, Bandos und Kuda Bandos sind Inseln nahe der Hauptstadt der Malediven. Vor 50 Jahren waren sie unbewohnte Trauminseln. Zwei davon sind heute perfekte Kombinationen aus Stadt- und Ferienhotels, die Dritte ist ein Naturrefugium, das den Ansturm ruhesuchender Malediver und Urlauber nur schwer erträgt. S. 124

Nordmale'-Atoll

One&Only Reethi Rah (Medhufinolhu)

Dhiffushi

Indischer Ozean

Huvafen Fushi (Nakatchafushi)

Banyan Tree (Vabbinfaru)

Thulusdhoo

Huraa

Angsana (Ihuru)

Himmafushi

Bandos *Kuda Bandos*

Auf den Spuren der ersten Malediven urlauber

Tauchplätze *Kurumba (Vihamanaafushi)*

Male'

Kultur & Sehenswertes

Inselhüpfen: Die meisten Hotels bieten diesen Ausflugsklassiker an – wer gerne authentisches Inselleben sehen möchte, sollte sich für einen Besuch auf Thulusdhoo, Dhiffushi, Huraa oder Himmafushi entscheiden. S. 121

Grab des Amin Didi: Auf der Insel Kurumba (Vihamanaafushi) kann man das Grab des ersten Präsidenten der Malediven besuchen. S. 135

Aktiv & Kreativ

Korallenaufzucht: Die Umweltforschungsstation des Hotels Angsana auf der Insel Ihuru bietet den Gästen einen Einblick in ihre Arbeit. S. 122

Delfinbeobachtungen: Die Hotelinsel One&Only Reethi Rah (Medhufinolhu) veranstaltet Ausfahrten für ihre Gäste, um Delfine zu beobachten. S. 139

Genießen & Atmosphäre

›Banyan Finolhu‹: Das Hotel Banyan Tree (Vabbinfaru) bringt Sie mit der Hoteljacht auf eine Sandbank, die es ›Banyan Finolhu‹ getauft hat. Dort wird ein romantisches Dinner bei Mond- und Kerzenschein serviert. S. 127

Unterwasser-Spa: Auf der Insel Huvafen Fushi (Nakatchafushi) ist nicht nur für hervorragenden Service, große luxuriös ausgestattete Villen und sehr gutes Essen gesorgt – hier kann man sogar Wellness in einem Spabereich unter Wasser genießen! S. 135

Abends & Nachts

Bandos und Kurumba: Zwei Hotelinseln, auf denen die besten Bands der Malediven für Stimmung sorgen. S. 123 und S. 135

Ein erschlossenes Paradies

Im Nordmale'-Atoll begann das Märchen von den unberührten Trauminseln inmitten eines sanften, von bunten Fischen und bizarren Korallen belebten Meeres. Wem Goa zu laut, Sri Lanka zu gefährlich und die Seychellen zu teuer sind, kommt seit den 1970er-Jahren ins Male'-Atoll, um sich unter Palmen vom Zivilisationsstress zu erholen.

Die politische Einheit des Male'-Atolls (auch Kaafu genannt) umfasst die geografischen Atolle Südmale' und Nordmale' sowie die kleineren Atolle Kaashidhoo und Gaafaru nördlich des Nordmale'-Atolls. Die beiden Letzteren besitzen keine touristischen Einrichtungen.

Das Atoll Nordmale', etwa 66 km lang und 40 km breit, besteht aus Hunderten von Sandbänken und Inseln, von denen nur die Hauptstadtinsel Male' (s. S. 94) und vier weitere bewohnt sind. Weitere 43 dicht bewachsene Inseln waren vor dem Tourismusboom unbewohnt, auf 28 davon wurden seither Hotels gebaut. Dabei wird es voraussichtlich auch bleiben, denn man hat die Hotelentwicklung auf weit entfernt liegende Atolle verlagert und bereitet die Bevölkerung von Male' darauf vor, dass sie mehr und mehr auf Nachbarinseln ausweichen muss.

Inseln der Einheimischen

Das **Gaafaru-Atoll** (▶ E/F 1) – auf seiner gleichnamigen Insel leben etwa 800 Fischer – und sein tückisches, mehr als 10 km langes geschlossenes Korallenriff ist schon vielen Schiffen zum Verhängnis geworden. Fünf Frachter liefen von 1873 bis 1905 hier auf Grund. Ein sechstes Wrack in den Riffen ist die ›MS Lady Christine‹, die 1974 sank und dem Riff damit noch eine weitere Tauchattraktion hinzufügte.

Das **Kaashidhoo-Atoll** (▶ Karte 1, D 7) liegt 10 km nördlich des Gaafaru-Atolls. Auf der einzigen bewohnbaren Insel des Atolls befindet sich ebenfalls eine große Fischersiedlung mit mehr als 1000 Bewohnern. Die Insel bietet wegen ihrer großen und nach außen gut abgeschirmten Lagune vielen Maledivern, die mit ihren Dhonis auf dem Weg von nördlichen Atollen nach Male' unterwegs sind, einen sicheren Übernachtungsplatz. Gleichzeitig können sie den hier in großen Mengen produzierten Palmwein *(Tody)* und süßen Kokossirup an Bord nehmen, um ihn in der Hauptstadt Male' zu verkaufen.

Die Zentrale des Male'-Verwaltungsatolls ist nicht die Insel Male'. Sie ist zwar die Landeshauptstadt und bildet zusammen mit einigen umliegenden Inseln eine eigene Verwaltungseinheit. Atollhauptstadt aber ist **Thulusdhoo** (▶ F 3) am südöstlichen Atollrand. Die Dorfinsel (700 Einw.) hat von der Entwicklung Male's und vieler Hotelinseln profitiert, sodass nur noch wenige Einwohner ihrem früheren Beruf als Fischer nachgehen. Auf Thulusdhoo werden Coca-Cola, Glasfiberboote und Trommeln hergestellt,

ein Zwischenlager für den Export von Trockenfisch nach Sri Lanka und Indien schafft weitere Arbeitsplätze.

Dhiffushi (▶ G 3), gut 10 km weiter im Nordosten, sowie **Huraa** (▶ F 3) und **Himmafushi** (▶ F 3) südwestlich von Thulusdhoo sind unmittelbar von Touristeninseln umgeben und haben sich zu beliebten Zielen für Tagesausflüge entwickelt. Während der Ankunftszeit der Touristenboote gegen 10 Uhr morgens und 15 Uhr nachmittags verwandeln sie sich in Marktflecken zum Verkauf von Postkarten und kitschigem, zum größten Teil importiertem Kunsthandwerk. Erst wenn spätestens eine Stunde vor Sonnenuntergang die Urlauber wieder auf ihren Dhonis am Horizont verschwunden sind, kehrt normales maledivisches Inselleben ein.

Kinder spielen in einem Dhoni am Strand

Hotelinseln im Nordmale'-Atoll

Angsana (Ihuru) ► E 3

Die kleine, nahezu kreisrunde ›Spiegelei-Insel‹ (Durchmesser etwa 150 m) inmitten des Atolls gehört seit den ersten Tagen des Malediventourismus zu den bekanntesten Tauch- und Schnorchelparadiesen. Viele Postkartenfotos der typischen Malediveninsel mit schräg über der blauen Lagune lehnenden Kokospalmen wurden hier aufgenommen. Ihuru ist eine kleine, aber dicht bewachsene Insel, die mit ihrem rundum schneeweißen Strand einem Maledivenklischee nahekommt. Allerdings wurde die kleine Insel in den letzten Jahren ziemlich dicht bebaut.

Übernachten, Essen

Engagiert – **Angsana Ihuru Maldives:** Tel. 664 35 02, www.angsana.com. DZ/Halbpension 500 €, 15 km vom Flughafen entfernt, Transfer 25 Min. (Schnellboot). 45 komplett im minimalistischen ›Angsana-Stil‹ renovierte Villen, mit Veranden und umgeben von kleinen Gärten, stehen nahe am Strand. Ein Open-Air-Restaurant serviert hervorragende internationale Gerichte. Das Management bemüht sich um saubere Ver- und Entsorgung sowie um die Erhaltung der Fauna und Flora. Es hat einen Versuch gestartet, das von der Korallenbleiche geschädigte Riff nahe des Steges mit wissenschaftlichen Methoden wiederzubeleben. Er verlief erfolgreich und wurde zum Vorbild für die Wiederbelebung anderer ebenfalls durch rücksichtslose Schnorchler und Taucher beschädigter Riffe.

Aktiv & Kreativ

Umweltpolitisch korrekt – Ihuru hat eines der besten vom Strand aus zugänglichen Hausriffe, was die Insel für Schnorchler und Taucher interessant macht. Aber auch Volleyball- und Tischtennisspieler sowie Wassersportler haben alle Möglichkeiten. Motorisierter Wassersport (Wasserski, Paragliding, Bananaboat Riding usw.) wird aus Umweltschutzgründen nicht angeboten. Dafür zeigt die **Umwelt-Forschungsstation** interessierten Gästen ihre Arbeit an den Korallen und die Erfolge ihrer Bemühungen, Inselerosion zu vermeiden.

Asdu (Asdhoo) ► F 2

Die Insel Asdhoo nahe dem Osteck des Atolls hat eine Größe von ca. 100 x 180 m. Das nahe Hausriff macht die Insel zu einem idealen Ausgangspunkt für Schnorchel- und Tauchanfänger.

Übernachten

Familiär – **Asdu Sun Island:** Tel. 664 50 51, www.asdu.com. DZ/Vollpension ab 200 €. 32 km vom Flughafen entfernt, Transfer 60 Min. (Schnellboot) oder 3 Std. (Dhoni). Familiäres Resort mit nur 30 Zimmern in einzeln stehenden Bungalows, die mit Ventilator und Telefon einfach eingerichtet sind. Es gibt dennoch alles, was man braucht: Rezeption, Restaurant, Bar, Coffeeshop, Souvenirgeschäft, Videozimmer und eine Bücherei.

Essen & Trinken

Vielseitig – Frühstück, Mittag- und Abendessen in Büfettform oder mit

Menüwahl im gemütlichen Open-Air-Restaurant. Der Koch zaubert internationale, italienische und maledivische Gerichte.

Aktiv & Kreativ

Sport – Nachtfischen, Volleyball, Tischtennis und gegen Gebühr Windsurfen, Katamaransegeln, Wasserski, Kanufahren. Die **Tauchschule** steht unter italienischer Leitung und unterrichtet Anfänger und Fortgeschrittene nach den Systemen PADI und SSI. Ausfahrten 2–3 x tgl.; in der Nähe liegen die **Tauchplätze Asdhoo Kandu** (s. S. 147) und der **Asdhoo Rock** (s. S. 147).
Ausflugsprogramm – Inselhüpfen und Picknick auf Nachbarinseln, Ausflüge nach Male'.

Bandos (Bandos und Kuda Bandos) ► E 4

Bandos (500 x 500 m) liegt im südlichen Teil des Atolls. Kuda Bandos (Kleinbandos, 300 x 300 m) ist eine unbebaute Nachbarinsel, zu der man mit dem Kanu hinüberpaddeln kann. Beide Inseln sind von besonders schönen Hausriffen umgeben und gehören zu den malerischsten ›Spiegelei-Inseln‹ der Malediven. Am Wochenende allerdings ist Kuda Bandos für maledivische Ausflügler von Male' reserviert. Sie gehört mittlerweile zu den beliebtesten Ausflugszielen der umliegenden Hotelinseln (s. auch Entdeckungstour S. 124). Kuda Bandos ist aber leider längst nicht mehr die Trauminsel, die sie einmal war, sondern eher ein Naherholungspark für Bewohner des übervölkerten Male' und eine Tagesattraktion für Gäste der zahlreichen Resortinseln nahe der Haupstadt und dem Flughafen.

Übernachten

Klassiker – **Bandos Island Resort:** Tel. 664 00 88, www.bandosmaldives.com. DZ/Halbpension ab 220 €. 8 km vom Flughafen entfernt, Transfer von Male' und vom Flughafen 15 Min. (Schnellboot). Das Hotel ist eines der ältesten Urlaubshotels der Malediven und hat mehrere Phasen der Renovierung, Vergrößerung und Umgestaltung hinter sich. Die Insel beherbergt ein aktives und bunt gemischtes Publikum, dazu gehören auch die Crews internationaler Fluggesellschaften, die hier auf ihren nächsten Einsatz warten. Diskothek, Restaurants, Boutiquen und der große Konferenzraum sind ebenso klimatisiert wie die 225 geräumigen Reihenbungalows, Junior-Suiten und Suiten mit Telefon und einer Sitzecke. Souvenirgeschäft, Fotoshop, Juwelier, kleine Ausstellungen und Exponate über die maledivische Geschichte, Businesscenter, Friseur und Beautysalon, Swimmingpool mit Liegeterrasse und Bar sowie Strandbar lassen keine Langeweile aufkommen. Für die Kleinsten gibt es einen Kindergarten mit Betreuung.

Essen & Trinken

Ganze Palette – Frühstück, Mittag- und Abendessen werden im Hauptrestaurant an einem eindrucksvoll großen und vielfältigen Büfett angeboten. Es gibt auch einen Coffeeshop und À-la-carte-Restaurants.

Aktiv & Kreativ

Was das Herz begehrt – Die Insel offeriert mit **Wassersportbasis, Tauchbasis** (Sub Aqua, PADI/NAUI), Tennisplätzen, Fitnesscenter und vielem mehr ein ungewöhnlich umfangrei- ▷ S. 126

Auf Entdeckungstour

Auf den Spuren der ersten Maledivenurlauber

Ende der 1960er-Jahre bauten europäische Abenteurer und Aussteiger auf den nahe Male' gelegenen, damals nahezu unberührten Inseln Bodubandos (Bandos), Kuda Bandos und Vihamanaafushi (Kurumba) Strohhütten und verdienten ihren Lebensunterhalt mit der preiswerten Bewirtung aus Goa und Sri Lanka herübergelockter Rucksackreisender. Hier stand die Wiege des Malediventourismus.

Reisekarte: ▶ E/F 4

Ausgangspunkt: Male' bzw. Flughafeninsel Hulhule; Gäste der Inseln Hudhuran Fushi (Lhohifushi, S. 134), Kurumba (Vihamanaafushi, S. 135), Full Moon (Furana, S. 131) oder Paradise Island (Lankanfinolhu, S. 137) können auf Kuda Bandos ein Picknick buchen.

Kosten: für ein Abendessen auf Kurumba oder Bandos inkl. Bootstransfer ca. 200–400 €

Zu Beginn der 1970er-Jahre machte sich ein Reisejournalist aus Italien auf den Weg, der von den unberührten Trauminseln vor der indischen Südwestküste gehört hatte. Schon beim Anflug auf den damals noch winzigen Flughafen auf Hulhule und dem Ausblick auf die mit Palmenhainen bewachsenen und von türkisfarben leuchtendem Meer umgebenen Inseln wurde ihm klar, dass Hippies und Globetrotter, die sich hier niedergelassen hatten, ein touristisches Juwel entdeckt hatten! Er ging mit einem Dhoni auf Entdeckungsreise im Male'-Atoll und tat anschließend bei der maledivischen Regierung voller Begeisterung seine Überzeugung kund, dass er auf eine Goldmine gestoßen war.

Von der Hippie-Insel zum Ferienparadies

Noch nicht ganz überzeugt ließ der Präsident touristische Gutachten erstellen, die alle den Ausbau des Flughafens und eine umgehende, professionelle Entwicklung eines hochwertigen Tourismus empfahlen. Für wenig Geld ließen wagemutige Malediver bald darauf kleine Hotels auf den zwei damals beinahe unberührten Hippie-Inseln Bodubandos und Vihamanaafushi vor den Toren des Flughafens und der Hauptstadt errichten.

Von da an ging alles Weitere sehr schnell, denn die ersten nach Europa zurückkehrenden Gäste schwärmten in höchsten Tönen von den neu entdeckten Paradiesen vor der Ostküste Indiens. Die beiden Ferieninseln wurden der Einfachheit halber in ›Kurumba‹ und ›Bandos‹ umbenannt, denn die maledivischen Originalnamen konnte sich kaum ein Urlauber merken! Vom Hippie-Spirit ist zwar nicht viel geblieben, aber dafür ist es heute kein großes Problem mehr, die

Inseln **Bandos, Kuda Bandos** und **Kurumba** zu besuchen.

Ein Besuch auf Bandos oder Kurumba

Wer auf den Spuren der Malediven-pioniere wandeln möchte und nicht direkt auf Bandos oder Kurumba sein Quartier aufgeschlagen hat, kann die Inseln z. B. im Rahmen eines Abendessens besuchen. Dafür muss man sich vorher bei den jeweiligen Hotels anmelden. Die Überfahrt mit hoteleigenen, modernen Motorjachten zu den inzwischen großen 5-Sterne-Hotels Kurumba und Bandos dauert heutzutage nur noch wenige Minuten. Beides sind perfekt ausgestattete Luxushotels mit umfangreichen Sport- und Freizeitangeboten. Sie haben den weit weniger komfortablen Geschäftshotels auf der überfüllten und lauten Hauptinsel ihr Publikum abspenstig gemacht.

Die zwei Gesichter von Kuda Bandos

In unmittelbarer Nachbarschaft zu Bandos liegt die kreisrunde Bilderbuchinsel Kuda Bandos (›Kleinbandos‹). Eine Hotelentwicklung hat die Regierung auf Kuda Bandos untersagt und sie stattdessen am Wochenende ausschließlich der Bevölkerung von Male' als Ausflugs- und Erholungsinsel reserviert. Viele Dhonis voller Schulklassen und Familien, bewaffnet mit Picknickkörben und Schwimmflossen, fallen am Freitag und Samstag über die kleine, einst von dichtem, undurchdringlichem Gestrüpp bewachsene Insel her und lassen sie in wenig fotogenem Zustand zurück. Touristen haben nur während der Woche Gelegenheit, die Insel zu besuchen – dann servieren die benachbarten Urlaubsinseln ihren Gästen ein Picknick auf der einst ›unberührten Trauminsel‹.

Banyan Tree konnte als erstes Hotel abgestorbene Riffe erfolgreich neu beleben

ches Sportangebot. Zum Hausriff gehört der weitgehend unberührte **Tauchspot Bandos Rock** (s. S. 143). Außerdem gibt es Tennis mit Flutlicht, Squash, Badminton, Aerobic, Fitnessraum, Windsurfen, Segeln, Wasserski, Parasailing, Kanufahren, Hochseefischen und Nachtfischen. Volleyball, Tischtennis, Fußball sind kostenlos. Schnorcheln ist vom Strand aus möglich.
Reif für eine andere Insel? – Inselhüpfen, Picknick auf der unbewohnten Nachbarinsel Kuda Bandos.

Abends & Nachts

Musik – Regelmäßig Livemusik mit lokalen Bands, Karaoke oder Disco in der Bar sind nur einige der vielen Unterhaltungsangebote.

Banyan Tree (Vabbinfaru) ▶ E 3

Halbmondförmige Insel von etwa 200 x 150 m Durchmesser im Inneren des Atolls mit dichter Vegetation und fantastischen Sandstränden und einem Korallenriff (Hausriff) nahezu um die ganze Insel.

Übernachten

Natürlich – **Banyan Tree Vabbinfaru:** Tel. 664 31 47, www.banyantree.com, DZ/ÜF ab 400 €. 15 km vom Flughafen entfernt. Transfer 20 Min. (Schnellboot). Banyan Tree gehört zu den positiven Ausnahmen im hochklassigen Malediventourismus. Man versucht nicht, die Gäste mit Fernseher, Swimmingpool und Karaoke zu ködern, sondern setzt auf perfekten, freundlichen Service, ausgezeichnete Küche und viel Natur. Die etwa 48 luftigen und geschmackvoll eingerichteten Bungalows sind so gebaut, dass Klimatisierung nicht unbedingt erforderlich ist. Weit zu öffnende Lamellentüren erlauben es, die Klimaanlage abzuschalten und die Brise vom Meer durch die Villa wehen zu lassen.

Essen & Trinken

Ausgefallen – Die Mahlzeiten werden je nach Wetter in einer offenen Halle aus Bambus und mit natürlichem Sandboden oder an einem von Palmen und Laubbäumen beschatteten **Hain am Meer** serviert. Die ausgezeichnete Küche bietet von indischen und maledivischen Curries über italienische Pasta und bayerisches Weißbier bis zum Erdbeerkuchen Ungewöhnliches.

›Banyan Finolhu‹ – Eine einzigartige Attraktion ist auch das auf Wunsch servierte Abendessen auf einer etwa 10 Min. per Motorjacht entfernt liegenden **Sandbank** (in der Hotelsprache ›Banyan Finolhu‹ genannt) – ein romantisches Dinner beim Schein des Mondes, der Sterne und einiger Kerzen.

Aktiv & Kreativ

Ruhig – Die **Tauchbasis** (PADI/SSI) und das **Wassersportzentrum** sind perfekt ausgestattet. Dennoch herrscht gepflegte Ruhe, denn an den täglich 2–3 Ausfahrten nehmen normalerweise nur 5–15 Taucher teil.

Gesund – In einem neu gestalteten und erstklassig geführten **Gesundheitszentrum (Spa)** werden Massagen und

Mein Tipp

Umweltprojekte im Banyan Tree
Die Wiederherstellung einer gesunden und natürlichen Umgebung gehört zu den Prioritäten des Hotels. Drei auf der Insel lebende Meeresbiologen führen nicht nur wissenschaftliche Studien hinsichtlich der Folgen des ›El Niño‹ durch, sondern halten auch interessante Vorträge über die Erfolge und die Ziele ihrer Arbeit in den Korallenriffen rund um ihre Insel. Wer möchte, kann aktiv bei den Projekten des Naturschutzes mitarbeiten. Das ständig auf der Insel stationierte Forscherteam wurde für seine hervorragende Arbeit mehrfach ausgezeichnet.

vielerlei andere gesundheitsfördernde Anwendungen angeboten.

Baros ► E 4

Das ca. 400 x 300 m kleine Baros im Südosten des Atolls ist eine halbmondförmige Insel mit einer weiten sandigen Lagune im Osten und einem steil abfallenden Hausriff im Westen. Der Sandstrand wird auf der Ostseite durch eine halbkreisförmige Steineinfassung vor der Verfrachtung durch die Gezeiten und Winde von Nordosten geschützt.

Übernachten

Komfortabel – **Baros Maldives:** Tel. 664 26 72, www.baros.com, DZ/Halbpension ab 400 €. 15 km vom Flughafen entfernt, Transfer ca. 30 Min. (Schnellboot) oder ca. 80 Min. (Dhoni). Nach einer Renovierung 2005 zählt das Resort nunmehr 5 Sterne und hat 63 geschmackvoll eingerichtete, klimatisierte Holzbungalows (32 Standard, 31 Deluxe), die von einem gepflegten, kunstvollen Blütengarten umgeben sind. 16 weitere Bungalows stehen auf Stelzen über der Lagune (Wasserbungalows). Die komfortabel und behaglich eingerichteten Zimmer verfügen über Klimaanlage, Ventilator, Radio, Minibar, Wasserkocher für Tee- und Kaffeezubereitung, Safe, Telefon und eine Terrasse. Die Wasserbungalows haben von der Terrasse einen direkten Zugang zum Meer.

Essen & Trinken

Entspannt – Gediegene Atmosphäre herrscht auch bei voller Belegung des Hotels (140 Gäste) in den Restaurants. Es gibt auch ein gepflegtes À-la-carte-Restaurant, in dem Gerichte aus verschiedenen asiatischen Kulturen serviert werden (Malediven, Sri Lanka, China, Indonesien). Frühstück, Mittag- und Abendessen werden im gemütlichen Open-Air-Restaurant eingenommen.

Mein Tipp

Ausflug in die Hauptstadt
Fast alle Hotels im Nordmale'-Atoll, vor allem die südlich gelegenen, haben einen Ausflug auf die Hauptstadtinsel Male' im Programm. Teilweise geht es einfach zum Shoppen, manchmal kann man auch Sightseeing-Touren buchen. Fragen Sie am besten an der Rezeption Ihres Hotels nach.

Aktiv & Kreativ

Tauchen vom Strand aus – Der **Baros Dive Club (PADI)** hat direkten Zugang vom Strand zum Hausriff. Zudem kann man gebührenfrei Volleyball, Tischtennis, Billard, Darts spielen oder gegen Gebühr Windsurfen und Katamaransegeln.

Bodu Hithi ▶ E 3

Die Insel (300 x 70 m) befindet sich im Nordwesten des Atolls am Rand einer großen, dreieckigen Lagune, in der es ideale Badestrände und Windsurfreviere gibt.

Übernachten, Essen

Stilvoll – **Coco Palm Bodu Hithi:** Tel. 664 11 22, www.cocopalm.com, DZ/ÜF ab 300 €. Transfer zur etwa 30 km vom Flughafen entfernten Insel im komfortablen Schnellboot in ca. 40 Min. Das Hotel gehört seit 2006 zur Gruppe der Coco Collection (Coco Palm Bodu Hithi, Coco Palm Kuda Hithi und Coco Palm Dhunikolhu) und ist nach vielen Jahren als italienischer Club ein normales internationales Hotel der gehobenen Klasse mit 100 Villen geworden. 42 Villen haben Meerblick, einen großen Schlafraum, Umkleide, Badezimmer, Innen- und Außendusche sowie einen kleinen Privatgarten mit Süßwasserpool und einem schattigen Liegeplatz (›sala‹). 56 Wasservillen sind in drei Komfortklassen eingeteilt, die alle neben direktem Zugang in die Lagune auch einen Privatpool besitzen. Für die Gäste in der teuersten Klasse (Escape Water Villa) gibt es sogar ein eigenes Restaurant (The Stars), das nur ihnen zugänglich ist. Den übrigen Gästen stehen das Hauptrestaurant, ein Seafood

& Grill Restaurant und eine Snackbar zur Verfügung.

Aktiv & Kreativ

Ungewöhnliche Auswahl – Wie alle neuen, hochwertigen Inselhotels hat Bodu Hithi ein schönes **Spa, Tauch- und- Wassersportbasis,** eine Boutique und alles, was dazu gehört, zu bieten. Eher ungewöhnlich sind jedoch der **Yoga-Pavillon,** der **Tai-Chi-Pavillon,** Tennisplatz und Snooker-Tisch.

Club Faru (Farukolhufushi) ▶ F 4

Die Insel (1200 x 450 m) liegt unmittelbar nördlich der Flughafeninsel Hulhule am Südostrand des Nordmale'-Atolls. Sie hat weiße Sandstrände, gute Tauchplätze rundum und eine sehr schöne Lagune.

Übernachten, Essen

Alles inklusive im Club – **Club Faru:** Tel. 664 05 53, www.clubfaru.com, DZ all-inclusive ab 160 €. 1 km vom Flughafen entfernt, Transfer 5 Min. (Schnellboot). Das Clubhotel verfügt über 152 Zimmer, die mit Dusche/WC (warmes Süßwasser), Klimaanlage und Ventilator sowie Safes ausgestattet sind. Damit bietet das Hotel ein gutes Preis-Leistungs-Verhältnis.

Aktiv & Kreativ

Rundum zufrieden – Umfangreiches Sport- und Unterhaltungsprogramm, wie es sich für ein Clubhotel gehört: Windsurfen, Kanufahren, Katsegeln, Bogenschießen, Schnorchelausfahrten,

Tennis, Tischtennis, Badminton, Poolbillard, Petanque. Auch ein täglicher Tauchgang ist kostenlos. Westlich der Insel liegt der **Tauchplatz Banana Reef** (s. S. 146). Swimmingpool, Massagen, kosmetische Gesichtspflege, Kreativatelier und natürlich Ausflüge in die nahe Hauptstadt Male' gehören dazu.

Abends & Nachts

Live – Lokale Bands sorgen für Livemusik. Außerdem werden Karaoke, TV-Raum, Disco, Midnight-Bar, Abendshows geboten – alles inklusive.

Club Med Kani (Kanifinolhu) ▶ F 3

Die Insel Kanifinolhu am Ostrand des Atolls hat eine Größe von 800 x 150 m und lange, weiße Sandstrände. Die Insel ist günstig inmitten der interessanten Tauchplätze des Südostens gelegen.

Übernachten, Essen

Alles inklusive auf Französisch – **Club Med Kani:** Tel. 664 31 52, www.club med.de, DZ all-inclusive ab 180 €. Der Club ist 20 km vom Flughafen entfernt, der Transfer dauert ca. 30 Min. (Schnellboot). Auf der Insel Kanifinolhu befindet sich der Club Med mit vor einiger Zeit renovierten, einfachen 209 Zimmern. Davon befinden sich 46 auf Stelzenbungalows in der Lagune. Alle sind klimatisiert und mit Telefon, TV und Safes ausgestattet.

Aktiv & Kreativ

Zum clubtypischen, sehr umfangreichen Sport- und Freizeitangebot gehören:

Tauchen mit Clubmitgliedern – Die **Tauchbasis Euro Divers** bietet Tauchgänge an (u. a. zum **Aquarium**, s. S. 142). Außerdem Kajak, Basketball, Windsurfen, Segeln, Fitnessraum, Fußball, Swimmingpool, Badminton, Petanque, Volleyball, Poolbillard, Tischtennis und Schnorcheln.

Wellness – Massagen, kosmetische Gesichts- und Körperpflege gibt es im **Spabereich.**

Ausflugsprogramm – Wie auf allen Malediveninseln gibt es natürlich tägliche Ausfahrten mit dem Dhoni zu benachbarten Hotel- und Fischerinseln und weieres vielseitiges Ausflugsprogramm.

Abends & Nachts

Nachtleben wie in Paris – Eine Band bietet Abendunterhaltung, außerdem gibt es eine Karaokebar, Midnight-Bar, und Club-Abendshows.

Dhonveli (Kanu Huraa) ► F 3

Die Insel (600 x 100 m) mit einer großen, weißen Lagune liegt am östlichen Atollrand, wo der Indische Ozean für die berühmteste Surferwelle der Malediven sorgt. Auf der Innenseite (Westseite) befindet sich ein Hausriff mit Schnorchelmöglichkeiten.

Übernachten, Essen

Für Sportliche – **Chaaya Island Dhonveli:** Tel. 664 00 55, www.chaaya hotels.com, DZ/Halbpension ab 300 €. 15 km vom Flughafen entfernt. Transfer 20 Min. (Schnellboot). Das früher insbesondere unter Surfern als preiswert bekannte Sporthotel wurde abgerissen

und durch eine neue Luxusanlage mit etwa 150 Zimmern ersetzt, die in Villen in dichter Vegetation liegen. Das Hauptrestaurant **Koimala** serviert alle Mahlzeiten an reichlich bestückten Büfetts, darüber hinaus gibt es mehere A-la-carte-Lokale. Abendunterhaltung gibt es in der Karaokebar, der Disco und im Internetcafé.

Aktiv & Kreativ

Squash! – Das bekannte **Reef** ist ein **Tauchplatz** der Sonderklasse. Der Sportkomplex hat einen Fitnessraum und einen Squash Court, davor befindet sich ein Tennisplatz mit Grasboden.

Wellness – Ein **Spa** sorgt für das Wohlbefinden der Gäste, die nicht immer an den vielen Sportmöglichkeiten teilhaben möchten.

Eriyadu (Eriyadhoo) ► E 2

In nur etwa 15 Min. kann man die nur 300 x 100 m große, sehr dicht bewachsene Insel im Nordwesten des Atolls mit der typischen, leicht ovalen Spiegeleiform zu Fuß auf weichem, weißem Sand umrunden.

Übernachten, Essen

Für Taucher – **Eriyadu Island Resort:** Tel. 664 44 87, www.eriyadumaldi ves.com, DZ/Halbpension ab 150 €. 42 km vom Flughafen entfernt, Transfer 60 Min. (Schnellboot). 57 Zimmer in klimatisierten und ventilierten Doppelbungalows. Wegen ihres günstigen Preis-Leistungs-Verhältnisses und der schönen Tauchplätze hat die Insel viele Stammgäste besonders unter passionierten Tauchern. Alle Mahlzeiten werden am Büfett angerichtet.

Aktiv & Kreativ

Wassersport und mehr – Die Insel ist rundum von einem schönen Hausriff (nur ca. 60 m vom Strand entfernt) umgeben, das man bei Flut bequem schwimmend erreichen kann. Aber natürlich kommen die Taucher und auch Fischer auf ihre Kosten. Die Boote der **Tauchbasis** steuern gute Tauchspots in der Nähe an. Tischtennis, Volleyball, Wasserski, Katsegeln, Discoabende und vieles mehr ist möglich.

Four Seasons (Kuda Huraa) ▶ F 3

Kuda Huraa liegt zwischen der Fischerinsel Huraa im Norden und Kanu Huraa (mit dem Hotel Dhonveli) am Südostrand des Atolls. Sie ist lang gestreckt (600 x 60 m) und war in ihrem früheren, natürlichen Zustand eher unscheinbar.

Übernachten, Essen

Perfekter Service – **Four Seasons Resort Maldives at Kuda Huraa:** Tel. 664 48 88, www.fourseasons.com/maldives, DZ/ÜF ab 600 €. 13 km vom Flughafen entfernt, Transfer 20 Min. (Schnellboot). Mit 106 luxuriösen Holzbungalows (Bali Style), an Land und auf Stelzen in der seichten Lagune (Wasserbungalows) stehend, und großzügigen Restaurantgebäuden wurde das Resort zu einer Top-Insel aufgebessert, die dennoch natürlichen Charme ausstrahlt. Alle Bungalows sind geschmackvoll eingerichtet, verfügen über Klimaanlage, Ventilator, Minibar, Safe, Telefon, TV, Stereoanlage, Wasserkocher, Terrasse mit Sitzmöbeln, die Strandbungalows gibt es auch mit einer zusätzlichen Außendusche oder einem kleinen Pool

und Liegeterrasse. Die Wasserbungalows bestechen durch ihre zauberhafte Aussicht und direkten Zugang zum Meer.

Essen & Trinken

Große Auswahl – Frühstück und Mittagessen werden im Café Huraa serviert, beim Abendessen können die Gäste zwischen mehreren Restaurants unter Kokospalmen oder am Pool wählen.

Aktiv & Kreativ

Bewegungsfreudig – Volleyball, Tischtennis, Kanuverleih und Aerobicangebote stehen zur Verfügung. Wasserskifahren, Hochseefischen und Schnorchelausfahrten sind gegen Gebühr möglich. Die **Tauchschule** (PADI) bietet alle Kurse für Anfänger und Fortgeschrittene.
Außersportlich – Bar, Boutique, Bücherei mit Internetzugang, Wellnesscenter und gelegentliche Livemusik sorgen für Abwechslung.

Full Moon (Furana) ▶ F 4

Die mit 800 x 300 m relativ große Insel liegt am Ostrand des Atolls.

Übernachten, Essen

Jung und sportlich – **Sheraton Maldives Full Moon Resort & Spa:** Tel. 664 20 10, www.starwoodhotels.com, DZ/Halbpension ab 250 €. 6 km vom Flughafen entfernt. Transfer ca. 15 Min. per Speedboot. Gepflegte Anlage, die 2005 renoviert wurde, zieht junges Publikum an. 156 Zimmer in 26 klimatisierten, doppelstöckigen Häusern mit je vier Wohneinheiten sowie 26 Bungalows über der Lagune mit jeweils zwei Komfortzimmern. Die komfortabel eingerichteten Zimmer haben Klimaanlage, Ventilator, Radio, Minibar, Wasserkocher für Tee- und Kaffeezubereitung, Telefon, Balkon oder eine Terrasse; die Wasserbungalows haben einen direkten Zugang zum Meer. Frühstück, Mittag- und Abendessen gibt es im schönen Open-Air-Restaurant in Büfettform oder mit Menüwahl in zwei klimatisierten À-la-carte Restaurants. Ein guter Strand, ein großer Pool mit separatem Kinderbecken und Sonnenterrasse, Coffeeshop, Grillterrasse und Pianobar sorgen tagsüber für Abwechslung.

Aktiv & Kreativ

›Never a dull moment‹ – Das ist die Devise des Resorts, das jeglichen Komfort und allerlei Zerstreuungsmöglichkeiten bietet. Fitnesscenter, Tischtennis, Tennis mit Flutlicht, Windsurfen, Katamaransegeln. Es werden regelmäßig Schnorchelausflüge zu den vorgelagerten Riffen organisiert, und die **Tauchschule** bietet Anfänger- und Fortgeschrittenenkurse nach PADI sowie Kindertauchen ›Bubblemaker‹. In der Nähe liegt der **Tauchspot Manta Point** (s. S. 143). Darüber hinaus gibt es ein vielfältiges Ausflugsprogramm.

Wellness – Das **Spa** bietet eine Vielzahl an Behandlungen und Massagen. Zu den Einrichtungen zählen eine Sauna,

Tee zum Entspannungsbad im Spa des Full Moon Resort

drei klimatisierte Behandlungsräume und Ruhebereiche im Garten.

Abends & Nachts

Musikalisch – Livemusik, Disco, Unterhaltung in den Bars und Karaoke heizen nachts die Stimmung an.

Giravaru (Giraavaru) ► E 4

Die 250 x 100 m große Insel liegt am Südwestende des Normale'-Atolls. Die früheren Bewohner wurden in den 1980er-Jahren nach Male' umgesiedelt, als ihre Bevölkerungszahl unter die ›kritische Grenze‹ sank, die es der Regierung nicht mehr lohnend erscheinen lässt, Gemeinschaftseinrichtungen wie eine Moschee, eine Schule und ein Bürgermeisteramt zu finanzieren.

Übernachten, Essen

Nahe Male' – **Giravaru Tourist Resort:** Tel. 664 04 40, www.giravaru.com, DZ/Vollpension ab 150 €. 10 km vom Flughafen entfernt, Transfer ca. 15 Min. (Schnellboot). Das Hotel hat 64 renovierte und klimatisierte Doppelstockbungalows mit Meerblick. Die Insel wird meist in Prospekten italienischer Reiseveranstalter angeboten.

Aktiv & Kreativ

Vielfältiges Tauchen – Die **Tauchbasis** steuert etwa 20 in der Nähe liegende **Tauchplätze** an. Darunter befinden sich sehr gute Tauchplätze im südlichen Nordmale'-Atoll wie im **Vaadhoo-Kanal** zwischen Nordmale' und Südmale', wo es viele Großfische gibt.

Helengeli ► F 1/2

Die lang gestreckte Insel (150 x 800 m) liegt am nordöstlichen Außenriff des Atolls. Weite Teile Helengelis – soweit sie nicht bebaut sind – wurden im ursprünglichen Zustand belassen. Dennoch entspricht sie nicht ganz der Vorstellung einer von dichtem Grün bewachsenen Malediveninsel, weil sie im Naturzustand weniger dicht bewachsen und von Kokospalmen bestanden war als andere Inseln.

Übernachten, Essen

Viel Natur – **Helengeli Island Resort:** Tel. 664 46 15, www.helengeli.net, DZ/ ÜF ab 100–140 €. 44 km vom Flughafen entfernt, Transfer ca. 60 Min. (Schnellboot). Beim Bau sowie bei der Renovierung des Hotels wurde darauf geachtet, dass das Gleichgewicht der Natur so wenig wie möglich gestört wird. Obwohl die Insel vergleichsweise groß ist, hat sie nur 50 Zimmer und viel Platz für die ursprüngliche Natur. Frühstück gibt es vom Büfett, Mittag- Abendessen wird am Tisch serviert, wobei man sich zusätzlich von einem reichhaltigen Büfett mit Salaten und Currygerichten bedienen kann.

Aktiv & Kreativ

Paradies für Taucher – Tauchen und Schnorcheln sind vom Strand aus und an vielen nahen **Tauchplätzen** (z. B. **Helengeli Thila** und **Olhahali,** S. 147) möglich. Sie liegen von anderen Tauchbasen so weit entfernt (20 km bis zur nächsten Hotelinsel Eriyadhoo), dass sie nur von den Gästen des Hotels auf Helengeli besucht werden. Die schweizerische **Tauchbasis** (PADI) ist mit ausgezeichnetem Material bestückt.

Hudhuran Fushi (Lhohifushi) ▶ F 3

Mit 800 x 300 m ist die Insel im Südosten des Atolls verhältnismäßig groß und hat lange, weiße Strände. Obwohl das Hausriff mit 300 m recht weit vom Inselrand entfernt liegt, kann man es betauchen, ohne mit dem Boot fahren zu müssen.

Übernachten, Essen

Fast ein ›Club‹ – **Adaaran Select Hudhuran Fushi:** Tel. 664 19 30, www.hudhuranfushimaldives.com, DZ/Vollpension ab 230 €. Ca. 19 km vom Flughafen entfernt, Transfer ca. 30 Min. (Schnellboot). Das Hotel (früher bekannt als Lhohifushi Island Resort) wurde komplett renoviert und mit 130 Zimmern im neuen Adaaran Select Hudhuranfushi eröffnet. Hier ist ein modernes Hotel der 4-Sterne-Klasse entstanden – mit Tennisplätzen, Squashhalle, Badmintonplätzen und großem Fitnessstudio. In der Hiyala Bar und Banyan Bar im Hauptrestaurant (insgesamt gibt es vier Restaurants) kann man eine Reihe von Getränken (Wasser, Bier, Hauswein) ohne Zuzahlung bekommen, gegen einen Aufpreis von etwa 30 € pro Person/Tag kann zu vollem All-inclusive aufgebessert werden.

Aktiv & Kreativ

Alles da – Gut ausgestattete **Wassersport- und Tauchbasis** (PADI/SSI), in der Nähe liegt der bekannte **Tauchplatz Aquarium** (s. S. 142). Außerdem Tennisplatz, Squashanlage, Fußballplatz, großer Pool, Disco, Karaokebar und professionelle, aber zurückhaltende Animation.

Huvafen Fushi (Nakatchafushi) ▶ E 3

Nakatchafushi liegt im Westen des Atolls. Die ›Halbmond-Insel‹ (ca. 350 x 100 m) hat einen schönen Sandstrand, der schnell an Tiefe gewinnt und daher gute Gelegenheiten zum freien Schwimmen bietet. Zudem hat er wenig Wellengang, da er durch einen Korallenwall geschützt liegt. Auf der Lagunenseite ist der Strand dagegen flach und sanft und daher ausgezeichnet für Kinder geeignet.

Übernachten, Essen

Schick und jung – **Huvafenfushi Spa Resort:** Tel. 664 42 22, www.huvafenfushi.com, DZ/ÜF ab 670€. 25 km vom Flughafen entfernt, Transfer ca. 40 Min. (Schnellboot) oder 10 Min. (Wasserflugzeug). Huvafen Fushi wurde 2003 zu einer der luxuriösesten Hotelinseln der Malediven umgebaut. Seit der Neueröffnung hat die Insel mit ihren feinen, weißen Sandstränden nicht nur einen neuen Namen, sondern auch ein völlig neues Konzept mit nur 44 Bungalows. Jeder Bungalow hat seinen Privatstrand, einen kleinen Privatpool, einen Privat-Butler und verfügt je nach Zimmerklasse über eine Wohnfläche von 100 m^2 über 120 m^2 bis zu 170 m^2. In den beiden Beach Pavillons mit Privatpool, die auf Stelzen in der Lagune stehen, finden Gäste sogar ein Feriendomizil von stattlichen 600 m^2 vor. Über 200 Angestellte kümmern sich um das Wohl der selten mehr als 50 Urlauber, was einen perfekten Service mit Aufmerksamkeit für jedes Detail garantiert. Fünf Restaurants und Bars sorgen mit unterschiedlichen Menüs von hoher Qualität für das leibliche Wohl.

Aktiv & Kreativ

Sport in style – Alle nicht motorisierten Wassersportangebote (u. a. Windsurfen, Katsegeln) sind inklusive. Tauchen, Hochseefischen, Schnorchelausflüge, Inselhüpfen und vieles mehr wird von einer kleinen, aber feinen **Wassersportbasis** aus angeboten.

Einzigartig – Ein Highlight ist das ›**Unterwasser-Spa**‹: Einer der fünf Behandlungsräume des Spa liegt 7 m unter der Wasseroberfläche, sodass man durch große Glasscheiben die Fische beobachten kann.

Kurumba (Vihamanaafushi) ►F 4

Die Insel liegt im Süden des Atolls und hat eine Größe von ca. 500 x 250 m. Sie war die erste Malediveninsel mit ein paar Hütten am Strand, in denen in den 1970er-Jahren die ersten europäischen Touristen wohnten.

Mit der **Grabstätte von Amin Didi** (1892–1954) hat die Insel sogar eine kleine Attraktion zu bieten. Er war der erste demokratische Präsident der Malediven und fiel 1954 einem Attentat zum Opfer. Es war sein eigener Wunsch, auf der Insel Kurumba bestattet zu werden.

Übernachten

Urlaubs- und Businesshotel – **Kurumba Maldives:** Tel. 664 23 24, www.kurumba.com, DZ/ÜF ab 250 €. 3 km vom Flughafen entfernt, Transfer ca. 15 Min. (Schnellboot) oder ca. 40 Min. (Dhoni). Kurumba ist eine gepflegte Anlage mit großzügiger Rezeption, hübschen, tropischen Gärten und modernem Komfort – ein perfekt organisiertes Urlaubsparadies mit sehr komfortabel ausgestatteten, doppelstöckigen Bungalows, 177 Zimmern in Einzel- und Reihenbungalows, teilweise doppelstöckige Gebäude. Die Standardzimmer befinden sich in Einzel- oder Reihenbungalows, haben Klimaanlage, Ventilator, Musikanlage, Kühlschrank, Wasserkocher für Tee- und Kaffeezubereitung, Telefon, Balkon oder Terrasse. Die Junior-Suiten sind geräumiger und haben zusätzlich eine gemütliche Sitzecke. Die Suiten sind noch größer und komfortabler eingerichtet. Geschäftsleute (es gibt einen Konferenzraum), Tagesausflügler von Male' und Angestellte von Fluggesellschaften beleben die Insel mit internationalem Publikum.

Essen & Trinken

Groß und klimatisiert – Frühstück, Mittag- und Abendessen werden im Open-Air-Restaurant in Büfettform, angeboten. Die Küche ist international, und es gibt acht weitere À-la-carte Restaurants, Coffeeshops, eine klimatisierte Pianobar und eine Open-Air-Bar.

Aktiv & Kreativ

Bekannte Tauchspots – Direkt vom Strand aus kann man am Hausriff schnorcheln, die **Tauchschule** bietet Anfänger- und Fortgeschrittenenkurse, Kindertauchen ›Bubblemaker‹ und ca. 35 **Tauchplätze,** die in 20–60 Min. mit dem Boot zu erreichen sind (u. a. ›**Maldives Victory**‹, s. Lieblingsort S. 144). Die **Wassersportbasis** zeichnet für Hochseefischen und Windsurfen verantwortlich. Auch sonst ist alles vorhanden: Tennisplatz, Süßwasserpool, Whirlpool, Fitnesscenter, Billardraum.

Auf Tuchfühlung gehen mit den Fischen: Schnorcheln kann man in allen Resorts

Wellness – In der Mitte der Insel liegt das neue **Spa** mit unterschiedlichen Behandlungsmethoden, Dampfbad, Erfrischungspool, Ruhebereichen und klimatisierten Behandlungsräumen.
Inselnachbarn – Ausflüge finden mehrmals täglich auf die Nachbarinseln oder in die Hauptstadt Male' statt. Wöchentlich gibt es Livemusik; außerdem ist ein Billardraum vorhanden.

Makunudhu (Makunudhoo) ► E 2

Makunudhoo (200 x 100 m) ist eine halbmondförmige Insel im Nordwesten des Atolls.

Übernachten, Essen

Altbewährt – **Makunudhu Island:** Tel. 664 64 64, www.makunudu.com, DZ/Halbpension ab 400 €. Ca. 38 km vom Flughafen entfernt, Transfer 1 Std. (Schnellboot). Die stilvolle Anlage aus der Frühzeit des Malediventourismus

kann auf viele Gäste verweisen, die Jahr für Jahr wiederkommen. Das Publikum ist international, wobei Deutsche, Schweizer, Engländer und Franzosen überwiegen. Die Insel bietet mit ihren nur 37 Bungalows ein ruhiges Ambiente. Die großzügigen Doppelbungalows mit Klimaanlage und Open-Air-Badezimmern zählen zu den komfortabelsten im Atoll. Sie sind allesamt behaglich eingerichtet, haben Klimaanlage, Minibar, Safe und Telefon. Frühstück, Mittag- und Abendessen werden in Büfettform im gemütlichen zu keinem Zeitpunkt überfüllten Open-Air-Restaurant angeboten. Im À-la-carte-Restaurant wird selbstverständlich am Tisch serviert.

Aktiv & Kreativ

Sport – Gut ausgestattete **Wassersport- und Tauchbasis.** Schnorcheln kann man unmittelbar vom Strand aus im Hausriff. Anfänger- und Fortgeschrittenenkurse nach PADI und kostenloses Schnuppertauchen in der Tauchbasis, in der auch deutschsprachige Lehrer arbeiten. Ausfahrten 2 x tgl. zu über 25 **Tauchplätzen** (mit dem Boot in 20–60 Min. zu erreichen; u. a. **Kuda Thila,** 90–120 Min. nach **Olhahali,** beide s. S. 147). Gegen Gebühr Windsurfen, Katsegeln, Wasserski. Des Weiteren Volleyball, Boccia, Nachtfischen.

Unterhaltung – Inselhüpfen mit Picknick auf Nachbarinseln, gelegentliche Abendunterhaltung sorgen für Abwechslung.

Meeru (Meerufenfushi) ▸ G 3

Meerufenfushi (1100 x 400 m), an der östlichsten Spitze des Atolls, hat gute Tauchplätze und eine sehr schöne Badelagune. Die nächste Hotelinsel liegt etwa 20 km von Meerufenfushi entfernt. Im Süden schließt sich, durch einen 150 m breiten Kanal getrennt, die Fischerinsel Dhiffushi (s. S. 121) an.

Übernachten, Essen

Eines der Großen – **Meeru Island Resort:** Tel. 664 31 57, www.meeru.com, DZ/Halbpension ab 150 €. Ca. 40 km vom Flughafen entfernt, Transfer 60 Min. (Schnellboot) oder 10 Min. per Wasserflugzeug. Die große Anlage mit etwa 286 Zimmern besteht aus Reihenbungalows mit jeweils 4–6 Zimmern und vielen einzeln stehenden Holz- und Wasserbungalows, die alle klimatisiert sind. Da die große Insel am östlichen Atollrand ungewöhnlich viel Süßwasser speichert, wuchert dichte Vegetation. Durch die Bepflanzung mit Kokospalmen und Zierpflanzen scheint die Insel vom Meer aus gesehen trotz der teilweise doppelstöckigen Gebäude fast unberührt. Die

Mahlzeiten sind unformell und locker. Bekleidungsvorschriften gibt es nicht, abgesehen davon, dass man nicht mit (nasser) Badekleidung ins Restaurant gehen soll. Alle Mahlzeiten werden am Büfett angerichtet.

Aktiv & Kreativ

Sportliche Insel – Die Mehrzahl der Besucher, vorwiegend deutsch- und englischsprachiges Publikum, kommt zum Tauchen – Meeru ist von 40 interessanten **Tauchplätzen** (u. a. **Asdhoo Kandu** und **Meeru Corner,** s. S. 147) umgeben. Da andere Hotelinseln weiter entfernt liegen, kommen von dort nur selten Gruppen zu den Tauchspots. Neben Tauchen (**Tauchbasis,** PADI) und Schnorcheln gibt es viele andere Sportaktivitäten (Fußball, Tennis, Golf).

Hauptstadt oder Fischerinsel? – Das Hotel bietet Ausflüge nach Male' oder zur bewohnten Nachbarinsel Diffushi an.

Paradise Island (Lankanfinolhu) ▸ F 3/4

Lankanfinolhu ist eine lang gestreckte Insel (1000 x 200 m) im Südosten des Atolls, deren ursprüngliche Form weitgehend den Erfordernissen des Hotels und seiner vielen Einrichtungen geopfert wurde. Sie besitzt einen künstlichen Hafen, einen Kanal als Bootszufahrt zu den Versorgungseinrichtungen, Kaimauern und künstlich angelegte Strände.

Übernachten, Essen

Luxus mit allem, was dazugehört – **Paradise Island Resort & Spa:** Tel. 664 00 11, www.villahotels.de, DZ/Halbpension ab 250 €. 10 km vom Flughafen

Blick ins Restaurant des One&Only Reethi Rah Resort

entfernt. Transfer ca. 20 Min. (Schnellboot). Das Hotel hat 220 moderne, klimatisierte und mit allem Komfort (Fernsehen, Video, Minibar usw.) ausgestattete Zimmer. Dazu kommen 62 5-Sterne-Wasserbungalows. Viele Einrichtungen machen Paradise Island zu einem Maledivenhotel neuen Typs. Er weicht vom naturnahen Inselstil ab und orientiert sich an den hohen Standards internationaler Resort-Hotels. Was zum ›Sternesammeln‹ wichtig ist, wird angeboten, z. B. stöckelschuhsichere Fußwege, gekachelte Badezimmer, klimatisierte Souvenirshops, Sat-TV und internationales Direktwahltelefon. Mahlzeiten kann man in verschiedenen Restaurants (italienisch, japanisch, indisch) einnehmen. Außerdem gibt es eine Disco. Hier wird sich garantiert niemand langweilen.

Aktiv & Kreativ

Sport und Wellness – Große **Tauchbasis** (PADI), bei der auch deutsch sprechende Tauchlehrer arbeiten, und bekannte **Tauchspots, Manta Point** und **Nassimo Thila** (s. S. 143), in der Nähe. Aller nur denkbarer Wassersport, Schnorchelmöglichkeiten bei Anfahrt mit dem Dhoni. Schwimmbad, klimatisierter Gymnastikraum, Squashhalle, Volleyball- und Tennisplatz, Billard, Massagen im **Spabereich**.

Gruppe One&Only ist eine der luxuriösesten Anlagen der Malediven mit 120 Wasservillen, die über je 130 m² Wohnfläche und direkten Zugang zur Lagune verfügen. Kinder und Teenager werden in für ihr Alter angemessenen Clubs betreut.

Aktiv & Kreativ

Sport und Ausflüge – Tennis und andere Ballsportarten sowie Fischen und natürlich Tauchen (**Tauchbasis,** PADI) gehören zum Sportprogramm. Dazu kommen **Delfinbeobachtung,** Picknickausflüge zu einsamen Inseln und Besichtigungen der kulturellen Attraktionen auf den Inseln der Umgebung zählen zu den zahlreichen Freizeitangeboten. Eine **Boutique** hält vielfältige Shopping-Angebote bereit, eine gemütliche Bibliothek bietet ungestörte Ruhe zum Lesen. Livemusik ist Bestandteil der Abendunterhaltung.

Soneva Gili (Hudhuveli) ►F 3

Hudhuveli (manchmal auch Lankanfushi genannt) ist eine kleine Insel (400 x 200 m) im Südosten des Atolls, auf der nach Schließung eines früheren, recht einfachen Hotels die alten Bauten abgetragen, viele tausend Kokospalmen gepflanzt und heimische Vegetation wieder angesiedelt wurde. Dadurch ist eine dicht begrünte, wenig bebaute Insel entstanden.

One & Only Reethi Rah (Medhufinolhu) ►E 2

Die lang gezogene, schmale Insel (800 x 100 m) liegt am nordwestlichen Atollrand und hat mit ihrer weiten, flachen und sandreichen Lagune ein sehr schönes Windsurf- und Baderevier.

Übernachten, Essen

Spitzenluxus – **One&Only Reethi Rah:** Tel. 664 88 00, www.oneandonlyresorts.com, DZ/ÜF ab 600 €. 35 km vom Flughafen entfernt, Transfer ca. 40 Min. (Schnellboot). Das Hotel der

Übernachten, Essen

Die größten Wasservillen – **Soneva Gili Resort & Spa:** Tel. 664 03 04, www.sixsenses.com/soneva-gili, DZ/Vollpension ab 1000 €. 12 km vom Flughafen,

Transferzeit je nach Boot 10–15 Min. Auf der Insel befinden sich ein Süßwasserpool, Tennisplatz, das Managementgebäude und ein paar Tageszimmer für ankommende oder abreisende Gäste. Die 44 neuen Villen, das große Spa und das Restaurant wurden auf Stelzen entlang dreier Stege in die weiße Lagune gebaut. Ihrem Preis pro Zimmer entsprechend dürften es die mit Abstand größten und luxuriösesten Villen auf den Malediven sein. Sie haben ein Sonnendeck, eine schwimmende Plattform, um direkt ins Wasser zu springen, Open-Air-Bäder und vieles mehr. Einige besonders großzügige Villen stehen frei im Wasser (ohne Steg zur Insel!) und man hat sein eigenes Boot, um zum Restaurant, Pool oder Spa übersetzen zu können. Das Restaurant steht auf Stelzen in der Lagune und zählt zu den besten der Malediven.

Aktiv & Kreativ

Individuelles Tauchen – Die riesengroße, weiße Lagune ist gut zum Schwimmen, Segeln und Windsurfen geeignet. Die günstige Lage nahe vieler **Tauchplätze** ist ideal für passionierte Taucher, die hier, anders als von den bekannten ›Taucherinseln‹ aus, in kleinen Gruppen zu den Tauchplätzen fahren.

Summer Island (Ziyaaraiyfushi) ► E 2

Die Insel (500 x 60 m) liegt lang gestreckt am nordwestlichen Außenriff des Atolls in einer großen, flachen Lagune, die ideal zum Surfen und Segeln geeignet ist. Gute, nicht überlaufene Tauch- und Schnorchelplätze gibt es im Norden und Westen.

Übernachten, Essen

Preisgünstiges All-inclusive-Hotel – **Summer Island Village:** Tel. 664 19 49, www.summerislandvillage.com, DZ all-inclusive ab 300 €. Ca. 35 km vom Flughafen entfernt, Transfer ca. 40 Min. (Schnellboot). Das Hotel ist bei deutschen und skandinavischen Gästen beliebt, denn wegen des All-inclusive-Konzepts bleiben die Nebenkosten gering. Neben den drei Hauptmahlzeiten sind Kaffee und Snacks, die Getränke, Schnorchelausflüge, Nachtfischen und ein Ausflug zu drei anderen Inseln im Preis inklusive. Die Hotelanlage hat 92 einfache, klimatisierte Bungalows mit Deckenventilatoren und 16 Superior-Zimmer (Wasserbungalows) mit Klimaanlage. Morgens, mittags und abends wartet im offenen Restaurant ein schönes Büfett. Abends trifft man sich in der Bar, die 2–3 x wöchentlich Programm bietet.

Aktiv & Kreativ

Wassersport und Tauchen – An der Ostseite der Insel wurden von der ansässigen **Tauchschule** zwei Schiffe versenkt, die von vielen Fischen als Hausriff angenommen wurden und das Tauchen interessant machen. Windsurfen und Katsegeln in der riesigen Lagune voller weißem Sand ist besonders schön.

Thulagiri (Thulhaagiri) ► E 3

Thulhaagiri im Inneren des Atolls ist 200 x 300 m groß. Die Insel hat ein bequem vom Strand aus zugängliches, interessantes Hausriff. Eine besondere Attraktion ist die Kolonie von Wellensittichen, die frei auf der Insel umherfliegen.

Übernachten, Essen

Küche als Highlight – **Thulagiri Island Resort & Spa:** Tel. 664 59 30, www.thul hagiri.com.mv, DZ mit Vollpension ab 250 €. Ca. 13 km vom Flughafen entfernt, Transfer 30 Min. (Schnellboot), 60 Min. (Dhoni). Bis auf zwölf neue Wasserbungalows wurde auf moderne Veränderungen verzichtet. Strand-Liebhaber mögen diese Insel wegen der schönen Lagune. Zwei Drittel des Inselumfangs sind zum Schutz vor Erosion mit einer Mauer umgeben. Die Zimmer sind recht groß, haben Klimaanlage, Ventilator, Kühlschrank, Telefon und eine Terrasse. Die neuen Wasserbungalows sind sehr geschmackvoll eingerichtet. Besonderes Augenmerk wird auf die abwechslungsreiche und gute Küche gelegt, die zu den Besten der Malediven gezählt wird. Frühstück, Mittag- und Abendessen im gemütlichen, kleinen Open-Air-Restaurant, wo die Mahlzeiten am Büfett angerichtet werden.

Aktiv & Kreativ

Schnorcheln vom Strand aus– Schnorcheln ist vom Strand aus möglich und deutschsprachige Tauchlehrer bieten ein umfangreiches Kursangebot, 30 **Tauchplätze** (in 20–60 Min. mit dem Boot zu erreichen, z. B. **Okobe Thila,** s. S. 146). Gegen Gebühr Windsurfen, Segeln, Wasserski, Volleyball, Tischfußball, Tischtennis, Badminton, Darts, kleiner Pool mit Liegeterrasse. Nahezu tgl. gibt es am Abend Livemusik.

Vivanta by Taj – Coral Reef (Hembadhoo) ▶ E 2

Die kleine, kreisrunde Insel hat einen Durchmesser von etwa 200 m und liegt ruhig und geschützt im Atollinneren, weit im Nordwesten des Atolls.

Übernachten, Essen

Preiswerte Sterne – **Vivanta By Taj – Coral Reef:** Tel. 664 19 48, www.tajho tels. com, DZ/Halbpension ab 200 €. Ca. 30 km vom Flughafen entfernt, Transfer ca. 50 Min. (Schnellboot). Das Hotel wurde 2008 umgebaut, renoviert und von der indischen Hotelgruppe Taj wieder eröffnet. Alle 35 Lagoon-Villen und 30 Beach-Villen verfügen über Klimaanlage und Ventilator über dem Bett und sind mit Direktwahltelefon, Safe, Minibar, Kaffee-/Tee-Bereiter, TV und angrenzendem Badezimmer mit Dusche und Föhn ausgestattet. Die Lagoon-Villen haben ein Sonnendeck mit Treppe in die Lagune. Von den Beach-Villen mit Veranden geht man 5 m zum Strand, wo Liegestühle und Strandstühle schon auf Sie warten. Außerdem hat die Insel eine offene Lobbybar mit herrlichem Blick zum Meer, eine Beachbar, ein Hauptrestaurant mit Büfett und ein Spezialitätenrestaurant.

Aktiv & Kreativ

Sport, Ausflüge und Spa – Wenige hundert Meter vor der Küste der Insel liegt mit dem **Hembadhoo-Wrack** ein besonders interessanter und fischreicher **Tauchplatz.** Auch für Schnorchler ist die Insel perfekt, denn das Hausriff kann vom Strand aus erkundet werden. Neben Tauchen und Schnorcheln kann man aber auch mit Katamaranen oder Windsurfern segeln, mit Kanus paddeln oder Billard, Volleyball, Badminton und Tischtennis spielen, an täglichen Ausflugsfahrten teilnehmen oder sich im kleinen **Spa** verwöhnen lassen.

Tauchreviere für Anfänger und Profis

Tauchplätze im Süden und Osten !

Klassische Tauchgebiete der Hotelinseln Giravaru (Giraavaru), Kurumba (Vihamanaafushi), Bandos und Full Moon (Furana) im Nordmale'-Atoll sind die am Nordrand des Vaadhoo-Kanals gelegenen Spots **Lion's Head, Old Shark Point** sowie das Wrack der ›**Maldives Victory**‹. Weitere schöne Tauchplätze im südlichen Teil des Nordmale'-Atolls befinden sich im Bereich der Tauchbasen der Hotelinseln Angsana (Ihuru), Bandos, Banyan Tree (Vabbinfaru), Baros, Club Med Kani (Kanifinolhu), Four Seasons (Kuda Huraa), Full Moon (Furana), Giravaru (Giraavaru), Kurumba (Vihamanaafushi), Paradise Island (Lankanfinolhu) und Thulagiri (Thulhaagiri). Von diesen Hotelanlagen sind die Tauchplätze in einem Halbtagesausflug (Fahrzeit 30–90 Min.) erreichbar.

Wer abwechslungsreiche Tauchgänge sucht, sollte sich für den Südosten des Nordmale'-Atolls entscheiden. Hier befinden sich mit den Tauchplätzen im strömungsreichen **Vaadhoo-Kanal,** dem berühmten **Manta Point** und dem **Riff von Bandos (Bandos Rock)** ungewöhnlich viele und in ihrem jeweiligen Charakter sehr unterschiedliche Tauchplätze.

Die Inseln im Norden und Nordosten – Helengeli, Meeru (Meerufenfushi) und Asdu (Asdhoo) – bieten selten besuchte Tauchplätze in strömungsreichen Kandus. Zahlreiche weitere hervorragende Plätze, die gleichfalls nicht oft betaucht werden und demzufolge nicht so überlaufen sind, besitzen die Resortinseln Eriyadu (Eriyadhoo), Makunudhu (Makunudhoo) und Summer Island (Ziyaaraiyfushi), die sich im Nordwesten des Atolls befinden.

Colosseum ▶ F 3

Das Colosseum ist der nördlichste der bekannten Tauchplätze an der Südostkante des Nordmale'-Atolls. Von den südlichen Inseln dauert die Anfahrt bis zum Colosseum gut 90 Min. Hier, am Kanal südlich der Insel Thulusdhoo, herrscht meist Strömung, die man nutzen kann, um sich am Riff zum Zentrum der ›Arena‹ treiben zu lassen. Auf diesem etwa 2 m hohen Absatz hat man einen hervorragenden Ausblick auf die Strömung des Kanals und die dort lebenden Haie, Rochen und Mantas.

Aquarium ▶ F 3

5 km weiter südlich befindet sich zwischen den Hotelinseln Hudhuran Fushi (Lhohifushi) und Club Med Kani (Kanifinolhu) mit dem Aquarium ein weiterer exklusiver Kandu. Bei Westströmung kann man vom Steg der Hotelinsel Hudhuran Fushi aus in etwa 15 m Tiefe südwärts entlang eines mit bunten Weichkorallen bewachsenen Abhanges schwimmen. Je näher man der Kanalkante kommt, desto häufiger tauchen die Silhouetten von Großfischen auf. Ein Korallenblock in 20 m Tiefe ist das Zentrum des Aquariums. Er ist in hellem Licht von Tausenden bunter Fische umgeben, die man bequem in geringer Tiefe und meist strömungsfreiem Wasser beobachten kann. Da der offene Ozean nahe ist, kommen natürlich auch Weißspitzenhaie und andere Großfische vorbei.

Rainbow Reef ▶ F 3

Weiter südlich zwischen den beiden Fischerinseln Himmafushi (s. S. 121) und Girifushi erstreckt sich das Rainbow Reef. Der riesige Korallenblock liegt in einer Tiefe von mehr als 30 m und reicht von dort aus 15 m nach oben in das oft planktonreiche, trübe Wasser am Himmafushi Kandu, einem strömungsreichen Kanal aus der Lagune in den offenen Ozean. Auf der Oberfläche des Thilas befinden sich Wiesen voller weißer Weichkorallen, vor denen die bunten Fische besonders leuchtend zur Geltung kommen. An einem strömungsreichen Tag – was hier häufig der Fall ist – wird der Korallenblock von Makrelenschwärmen und Großfischen umlagert. Bei Weststömung (aus der Lagune ins offene Meer) lockt das planktonreiche, trübe Wasser Mantas, Rochen und mit etwas Glück auch Walhaie an.

Potato Rock ▶ F 3

Nicht weit entfernt, auf der Nordseite der Insel Girifushi, liegt in nur 15 m Tiefe auf dem Sandboden zwischen zwei Riffen ein runder Korallenblock, der seiner Form und Farbe wegen Potato Rock genannt wird. Die ›Kartoffel‹ besitzt an den Rändern etliche Risse und Einschnitte, die den Fischen als Schutz und Behausung dienen. Wegen ihrer Vielfalt, der geringen Tauchtiefen und dem flachen, Sicherheit vermittelnden Sandboden ist dieser Thila ein idealer und interessanter Tauchplatz für Anfänger. Ab und zu wird er von Mantas und Weißspitzenhaien besucht, die friedlich die Taucher beobachten. Man sieht sie allerdings nur, wenn man hin und wieder den Blick vom Korallenstock abwendet und das helle Blau des Meeres absucht.

Manta Point ▶ F 4

Im Bodu Kalhi Kandu zwischen den Inseln Paradise Island (Lankanfinolhu) und Full Moon (Furana) befindet sich mit dem Manta Point einer der berühmtesten Tauchplätze der Malediven. Das Wasser ist hier am Südostausgang aus dem Atoll in den offenen Ozean planktonreicher als anderswo und macht den Platz daher zu einem beliebten Jagdgebiet der Mantas. Man schwimmt von der Nordostküste Lankanfinolhus in etwa 10 m Tiefe nach Süden und biegt dann in den Kanal nach Westen ab. Wenn man ganz in den Anblick der Korallen und Rifffische versunken ist, kann es vorkommen, dass sich der Himmel unerwartet verdunkelt und einer der riesigen Mantas vorbeizieht. In den im Sand liegenden Korallenblöcken leben besonders viele Putzerfische, die Parasiten aus der Haut der Mantas herausfressen. Die Meeresriesen dürften wohl auch aus diesem Grunde immer wieder hierher zu Besuch kommen.

Nassimo Thila ▶ F 4

Ein Stück südwestlich von Paradise Island (Lankanfinolhu) im Atollinneren liegt der Paradise Rock, auch Nassimo Thila genannt. Nur 12 m unter der Wasseroberfläche beginnen die Abhänge des Korallenstocks, in denen sich riesenhafte Napoleonfische, Süßlippen und Snapper verstecken. Die häufig überhängenden Felsen sind mit Weichkorallen übersät und reichen bis in Tiefen von über 30 m. Wegen der zu betauchenden Tiefen sollte man den Tauchgang nur als Geübter unternehmen und nicht auf den Sicherheitsstopp in 5 m Tiefe verzichten.

Bandos Rock ▶ E 4

Westlich des Paradise Rock liegen mit dem Bandos Rock und dem Okobe Thila (s. u.) zwei weitere bekannte Tauchplätze des südlichen Atollinneren. Der Bandos Rock ist Teil des Hausriffs der Insel Bandos und dennoch wesentlich unberührter als die übrigen Teile dieses Riffs, da man ihn nur mit dem Boot erreichen kann. Eine bis zu 30 m in die Tiefe reichende Korallen-

Das Wrack der ›Maldives Victory‹ ▶ F 4

Nahe der Flughafeninsel Hulhule befindet sich der Klassiker unter den Tauchplätzen des Nordmale'-Atolls: 1981 sank im Kanal zwischen Male' und der Insel Hulhule ein Frachter mit dem Namen ›Maldives Victory‹. Da er die Hafeneinfahrt versperrte, musste er in tiefere Gewässer gezogen werden, wo er nun aufrecht in 35 m Tiefe liegt und von Korallen bewachsen wird. Die vielen Gänge, Kabinen und Frachträume sind ideale Siedlungsgebiete für Fische und Korallen. Aber Vorsicht: Das Wrack liegt in einem strömungsreichen, ungeschützten Gewässer und sollte nur an ruhigen, sonnigen Tagen betaucht werden.

wand ist über und über mit vielfältigen Arten bewachsen, die von dichten Schwärmen von Glasfischen umlagert werden. Stachelrochen schweben das Riff entlang, und unvermittelt kann ein Zackenbarsch oder eine Muräne zum Vorschein kommen.

Okobe Thila ▶ F 3

Der Okobe Thila nahe der Insel Thulagiri (Thulhaagiri) ist ein riesiger Korallenstock unter der Wasseroberfläche. Er besteht aus drei Blöcken, deren Oberkante sich bereits 15 m unter der Wasseroberfläche befindet. Der Thila liegt auf einer schneeweißen Sandfläche in 25 m Tiefe. Sie ist von Polypen bedeckt, die Plankton aus der Strömung filtern.

Banana Reef ▶ F 4

Weiter südlich, am Atollrand, liegt das Banana Reef. Schon in einer Tiefe von nur 5 m ist man von einer Vielzahl von Riffbewohnern umringt. Im Westen fällt das Riff dann auf 15–20 m Tiefe ab und geht in eine senkrechte Wand über. Im Kuda-Kalhi-Kanal im Westen tummeln sich riesige Zackenbarsche und Riffhaie und schauen neugierig vorbei. Der Tauchgang sollte nur mit einem erfahrenen Kenner des Banana Reef unternommen werden, denn unterhalb eines Überhangs erstreckt sich eine große, von der Strömung ausgewaschene Höhle, in der sich ein riesiger Strudel bildet. Gerät man unvorbereitet in diese ›Waschmaschine‹, kann man nur mit Mühe wieder herausfinden.

Old Shark Point ▶ E 4

Ebenfalls am Südrand des Nordmale'-Atolls im Vaadhoo-Kanal liegt Old Shark Point. Wie der Name sagt, ist dies der älteste und bekannteste Tauchplatz für Hai-Liebhaber. Das Korallenriff fällt flach nach Süden hin ab

und senkt sich nach einigen hundert Metern steiler in den etwa 400 m tiefen Kanal. Von dort kommen mit großer Wahrscheinlichkeit die Grauen Riffhaie, um die menschlichen Besucher in ihrem Riff zu inspizieren. In den flachen Bereichen des Riffs finden sich bunte Steinkorallen und die dazugehörigen Fische.

Lion's Head ▶ E 4

Lion's Head nennt sich ein weiterer berühmter Tauchplatz am Südende des Nordmale'-Atolls, der eine nahezu hundertprozentige Garantie für die Begegnung mit Haien bietet. Auf einem flachen Riffabhang liegen Korallenblöcke, die als Sitzplatz für die ›Haishow‹ dienen, denn sobald die Grauen Riffhaie das gewohnte Geräusch der Tauchgruppen hören, tauchen sie aus den Tiefen des Meeres auf und suchen das ›Amphitheater‹ nach den seltsamen Wesen aus Fleisch und Stahl ab, die gelegentlich auch einen Leckerbissen mitbringen (was allerdings verboten ist!). Der große Vorteil des Amphitheaters gegenüber anderen Haiplätzen ist das hier strömungsarme Wasser. Normalerweise findet man Haie an den Einströmungskanälen zu den Atollen, wo sie in der Strömung stehen können. Im Übrigen sind die Attraktionen dieses Tauchgebietes unspektakulär – kleine Höhlen, in denen Zackenbarsche und Süßlippen sowie einige Kolonien von Weichkorallen zu finden sind.

Tauchplätze im Norden

Entlang der Nordwestküste, nahe der Hotelinseln Makunudhu (Makunudhoo), One&Only Reethi Rah (Medhufinolhu), Summer Island (Zyaaraiyfushi), Vivanta by Taj – Coral Reef (Hembadhoo) und Bodu Hithi gibt es eine Vielzahl von Tauchplätzen, die in ihrer Vielfalt und Farbenpracht allerdings nicht ganz mit denen des Südostens konkurrieren können.

Kuda Thila ► E 2

Ausnahme ist ein schlanker Korallenfinger, der in den **Makunudu Kandu** hineinragt. Dieser Kuda Thila, auch Finger Point genannt, wird ständig von ein- und ausströmenden Wassermassen umspült und ist daher sehr plankton- und fischreich. In früheren Jahren haben Tauchlehrer hier eine Kolonie von Grauen Riffhaien ›angefüttert‹, wodurch diese lernten, bei Ankunft von Tauchern neugierig heranzuschwimmen. Heute ist die Haifütterung verboten, doch haben sich die Tiere an die Taucher gewöhnt. Sie schwimmen freundlich, aber bestimmt sehr nahe heran, um nach Essbarem Ausschau zu halten. Auch wenn sie nichts bekommen, sind sie nicht aggressiv, denn das Riff ist reich an natürlicher Nahrung mit Makrelen- und Füsilierschwärmen.

Olhahali ► E 1

Weit entfernt von den wenigen Inseln im Norden des Atolls, aber immerhin in etwa 90–120-minütigen Fahrten von Helengeli, Makunudhu (Makunudhoo), Summer Island (Zyaaraiyfushi) und One&Only Reethi Rah (Medhufinolhu) erreichbar, liegt ein traumhaftes Tauchparadies mit dem Namen Olhahali am gleichnamigen Kandu. Hier gibt es entlang dem Kanal in Tiefen zwischen 5 und 20 m ein Korallenriff, in dessen Inneren sich eine lange Höhle befindet. Ihre Decke ist von Weichkorallen vieler Farben bewachsen, außerhalb der Höhle patrouillieren Haie, Zackenbarsche und Rochen. In 5 m Tiefe zieht sich ein bunter Steinkorallengarten entlang. Man merkt, dass hier nur selten Taucher vorbeikommen.

Helengeli Thila ► F 1/2

Interessante Tauchmöglichkeiten bietet die Hotelinsel Helengeli, die gute 15 km weiter im Südosten liegt. Die Tauchplätze sind vielfältig und fast exklusiv für die Gäste der Insel reserviert, da die nächste Tauchbasis zu weit entfernt liegt. Einer der bekanntesten Tauchplätze ist der Helengeli Thila, ein in ca. 15 m Tiefe liegender Korallenblock, der von den ein- und ausströmenden Wassermassen im Kandu reichlich mit Plankton versorgt wird. Vom Steg der Hotelinsel aus erreicht man verschiedene ungefährliche und farbenfrohe Korallenriffe, die auch ohne Tauchlehrer besucht werden können.

Asdhoo Kandu ► G 2

Weiter im Süden, nahe der Fischerinsel Dhiffushi sowie den beiden Hotelinseln Asdu (Asdhoo) und Meeru (Meerufenfushi) gibt es Tauchplätze, die wegen ihrer zu großen Entfernung zu den vielen Hotelinseln im Südosten nur selten besucht werden. Der bekannteste ist der Asdhoo Kandu, einer der zahlreichen Ausgänge aus dem Atollinneren in die Tiefen des Indischen Ozeans. Nicht weit von der Riffkante befindet sich eine weite Sandfläche, die von Kolonien von Pilzkorallen übersät ist. Hier tummeln sich Korallenfische aller Farben, und aus den Tiefen des Ozeans und des Kanals gesellen sich jede Menge neugieriger Weißspitzenhaie, Schildkröten und Mantas dazu.

Meeru Corner (► G 2) und Asdhoo Rock (► F 3)

Ähnliche Erlebnisse versprechen auch die Tauchgänge am Meeru Corner, ebenfalls in einem Kandu nur einige hundert Meter weiter im Südosten, oder beim Asdhoo Rock im Süden der Insel Asdu (Asdhoo).

Das Südmale'-Atoll

Auf Entdeckungstour

Tauchabenteuer Safariboot: Taucher sind meist genügsame Menschen, denn auf Komfort oberhalb der Wasserlinie verzichten sie gerne, wenn dafür unter Wasser die Welt in Ordnung ist. Wer sich von dieser Beschreibung angesprochen fühlt, sollte es mit einem Aufenthalt auf einem sogenannten Safariboot probieren. S. 160

Male'

Südmale'-Atoll

Tauchabenteuer Safariboot

Gulhi

Cocoa
(Makunufushi)

Maafushi

Indischer
Ozean

Rihiveli Beach
(Mahaanaelhihuraa)

Kultur & Sehenswertes

Ausflug nach Maafushi oder Gulhi:
Diese beiden Fischerinseln leben indi-
rekt vom Tourismus, denn viele Bewohner arbeiten nun in Hotels auf
Nachbarinseln. Davon profitieren auch
die Künste des Bootsbaus und des Mattenflechtens, die beide vor dem Aussterben standen. S. 151

Aktiv & Kreativ

Zum Bummeln nach Male': Einige Resorts wie z. B. Embudu, Taj Exotica oder
auch Velassaru liegen auf Inseln nahe
der Hauptstadt. Ein Sightseeing- oder
Shoppingtrip nach Male' sollte man
sich also nicht entgehen lassen! S. 154,
159 und 162

Genießen & Atmosphäre

**›Saima Spa‹ im Hotel Cocoa Island auf
Makunufushi:** Traditionelle maledivische Heiler sorgen in diesem Spa
für ein rundes Wohlgefühl – bisher einzigartig auf den ganzen Malediven!
S. 154

Robinson-Feeling auf Rihiveli Beach:
Das Naturambiente Rihivelis (Mahaanaelhihuraa) wird durch die unbewohnten Nachbarinseln unterstrichen.
Waten Sie barfuß auf weißem Sand zur
unberührten Trauminsel. S. 158

Abends & Nachts

Sterne gucken: Ein reges Nachtleben
sucht man auf den meisten Malediveninseln vergebens. Aber dafür gibt es
eine andere Attraktion: Fernab vom
Smog der Großstädte kann man einen
fantastischen Sternenhimmel bewundern.

Der Tourismus bringt Arbeit

Südlich des Nordmale'-Atolls, durch den nur 5 km breiten Vaadhoo-Kanal getrennt, liegt das Südmale'-Atoll. Die Inselgruppe, die als Zweite von der Tourismusindustrie entdeckt wurde, hat mehr als 1000 Gästezimmer.

Das Südmale'-Atoll ist mit 40 km Länge und 20 km Breite um einiges kleiner als das Nordmale'-Atoll und es hat auch weitaus weniger Bewohner. Viele von ihnen siedelten in die Landeshauptstadt Male' um, wo es bessere Schulen und mehr Handel gibt und daher mehr Geld zu verdienen ist. Dadurch sank die Zahl der Bewohner mancher Inseln unter eine kritische Grenze und es war finanziell nicht mehr möglich, Schulen und Moscheen zu bauen und Läden zu betreiben. Die wenigen verbliebenen Einwohner siedelten dann ebenfalls nach Male' um oder sie gingen auf eine bewohnte Nachbarinsel, um so dort die Bevölkerungszahl zu halten, damit öffentliche Einrichtungen geöffnet bleiben konnten. Nur Kokosplantagen blieben auf der nunmehr unbewohnten Insel zurück und wurden von der Nachbarinsel aus weiterhin kultiviert.

Bewohnte Fischer-inseln

Von den 32 Inseln des Atolls sind lediglich drei von Einheimischen bewohnt. Weitere 16 sind für den Tourismus erschlossen, der seit Jahren für relativ stabile Bevölkerungszahlen im Atoll sorgt. Dreizehn Inseln sind unbewohnt.

Guraidhoo (▶ E 6) ist mit 800 Einwohnern die bevölkerungsreichste Insel des Südmale'-Atolls. Die Insel ist dicht bewachsen und wirkt sehr gepflegt, denn viele junge Männer arbeiten auf den benachbarten Hotelinseln und bringen vergleichsweise viel Geld zu ihren Familien zurück. In früheren Jahrhunderten war sie eine Art Verbannungsort für abgesetzte oder gestürzte Herrscherfamilien und Sultane Male's.

Auf den beiden anderen Fischerinseln, **Gulhi** (▶ E/F 5) und **Maafushi** (▶ E 5), wohnen jeweils nur einige Dutzend Familien, die in erster Linie vom Thunfischfang und der Kokosernte leben. Der Ausflugstourismus von den Hotelinseln hat die Abwanderungstendenzen der vergangenen Jahre gestoppt und einen bescheidenen Wohlstand in die Dörfer gebracht. Dadurch konnten auch die traditionellen Handwerke des Mattenflechtens und vor allem des Bootsbaus erhalten und weitergeführt werden. Viel Geld

Infobox

Reisekarte: ▶ Karte 4, D–F 4–6

Anreise und Weiterkommen
Die Hotels im Südmale'-Atoll holen ihre Gäste am Flughafen in Hulhule mit **Dhonis** oder schnellen **Jachten** ab – je nach Preislage des Hotels und seiner Entfernung vom Flughafen. Die Transferzeiten liegen zwischen ca. 20 Min. mit der Jacht zu den Hotels am Vaadhoo-Kanal und 3 Std. zu den preiswerteren Inseln im Süden. Die Kosten für den Transfer betragen zwischen 20 € (per Dhoni zu den Inseln am Nordrand des Atolls) und 150 € bei Fahrten mit einer modernen Motorjacht in den Süden des Atolls.

Mein Tipp

Ausflug nach Maafushi oder Gulhi
Von den Hotelinseln des Südmale'-Atolls lohnt eine Tour nach Maafushi oder Gulhi. Auf den Fischerinseln werden die traditionellen Handwerke des Mattenflechtens und des Bootsbaus betrieben. In kleinen Kiosken können die Tagesgäste Kunsthandwerk und Postkarten kaufen. Von den nicht zu weit entfernten Urlaubsinseln wie Kandooma, Cocoa (Makunufushi), Biyadhoo und den Anantara-Hotels (Veliganduhuraa, Dhigufinolhu, Boduhuraa) werden mehrmals pro Woche Ausflüge zu den Fischerinseln angeboten.

fließt auch von den jungen Männern zurück auf die Inseln, die z. B. als Köche oder Kellner auf einer der Hotelinseln arbeiten und den Großteil ihres Gehalts nach Hause schicken.

Hotelinseln im Südmale'-Atoll

Biyadhoo ► E 5

Biyadhoo ist eine fast kreisrunde Insel (300 x 200 m) im Atollinneren. Sie ist dicht bewachsen und hat hervorragende Schnorchelplätze am leicht vom Strand aus zu betauchenden Hausriff.

Übernachten, Essen

Sportlich locker – **Biyadhoo Island Resort:** Tel. 664 71 71, Fax 664 72 72, sales@sunland.com.mv, www.biyadhoo.com, DZ/Halbpension ab 120 €. 30 km vom Flughafen entfernt, Transfer ca. 40 Min. (Schnellboot). Eine bei Schnorchlern und Tauchern beliebte, legere Hotelanlage. Das Hotel hat 96 einfache, klimatisierte Zimmer in doppelstöcki-

gen Reihenbungalows rund um die Insel und eine schöne Gartenanlage.

Essen & Trinken

Frisch – Im klimatisierten Restaurant kommt indisch beeinflusstes Essen auf den Tisch. Das Gemüse für die Küche wird in Hydrokulturen auf der Insel gezogen. Mahlzeiten in Büfettform oder als Menüwahl.

Aktiv & Kreativ

Top-Hausriff – Die **Tauchbasis** (PADI) ist die wichtigste Einrichtung der Insel, denn ein großer Prozentsatz der Gäste kommt wegen der hervorragenden **Tauchplätze** und des günstigen Preises. Zu den am Ostrand des Südmale'-Atolls gelegenen Tauchplätzen – sie zählen zu den besten des Atolls – ist es nicht weit. Schnorcheln ist direkt vom Strand aus möglich.
Sonstiger Sport – Ferner gibt es Sportangebote wie Volleyball, Tischtennis und Fußball sowie Windsurfen und Katamaransegeln gegen Gebühr. Und wer etwas für seine Gesundheit tun möchte, kann ins **Ayurveda Center** gehen.

Die Anantara-Hotels ▶ E 5

Die drei im nördlichen Südmale'-Atoll dicht beisammenliegenden Inseln **Dhigufinolhu**, **Veliganduhuraa** und **Boduhuraa** gehören zu der Hotelgruppe Anantara. Sie hat die Stege abgebaut, die die Inseln früher miteinander verbanden, und drei eigenständige Resorts mit unterschiedlichen Preis- und Qualitätsstandards errichtet. Vom 4-Sterne-Hotel Anantara Veli Resort & Spa (Boduhuraa) über das 5-Sterne-Hotel Anantara Dhigu Resort & Spa (Dhigufinolhu) bis zum 6-Sterne-Luxushotel Naladhu Maldives (Veligandu-huraa) ist für jeden Geschmack und fast jeden Geldbeutel etwas dabei. Per Hotelboot kann man von allen eine kleine Insel erreichen, auf der sich ein Restaurant mit thailändischer Küche befindet, oder zu den anderen Anantara-Hotels übersetzen, um deren kulinarischen oder sportlichen Angebote zu nutzen.

Übernachten, Essen

Veliganduhuraa
Super-Luxus – **Naladhu Maldives:** Tel. 664 18 88, www.naladhu.com. DZ/ÜF ab 500 €. Die luxuriösen Villen des Ho-

Pool oder Meer? Im Hotel Naladhu Maldives liegt beides nah beieinander

tels Naladhu Maldives stehen unter Kokospalmen auf Veliganduhuraa, der kleinsten (160 x 160 m) der drei Anantara-Hotelinseln. Jede der 19 Villen hat einen privaten Süßwasserpool und wird von einem Butler betreut. Die Einrichtung ist aus Edelhölzern luxuriös gestaltet. Mehrere Restaurants stehen den Gästen zur Verfügung.

Dhigufinolhu

Modern – **Anantara Dhigu Resort & Spa:** www.dhigu-maldives.anantara. com, DZ/Halbpension ab 300 €. Das ausgezeichnete 5-Sterne-Hotel auf der Insel Dhigufinolhu wurde umfassend

renoviert und unter dem neuen Namen Anantara Dhigu Maldives wiedereröffnet. Insgesamt stehen hier etwa 110 Villen teils über Wasser, zum Teil mit luxuriöser Ausstattung und 110–170 m² Wohnfläche, offenem Außenbad und privatem Süßwasserpool. Alle Bungalows wurden neu erbaut. Sie haben direkten Blick und Zugang auf den Indischen Ozean und sind modern ausgestattet. Fürs leibliche Wohl sorgen vier Spezialitätenrestaurants und zwei Bars.

Boduhuraa

Über dem Wasser – **Anantara Veli Resort & Spa:** www.veli-maldives.anan tara.com, DZ/Halbpension ab 250 €. Das preisgünstigste der drei Anantara-Hotels liegt auf einer etwa 12 000 m² großen Insel, die von Villen ganz freigehalten wurde, die Strände selbst sind unbebaut. Auf der Insel befinden sich rund 50 Wasserbungalows, die mit viel Komfort und Stil eingerichtet sind. Im Übrigen profitiert diese Insel davon, dass alle Einrichtungen der Nachbarinsel Anantara mitgenutzt werden können: Den Gästen stehen damit weitere fünf Restaurants und Snackbars auf der Nachbarinsel offen.

Aktiv & Kreativ

Veliganduhuraa

Nicht nur Tauchen – **Naladhu Maldives:** Das 300 m vom Strand entfernte Hausriff bietet ideale Voraussetzungen zum Tauchen und Schnorcheln, und es bietet sich ein erstklassiges Tauchgebiet an den 20–40 Min. entfernten **Tauchplätzen** des Südmale'-Atolls. Tischtennis, Boccia, Darts, Beachvolleyball, Tennis, Aerobic, Kanu, Schnorcheln (kostenloser Bootstransfer für Schnorchelinsel), Windsurfen, Katamaransegeln, Wasserski und Kanuverleih.

Dhigufinolhu

Rundum versorgt – **Anantara Dhigu Resort & Spa:** Neben einem **Spa- und Wellnesszentrum** ist mit Fitnessraum, Tischtennis, Volleyball, Windsurfen, Tennis, Tauchen (in der Nähe liegt der beliebte **Tauchspot Dhigu Thila,** s. S. 166), Schnorchelausrüstung, Sauna und Ausflüge für alles gesorgt, was zu einem Malediven-Urlaub gehört.

Boduhuraa

Tauchen und Wellness – **Anantara Veli Resort & Spa:** Ein eigenes **Spa** befindet sich auf der Insel, die **Tauchbasis** fährt zu den Top-Tauchspots des Atolls und organisiert täglich Schnorchelausflüge.

Infos

Kontakt: Alle drei Hotels sind erreichbar über Tel. 664 41 00, Fax 664 41 01, infomaldives@anantara.com und haben jeweils eine eigene Website (s. o.). **Transfer:** Auf die drei Inseln gelangt man mit einer komfortablen Motorjacht in 35 Min. (20 km) vom Flughafen aus.

Cocoa (Makunufushi) ▶ E 6

Winzige Insel (150 x 40 m) nahe dem Ostrand des Atolls mit hervorragenden Tauchplätzen.

Übernachten, Essen

Klein und fein – **Cocoa Island:** Tel. 664 18 18, www.cocoaisland.como.bz, Dhoni-Suite/Halbpension ab 650 €. 32 km vom Flughafen, Transfer ca. 50 Min. (Schnellboot). 30 in Form traditioneller Fischerboote gestaltete Wasservillen an einem Steg, der in etwa 100 m Abstand vom Strand die Insel im Süden

umspannt. Auf der Insel selbst liegen nur ein luxuriöses Spa, eine Tauchbasis, das Restaurant, eine kleine Moschee für die Angestellten und Verwaltungsgebäude. Die Küche bietet eine Vielfalt maledivischer, indischer, chinesischer und europäischer Gerichte.

Aktiv & Kreativ

Vielseitig – Windsurfen, Kanu fahren, Katsegeln und Wasserski fahren in einer einmalig schönen Lagune, Hochseefischen – alles ist möglich auf Cocoa. *Traditionelle Kunst* – Das ›Saima Spa‹ mit hydrotherapeutischen Anwendungen ist das Erste seiner Art auf den Malediven. Unter anderem werden die Gäste von traditionellen maledivischen Heilern *(hekeem)* behandelt, deren Kunst aus den jahrhundertealten Studien indischer, arabischer, persischer und malayischer Ärzte abgeleitet ist, die alle im Laufe der Geschichte zur Kultur der Malediven beigetragen haben.

Embudu (Embudhu) ▶ E/F 5

Embudhu im Nordosten des Atolls ist eine schöne, dicht bewachsene, 350 x 150 m große Insel.

Übernachten, Essen

Klassiker – **Embudu Village:** Tel. 664 00 63, www.embudu.com, DZ/Halbpension ab 150 €. Ca. 10 km vom Flughafen entfernt, Transfer 20 Min. (Schnellboot). 124 Zimmer, davon einige klimatisierte Superior-Zimmer, die zum Teil auf Stelzen über der Lagune stehen. Die Standardzimmer haben Ventilator und liegen in Reihenbungalows. Die Superior-Zimmer bieten Klimaanlage, Kühlschrank und Warmwasser.

Die Wasserbungalows sind komfortabel ausgestattet, z. B. mit TV und Safe. Im Wohnbereich kann man durch ein Glasfenster im Boden die Rifffische beobachten. Frühstück, Mittag- und Abendessen gibt es in Büfettform im gemütlichen Open-Air-Restaurant.

Aktiv & Kreativ

Tolle Tauchspots – Das Publikum des Hotels ist jung und zum Großteil zum Tauchen hier. Die **Tauchschule** steht unter deutschsprachiger Leitung und steuert über 30 **Tauchplätze** (in ca. 20–60 Min. mit dem Boot zu erreichen, u. a. den **Embudhu Canyon**, s. S. 163) an. Für Schnorchler gibt es mehrere Einstiege zum Hausriff unmittelbar vom Strand aus. In der großen Lagune kann man gut windsurfen. Volleyball, Fußball, Katamaransegeln, Wasserski und vieles mehr komplettieren die Sportmöglichkeiten.

Shoppingtour – Da die Hauptstadt nur 5 km entfernt ist, werden regelmäßig Ausflugsfahrten zum ›Male'-Shopping‹ angeboten.

Fihalhohi (Fihaalhohi) ► E 6

Fihaalhohi im Südwesten des Atolls ist eine kleine Insel (450 x 250 m) mit natürlichem, tropischem Wald im Inselinneren. Sie bietet neben viel Komfort ein sehr schönes Hausriff.

Übernachten

Jung – **Fihalhohi Tourist Resort:** Tel. 664 29 03, www.fihalhohi.net, DZ/Halbpension ab 170 €. Ca. 30 km vom Flughafen entfernt, Transfer 50 Min. (Schnellboot). Die preiswerte Anlage

spricht vorwiegend junges, deutschsprachiges Publikum an. Sie hat 150 Zimmer in Doppel- und Reihenbungalows, davon zwölf klimatisierte Einzelbungalows, die rund um die Insel angeordnet sind und in dichter Vegetation verschwinden.

Aktiv & Kreativ

Wassersport – Das Hausriff liegt nah, der Sandstrand ist optimal und man kann unmittelbar zum **Schnorcheln** hinausschwimmen. An manchen Stellen ist das Riff nur 30 m vom Strand entfernt. Die **Tauchbasis** steht unter deutscher Leitung und besitzt ein großzügiges Gebäude auf einem eigenen Tauchsteg. Von hier aus fahren erfahrene Taucher zu 50 **Tauchplätzen** (mit dem Dhoni in 15–70 Min. zu erreichen).

Olhuveli ► E 6

Olhuveli ist eine lang gestreckte Sandbank, die sich die gesamte Südostküste etwa 10 km weit knapp unter der Wasseroberfläche fortsetzt und bis nach Mahaanaelhihuraa (Rihiveli Beach Resort, s. S. 158) an der Südspitze des Atolls reicht. Bei Ebbe könnte man – wenn es nicht so weit wäre – im seichten Wasser hinüberwaten.

Übernachten, Essen

Vielfältig – **Olhuveli Beach & Spa Resort:** Tel. 664 27 88, www.olhuveli.com, DZ/Halbpension ab 200 €. 40 km vom Flughafen entfernt, Transfer ca. 50 Min. (Schnellboot). Mit 130 Zimmern vergleichsweise groß. 21 Villen stehen auf Stelzen über der Lagune und wurden 2002 komplett renoviert. Die übrigen Zimmer befinden sich in doppelstöcki-

Lieblingsort

Ein ursprüngliches Hotel und zwei unbewohnte Trauminseln

Zu Unrecht ist die Insel Rihiveli (Mahaanaelhihuraa, ▶ E 6, s. S. 158) an der Südspitze des Südmale'-Atolls in Deutschland kaum bekannt. Sie bietet nämlich eine ungewöhnliche Kombination aus Robinson-Feeling auf einer mittelgroßen Insel mit wenigen, einzeln stehenden Strandvillen und einem fantastischen Sportangebot. Manche Gästen schätzen insbesondere die beiden kleinen vor der Küste liegenden, unbewohnten Inseln – die Mond- und die Sonneninsel. Rundum weißer Strand, in der Mitte ein dichter Kokospalmenhain und absolute Ruhe erwarten einen, wenn man durch eine flache Lagune etwa 200 m hinübergewatet ist!

gen Wohnblocks mit Klimaanlage und Telefon sowie in weiteren Beach und Water Villas (nach dem Tsunami 2006 renoviert). Drei Restaurants mit unterschiedlicher Küche und großer Auswahl. Ein Großteil der Gäste kommt aus Italien und Japan. Abends sorgt die Disco und Karaokebar für Stimmung.

Aktiv & Kreativ

Sportlich – Das Olhuveli Beach & Spa Resort hat einen Süßwasserpool, Minigolf- und Tennisplatz, Tischtennis und Billardtische und bietet Hochseefischen, Tauchen, Kanufahrten, Windsurfen, Katsegeln und Ausflüge zu benachbarten Inseln.

Rannalhi ►E 6

Rannalhi ist eine hübsche kleine Insel (300 x 100 m) am südwestlichen Außenrand des Atolls mit schönen Stränden, leicht erreichbaren Schnorchelplätzen und dichter Vegetation mit hohen, Schatten spendenden Kokospalmen.

Übernachten, Essen

Clubleben – **Adaaran Club Rannalhi:** Tel. 664 26 88, www.clubrannalhi.com, DZ/Halbpension ab 200 €. 34 km vom Flughafen, Transfer ca. 50 Min. (Schnellboot). Die Hotelanlage hat in 18 doppelstöckigen Gebäuden jeweils vier Zimmer, die modern mit Klimaanlage und Ventilator sowie Balkon oder Terrasse ausgestattet sind. Zusätzlich gibt es 16 Wasserbungalows. Frühstück, Mittag- und Abendessen werden im gemütlichen Open-Air-Restaurant in Büfettform und mit vorwiegend italienischer, aber auch internationaler Küche angerichtet. Die

Insel wurde erst vor wenigen Jahren komplett neu gestaltet und ist bei italienischen Gästen beliebt.

Aktiv & Kreativ

Quirlig– Direkt vom Strand aus kann man am Hausriff schnorcheln. In einem großzügigen Gebäude am Steg residiert die **Tauchbasis.** Sie besucht etwa 30 **Tauchplätze** (in 20–60 Min. mit dem Boot zu erreichen). Da es sich um einen Club mit weitgehend italienischem Publikum handelt, ist natürlich viel Aktivität angesagt: Volleyball, Tischtennis, Windsurfen, Katamaransegeln, Wasserski usw., Inselhüpfen mit Picknick auf Nachbarinseln, Nachtfischen, Krabbenrennen, Livemusik, auf Wunsch der Gäste Disco, Kabarettveranstaltungen – und ein wenig Animation, was die Bezeichnung ›Club‹ rechtfertigt.

Rihiveli (Mahaanaelhihuraa) ►E 6

An der Südspitze des Atolls liegt diese lang gestreckte, schmale Insel (100 x 800 m) mit dichter Vegetation. Eine besondere Attraktion sind die beiden unbebauten und ursprünglichen Nachbarinseln **Oligadhufinolhu** (Sonneninsel) und **Ehurah Huraa** (Mondinsel), die über nur einige Zentimeter von Wasser bedeckte Sandbänke zu Fuß erreichbar sind (s. Lieblingsort S. 156).

Übernachten, Essen

Ursprünglich – **Rihiveli Beach Resort:** Tel. 664 19 44, www.rihiveli-maldives. com, DZ/Vollpension ab 300 €. Etwa 45 km vom Flughafen entfernt, Transfer ca. 60 Min. (Schnellboot). Das Hotel auf der Insel ist im deutschsprachigen

Raum kaum bekannt. Der Eigentümer legt Wert auf eine naturbelassene Insel, die das Flair der ›guten alten Zeit‹ ausstrahlt. Individualität gepaart mit Qualität ist das Motto auf der großen Insel mit nur 48 Bungalows. Sie wurden in den vergangenen Jahren umfassend renoviert – nicht luxuriös, aber geschmackvoll. Klimatisierung ist überflüssig, da der Wind – oder die Brise des Deckenventilators – durch die Bungalows streicht. Die internationale Küche gehört zu den Besten der Malediven. Da selten mehr als 60 Gäste auf der Insel sind, kann sehr individuell gekocht werden, trotz All-inclusive-Angebot, das aber nichts mit Massenabfertigung gemein hat. Im Tagespreis pro Zimmer sind alle Mahlzeiten inklusive Nachmittagstee enthalten, nur an der Bar kann man zusätzlich Geld ausgeben. Hier erlebt man die Malediven so, wie sie zu Beginn des Trauminsel-Tourismus waren – ohne das Gefühl, im Coffeeshop, an der Bar oder bei den Sportzentren auf den ›Cent‹ achten zu müssen. Das Publikum auf Rihiveli ist international, kommt vorwiegend aus Frankreich, Italien und der Schweiz, aber auch aus Australien, Deutschland und England.

Aktiv & Kreativ

Wassersport – Die Nutzung der Wassersporteinrichtungen inklusive Ausflüge zum Schnorcheln und Tauchen werden von der hotelunabhängigen **Tauchbasis** (PADI) organisiert. **Tauchplätze** am südlichen **Felidhoo-Kanal** werden von dieser Basis aus nahezu exklusiv betaucht, da die nächsten Tauchbasen bereits zu weit entfernt liegen. Nur für das Tauchen muss gesondert bezahlt werden, während alle anderen Wassersportangebote im Tagespreis enthalten sind. Mehrmals tgl. fährt das inseleigene Dhoni mit den Gästen zum Schnorcheln. Windsurfer und Katamarane stehen in guter Qualität und in einer Menge zur Verfügung, die sicherstellt, dass man nicht warten muss, um an die Reihe zu kommen.

Wie Robinson – Ein besonderes Angebot sind mehrtägige Ausfahrten im Segeldhoni ins südlich gelegene Nachbaratoll, das vom Tourismus noch nahezu unberührt ist. Und wer einmal für einen halben oder ganzen Tag allein sein möchte, kann zu einer der beiden unbewohnten Nachbarinseln hinüberwaten oder sich dort sogar ein Mittag- oder Abendessen anrichten lassen!

Taj Exotica (Embudhu Finolhu) ► F 5

Kleine, lang gestreckte Insel (350 x 50 m) nahe dem Nordostrand des Atolls mit viel ursprünglicher Natur und einer riesigen, weißen Lagune.

Übernachten

Modernes Spitzenhotel – **Taj Exotica Resort & Spa:** Tel. 664 22 00, www.tajhotels.com/maldives, DZ/Halbpension ab 600 €. 5 km vom Flughafen entfernt, Transfer ca. 20 Min. (Schnellboot). Das ehemalige Mittelklassehotel Taj Lagoon wurde komplett umgebaut und in ein Hotel der absoluten Spitzenklasse verwandelt. Die meisten der 62 klimatisierten Luxusvillen liegen über dem Wasser an einem langen Steg. Auch hier wurde – ganz im Trend der vergangenen Jahre – ein Luxusresort in eine weitgehend intakte Natur gesetzt. Und soweit sie nicht mehr intakt war, wurde sie durch Aufforsten mit Kokospalmen und anderen endemischen Pflanzen wiederhergestellt.

Auf Entdeckungstour

Tauchabenteuer Safariboot

Taucher sind meist genügsame Menschen, denn auf Komfort oberhalb der Wasserlinie verzichten sie gerne, wenn dafür unter Wasser die Welt in Ordnung ist. Wer sich von dieser Beschreibung angesprochen fühlt, für den könnte ein Trip auf einem sogenannten Safariboot genau das Richtige sein.

Infos: Die Safariboote werden von allen Tauchveranstaltern und großen Veranstaltern angeboten. Es gibt auch Tauchsafari-Spezialisten (z. B. Orca Reisen, SubAqua). Generell werden sie mit Vollpension inklusive Tauchgängen gebucht und kosten pro Person in der Doppelkabine zwischen 700 und 1000 €. Ausgangspunkt ist fast immer Male' (▶ E/F 4) oder Hulhule (▶ F 4). Tauchschein ist erforderlich.

Fast 100 Boote der verschiedensten Größen und Preise bieten in den Atollen der Malediven Tauchsafaris an. Die neuesten und teuersten dieser Safariboote verfügen über viel Komfort und ausgezeichneten Service. Die meisten jedoch verlangen von ihren Gästen die Bereitschaft, auf Privatsphäre weitgehend zu verzichten und sich mit einfachen Mahlzeiten zufriedenzugeben. Man muss sich darüber im Klaren sein, dass man auf dem Schiff in sehr enger Gemeinschaft mit der einheimischen Mannschaft lebt, von der oft nur einer oder zwei englisch sprechen.

Um unliebsame Überraschungen zu vermeiden, sollten Sie vor der Buchung einer Tauchsafari einige Fragen im Voraus abklären. So ist es von Vorteil, sich über den gebotenen Komfort der Einrichtung zu informieren, etwa ob es sich um klimatisierte Kabinen handelt und wie viele vorhanden sind. Außerdem wichtig: Wer ist der Tauchführer/ -lehrer und werden Tauchkurse für Anfänger angeboten? Wird die Taucherausrüstung gestellt oder muss sie (teilweise) mitgebracht werden? Auch für Nichttaucher sind derlei Fahrten interessant, fragen Sie jedoch vorher, ob Nichttaucher willkommen sind. Des Weiteren ist gut zu wissen, welche Atolle angefahren werden und ob ein Atollvisum benötigt wird. Holt es der Bootsbetreiber für seine Gäste ein? Herrscht auf dem Schiff Lärm von den Kompressoren oder werden die Tauchflaschen auf einem Beiboot außer Hörweite nachgefüllt?

Das ideale Safariboot

Ideal ist ein nur etwa 20–25 m langes Safariboot mit fünf bis sechs Doppelkabinen, das von einem Tauchdhoni begleitet wird, auf dem Tauchausrüstung und Kompressor transportiert werden. So werden die Tauchflaschen weitab von den Kabinen nachgefüllt und man muss nicht mit Lärmbelästigung durch die Kompressoren rechnen. Solche kleinen Safariboote haben zudem den Vorteil, dass sie sehr nah an die besten Tauchplätze heranfahren können.

Es gibt jedoch auch Giganten unter den Safaribooten wie die 46 m lange ›M.V. Pollux‹, die ›M.V. Coral Princess‹ oder die ›M.V. Ocean Paradise‹, die mit starken Motoren und hoher Reisegeschwindigkeit ihre Gäste auf mehrwöchigen Rundfahrten bis in die abgelegensten Ecken der Malediven bringen können. Diese Kreuzer sind meist perfekt bewirtschaftet und so komfortabel, dass auch Nichttaucher oder Gelegenheitsschnorchler sich auf ihnen wohlfühlen.

Die besten Tauchplätze in nahen und fernen Atollen

Die kleineren Boote sind in ihrem Radius begrenzt und beschränken sich bei ihren ein- bis zweiwöchigen Ausfahrten auf den Besuch der Male'- und Ari-Atollen (s. S. 142, 163 und 193). Dort trifft man zwar gelegentlich auch Taucher von nahe gelegenen Inseln an, doch ist es vom Tauchboot aus einfach, ihnen aus dem Weg zu gehen. Morgens um 7 Uhr beispielsweise gehen die Safaritaucher in der Regel erstmals ins Wasser. Zu dieser Zeit stehen die Inseltaucher noch nicht einmal am Frühstücksbüfett!

Und wer es ganz exklusiv haben möchte, bucht eine 14-tägige Safaritour, die auf der Insel Gan im Addoo-Atoll (s. S. 248) südlich des Äquators beginnt und sich langsam nach Norden bewegt. Auf solch einer Reise wird an Riffen getaucht und geschnorchelt, die von keiner Hotelinsel aus erreichbar sind.

Essen & Trinken

Breite Palette – Das Restaurant bietet internationale Küche und exotische (indische) Spezialitäten, auf Sonderwünsche der Gäste geht man gerne ein. Vor allem Vegetarier müssen keine Sorge haben, dass sie auf rohes Gemüse gesetzt werden, denn der indische Koch kennt sich mit fleischloser, geschmackvoller Kost aus.

Aktiv & Kreativ

Unter Wasser – Die Insel nahe dem **Vaadhoo-Kanal** befindet sich in unmittelbarer Nähe einiger der berühmtesten **Tauchspots** der Malediven. Taucher sind hier bestens aufgehoben, wenn auch manche, die früher ausschließlich zum Tauchen hierher kamen, vom neuen Luxus (und vor allem dessen Preis) nicht begeistert sein dürften. Nach wie vor sorgt das **Delphis Dive and Water Sports Centre** für die Gäste. Es ist mit modernstem Gerät ausgestattet, und die Tauchlehrer kennen die Plätze nahe der Insel wie ihre Westentasche.

Über Wasser – Auch den heute weitaus häufigeren Nichttauchern steht eine große Auswahl an anderem Wassersport zur Verfügung: Parasailing, Bananaboat, Kneeboarding, Windsurfen, Katsegeln, Kanufahren usw. – und natürlich ein modernes **Spa** (Mandara Spa) mit einer Vielzahl an Heilmethoden.

Vadhu (Vaadhoo) ▶ E 4

Die kleine Insel Vaadhoo (70 x 200 m) ist am gleichnamigen Kanal gelegen, der das Nord- und Südmale'-Atoll trennt. Sie hat eine große Lagune und ein zum Schnorcheln ideales Hausriff zu bieten.

Übernachten, Essen

Einfach bis luxuriös – **Vadhu Diving Paradise:** Tel. 664 39 77, Fax 664 33 97, vadoo@dhivehinet.net.mv, DZ/Halbpension ab 120 €. 8 km vom Flughafen entfernt, Transfer 15 Min. (Schnellboot). Die sieben neuen Luxusbungalows über der Lagune sind wesentlich teurer und komfortabler als die 24 Standardzimmer in den beiden doppelstöckigen Reihengebäuden an Land. Dazwischen liegt eine Kategorie einzeln stehender Strandbungalows. Da unter den Gästen auch Japaner sind, stehen recht häufig sehr gute japanische Gerichte zur Wahl.

Aktiv & Kreativ

Taucherparadies – Wegen der anspruchsvollen **Tauchgründe** (z. B. **Vaadhoo Caves**, s. S. 163 und 164) stellen ambitionierte Taucher einen Großteil der Gäste. Für Tauchanfänger herrschen im Kanal oft zu starke Strömungen (**Tauchbasis:** Vadhu Dive Club, PADI/NAUI).

Velassaru ▶ E 4

Die Insel (250 x 300 m) liegt am Nordrand des Atolls unmittelbar am Vaadhoo-Kanal, einem sehr beliebten Tauchgebiet (s. S. 163).

Übernachten

Schöner Strand – **Velassaru Maldives:** Tel. 664 59 03, www.velassaru.com, DZ/Vollpension ab 270 €. 12 km vom Flughafen entfernt, der Transfer dauert ca. 20 Min. (Schnellboot). Das Hotel bietet schöne Strände, einen gepflegten Garten und alle Bequemlichkeiten in komplett renovierten oder gar neu errichteten Zimmern, die sich zum Teil in Einzelgebäuden, zum Teil in Doppelgebäuden befinden. Zusätzlich gibt es 17 Water Villas und Bungalows am schönsten Ende der Insel, die sehr aufwendig in schönem Tropenholz gebaut und geschmackvoll eingerichtet sind.

Essen & Trinken

Vielseitige Speisen – Im Hauptrestaurant nehmen die Gäste die vorausbezahlten Mahlzeiten ein. Daneben gibt es ein italienisches Restaurant und ein chinesisches Restaurant, wo die Gäste à la carte speisen können, sowie ein Grillrestaurant und drei Bars!

Aktiv & Kreativ

Sport – Auf der Insel befinden sich ein Schwimmbad, ein Planschbecken für Kinder, ein Whirlpool und Tennisplätze. Aufgrund seiner günstigen Lage am **Vaadhoo-Kanal** ist die Insel bei betuchten Tauchern beliebt. Nachtfischen und natürlich das Tauchen stehen ganz oben auf der Liste.
Unternehmungslustig – Ausflüge nach Male' und zu anderen Nachbarinseln sorgen für viel Abwechslung.

Tauchspots für Fortgeschrittene

Wie im Nordmale'-Atoll liegen die interessanten Tauchplätze entlang dem **östlichen Atollrand** und am **Vaadhoo-Kanal,** der die beiden Atolle (Nordmale' und Südmale') voneinander trennt. Unter Tauchern besonders beliebt sind die drei Hotelinseln Velassaru (s. S. 162), Vadhu (Vaadhoo, s. S. 162) und Taj Exotica (Embodhu Finolhu, s. S. 159).

Der Süden und Westen des Atolls bietet viele Tauchplätze für Anfänger, die noch mit der Tauchtechnik beschäftigt sind. Hier herrscht kaum Strömung und es fehlen die tiefen Abhänge. Spannender sind die Tauchplätze am Ostrand des Atolls. Da man von den Inseln im Westen mit dem Boot nur 60 Min. bis dorthin braucht, können auch sie problemlos in Halbtagesausflügen besucht werden.

Tauchplätze im Norden und Nordosten

Vaadhoo Caves ▶ E 4
Einer der bekanntesten Tauchplätze des Südmale'-Atolls sind die Vaadhoo Caves, auch **Hans-Hass-Platz** genannt, am Hausriff der Hotelinsel Vadhu (Vaadhoo). Die Höhlen liegen an der Nordostspitze des die Insel umgebenden Riffs. Eine Höhle folgt der anderen in gut zugänglichen Tauchtiefen von 5–25 m. Viele sind mit Weichkorallen verschiedenster Farben bewachsen, und nicht selten locken Makrelenschwärme auch Weißspitzenhaie oder Graue Riffhaie in die Höhlen. Der Vaadhoo Kandu ist ein tückisches Tauchrevier: An manchen Tagen kann er absolut ruhiges Wasser führen, sodass das Durchschwimmen der Höhlen ein Kinderspiel ist. An anderen Tagen jedoch herrscht eine starke Strömung, die das Wasser – und die Taucher – durch die Höhlengänge treibt. Anfänger sollten besser auf den Tauchgang verzichten, wenn der Tauchlehrer Strömung signalisiert! (s. auch Lieblingsort S. 164.)

Embudhu Canyon ▶ F 5
Ebenso bekannt und bei Strömung tückisch ist der Embudhu Canyon, der sich ebenfalls am Rande des Vaadhoo Kandu, und zwar an dess am Ostausgang des nahe der Hotelinsel Taj Exo-

Lieblingsort

Vaadhoo Caves ▶ E 4
Das nördliche und das südliche
Male'-Atoll werden durch den tiefen und fischreichen Vaadhoo-
Kanal voneinander getrennt. Seit
die Tauchergemeinde neben dem
Roten Meer die Malediven als eines
ihrer Highlights entdeckt hat, wird
dieser Kanal sowie die Inseln und
ihre Riffe im Norden und im Süden
erkundet. Und eine der spannendsten Entdeckungen sind die als
›Vaadhoo Caves‹ bekannten Höhlen
und Überhänge am nördlichsten
Punkt des Südmale'-Atolls. Allerdings ist die Erkundung der von
Weichkorallen aller Farben bedeckten Abhänge oft für Anfänger
nicht ratsam, da mit Strömungen
zu rechnen ist, mit denen nur
geübte Taucher umzugehen wissen. Bei ruhigem Wasser allerdings
ist schon das Schnorcheln über den
Korallenbänken ein Erlebnis.

tica (Embudhu Finolhu), befindet. Hier fällt ein riesiges Riff 400 m steil in den Ozean hinab. In einer Tiefe von etwa 25 m befinden sich reich mit Korallen bewachsene und häufig von Haien bewachte Überhänge.

Kuda Giri ▶ E 4

Östlich davon, nahe einer Untiefe mit dem Namen Kuda Giri, wurde 1991 das schrottreife Versorgungsschiff ›Villa Dhigu‹ versenkt. Das Wrack steht aufrecht auf dem 35 m tiefen Meeresgrund. Da es etwa 15 m hoch ist, kann man es in Tiefen zwischen 20 und 30 m umschwimmen und die Meeresfauna und -flora bewundern, die sich darauf angesiedelt hat. Auf dem Weg zurück zur Oberfläche hat man entlang dem senkrecht abfallenden Korallenstock Kuda Giri – ein runder Korallenblock, der nur etwa 5 m unter der Wasseroberfläche liegt und dessen oberste Plattform einen Durchmesser von 70 m hat – die Gelegenheit, Überhänge und kleine, mit Weichkorallen bewachsene Höhlen zu durchschwimmen.

Miaru Faru ▶ F 5

Miaru Faru bzw. **Shark Point** heißt ein Tauchplatz nördlich der Fischerinsel Gulhi an der Ostseite des Südmale'-Atolls. Man beginnt den Tauchgang am besten am Außenriff bei einwärts gerichteter Strömung. Er sollte nur von erfahrenen Tauchern durchgeführt werden, denn die Strömung treibt zunächst nach Süden und man muss darauf achten, nicht über das Riff getragen zu werden. Erst ab einer Tauchtiefe von 20 m kann das nicht mehr passieren. Anschließend biegt die Strömung ins Atollinnere ab, und der Taucher kann sich mühelos an der bunten Riffwand entlangtreiben lassen. An der Kanalkante kommen sowohl Graue Riffhaie, Weißspitzenhaie als auch Adlerrochen nahe an den Besucher heran.

Dhigu Thila ▶ F 5

Nur wenige hundert Meter weiter im Süden liegt im Kanal zwischen der Fischerinsel Gulhi und der Hotelinsel Anantara Dhigu (Dhigufinolhu) der Dhigu Thila. Da der Kanal das Atollinnere mit dem offenen Ozean verbindet, herrschen starke Strömungen, sodass der Tauchgang wirklich nur etwas für Fortgeschrittene ist! Die Oberfläche des Korallenblocks liegt schräg im Wasser, die höchste Stelle 9, die tiefste 15 m unter der Oberfläche. Die Riffwände fallen senkrecht bis zum Atollboden ab und sind von Überhängen und Spalten geprägt, die ein reiches Riffleben aufweisen. Nahe dem Kanalausgang tummeln sich Großfische wie Haie, Mantas und Rochen.

Maafushi Thila ▶ E 5

Ein weiteres schwieriges wie begeisterndes Tauchgebiet, das sich nur für Fortgeschrittene eignet, bietet der Maafushi Thila. Inmitten des 1 km breiten **Maafushi Kandu** liegt dieser Korallenstock nur 5 m unter der Oberfläche. Wegen der starken Strömung ist er reich mit Korallen bewachsen und Wohnung sowie Jagdrevier von Tausenden von Fischen. Höhepunkt des Tauchganges ist das Eindringen in eine riesige Höhle in dem Korallenstock. Sie beginnt auf 8 m Tiefe, weitet sich nach unten und entlässt den Taucher schließlich in 25 m Tiefe wieder ins freie Meer. Wegen seiner rundum unberechenbaren Strömungen ist dieser Unterwasserausflug allerdings nicht ungefährlich.

Tauchplätze im Süden

Die Hausriffe von Villivaru und Biyadhoo ▶ E 6

Südwestlich davon im Atollinneren befinden sich die zwei dicht beieinanderliegenden, kreisrunden Hotelinseln Villigillvaru (manchmal auch Villivaru genannt) und Biyadhoo, die von intakten, vom Strand aus leicht erreichbaren Hausriffen umgeben sind. Schnorchler kommen hier auf ihre Kosten, denn die schönsten Formationen findet man in Tiefen von nur 5–8 m. Zwischen beiden Inseln fließt die starke Strömung des Guraidhoo-Kanals ins Atollinnere oder von dort in den offenen Ozean und führt planktonreiches Wasser an den Riffen vorbei. Hier stehen Schwärme von Wimpelfischen, Riesenmuränen haben ihre Höhlen, bunte Plattwürmer liegen im Sand und Makrelen schimmern im Sonnenlicht.

Coral Garden ▶ E 6

Östlich davon liegt nahe der Hotelinsel Kandoo der Coral Garden. Wie am Manta Point im Nordmale'-Atoll (s. S. 143) bestehen auch hier gute Chancen, auf Mantas zu treffen. Da selten Strömungen herrschen, ist der Coral Garden für Tauchanfänger gut geeignet. Ein zerklüftetes, vielgestaltiges Riff mit dem Namen **Medhu Faru** trennt die Wassermassen, die durch die beiden Kanäle von Lhosfushi und von Guraidhoo ins Atoll einströmen. Nahe einem im Sand liegenden Felsen – ›Langustenkartoffel‹ genannt, weil er Heimat einiger großer Langusten ist – halten sich oft Mantas auf.

Lhosfushi ▶ E 6

Südöstlich der Fischerinsel Guraidhoo direkt am Außenriff des Atolls liegt die kleine Insel Lhosfushi. Um sie herum gibt es viele Tauchplätze verschiedenster Charakteristika: Außenriffe, die aus den Tiefen des Ozeans zunächst steil aufsteigen und dann flach bis zur Insel auslaufen, Kanalecken mit den dort oft anzutreffenden Haien, der Kanal selbst mit seiner leichten Strömung und auf dem sandigen Boden liegenden Weißspitzenhaien. Schließlich befinden sich in den beiderseitigen Riffwänden einige interessante, von Korallen und Korallenfischen gefüllte Höhlen. Diese Höhlen bieten einen ausgesprochen vielfältigen Tauchgang für Fortgeschrittene!

Guraidhoo Kandu ▶ E 6

Einige hundert Meter weiter im Süden trifft man auf den Guraidhoo Kandu, der zu den bekanntesten Tauchplätzen der Malediven zählt. Auch dort sollten nur erfahrene Taucher ins Wasser gehen, denn starke Strömungen sind fast immer zu überwinden. Die Strömung ist bei Flut ins Atollinnere gerichtet und sehr stark, da sich von hier aus ein geschlossenes Riff von 13 km Länge bis zur Südspitze des Atolls zieht. Die Wassermassen, die bei Flut und steigender Wasseroberfläche auf dieser Länge ins Atollinnere drängen, müssen sich also durch diesen schmalen Kanal zwängen. An der Nordecke des langen Riffs ist die Strömung am stärksten; als Jagdgebiet ist sie bei Haien und Adlerrochen besonders beliebt. Wenn man sich einen ruhigen Platz im ›Windschatten‹ eines Felsen sucht, kann man in Ruhe beobachten, wie die bald auftauchenden Räuber scheinbar schwerelos und ohne Anstrengung in der Strömung zu stehen scheinen.

Ranikan ▶ E 6

An der Südspitze des Südmale'-Atolls liegt Ranikan, eine Art Hausriff der Hotelinsel Rihiveli (Mahaanaelhihuraa). Auch hier kann starke Strömung herrschen, denn Ranikan ist das Ende des langen Riffs, an dessen Nordspitze sich der Guraidhoo Kandu befindet. Über einer sanft abfallenden weißen Sandbank gibt es große Schwärme von Doktorfischen und Napoleonfischen. Weiter im Süden fällt das Außenriff steil ab und ist mit Langusten sowie Stein- und Weichkorallen bevölkert.

Das Ari-Atoll mit Rasdhoo und Thoddoo

Highlights !

Das Freilichtmuseum auf Dhangethi: Originalgetreu nachgebildete Werkstätten von Kunsthandwerkern aus allen Regionen der Malediven. S. 171

Wracktauchen für Anfänger – das Halaveli-Wrack im nordöstlichen Ari-Atoll: Ein 1991 versenktes 30 m langes Schiff als Lebensraum für Stachelrochen, Muränen und riesige Fischschwärme. Wegen seiner Lage ist es auch für Tauchanfänger ein lohnendes Ziel. S. 193

Kultur & Sehenswertes

Ursprüngliche Insel: Das Veligandu Island Resort auf Veligandu im Rasdhoo-Atoll hat Ausflüge auf die Insel Thoddoo im Programm. Dort können Reisende auch heute noch sehr traditionelles maledivisches Inselleben miterleben. S. 200

Aktiv & Kreativ

Sport: Das Resort Sun Island auf Nalaguraidhoo ist ein wahres Sportlerparadies – das Angebot ist so vielfältig, dass man sich kaum entscheiden kann. S. 189

Genießen & Atmosphäre

Unterwasser-Restaurant: Sie wollen genau wissen, was Sie auf Ihrem Teller haben? Das Ithaa Restaurant im Conrad Maldives (Rangali) bietet exklusive Fischküche – und zwar unterhalb der Wasseroberfläche! S. 184

Abends & Nachts

Tanzen im 15 Below: Das W Retreat & Spa auf Fesdu (Fesdhoo) bietet nicht nur Luxus allererster Güte, sondern auch eine Disco, in der man den Abend oder gleich die ganze Nacht verbringen kann. S. 178

Sundowner auf Machchafushi: In der Bar am Pool des Machchafushi Island Resort kann man bei einem Cocktail sehr malerisch den Sonnenuntergang über dem Indischen Ozean genießen. S. 187

Das Ari-Atoll – ein Eldorado für Taucher

Erfahrene Taucher zählen einige ›Spots‹ im Ari-Atoll zu den schönsten und vielfältigsten der Malediven. Aber auch die Abgeschiedenheit mancher Inseln, die weiten Wasserflächen und die Fischerinseln, auf denen man als Tagesgast noch eine Überraschung ist, machen einen Urlaub im Ari-Atoll lohnenswert.

Das Ari-Atoll (Alifu-Atoll) westlich des Male'-Atolls ist mit einer Nord-Süd-Ausdehnung von 80 km und einer Ost-West-Ausdehnung von etwa 30 km eines der größten und bevölkerungsreichsten Atolle der Malediven. Gemeinsam mit den beiden kleinen Atollen Rasdhoo und Thoddoo nördlich des Inselrings bildet es die Verwaltungseinheit Ari (Alifu). Hauptstadt ist die Insel Mahibadhoo am südöstlichen Atollrand.

Insgesamt besteht das Ari-Atoll aus mehr als 100 Inseln. 55 Inseln davon sind unbewohnt und werden als Kokosplantagen oder Übernachtungsplatz von Fischern genutzt. 18 Inseln sind bewohnt und 27 wurden zu Hotelinseln ausgebaut. Einige Hotelanlagen sind noch recht neuen Datums, da das Ari-Atoll erst viele Jahre nach den Male'-Atollen für den Tourismus erschlossen wurde. Aufgrund seiner

Infobox

Reisekarte: ▶ Karte 4, A–C 3–8

Anreise und Weiterkommen
Nur die nördlichsten Inseln des Ari-Atolls können in einigermaßen akzeptabler Zeit mit einem **Dhoni** vom Flughafen aus erreicht werden. Dazu muss zunächst der 40 km breite Ariadhoo-Kanal überquert werden, auf dem oft ungemütlicher Seegang herrscht, dem man mit dem Dhoni einige Stunden lang ausgesetzt ist. Fast alle Hotelinseln haben daher die Transferdhonis durch **Motorjachten** (Schnellboote) ersetzt, die den Kanal in 1,5–2 Std. überqueren und dann in den ruhigeren Gewässern des Atolls 30 Min. bis 2 Std. weiterfahren, je nachdem wie weit die Insel im Süden liegt. Der Transfer mit der Motorjacht kostet zwischen 100 und 150 €/Pers.

Wer ein ›Island Hopping‹ zwischen zwei oder mehr Inseln innerhalb des Ari-Atolls gebucht hat, wird in der Regel von einem Boot abgeholt, das der Insel gehört, auf welcher der Gast die nächste Zeit verbringt.

Alternative zum Boot ist der Transfer mit **Wasserflugzeugen,** die den Hotels von privaten Unternehmen zum Charter angeboten werden. Mit dem Wasserflugzeug dauert der Transfer nur etwa 30 Min., kostet dafür zwischen 150 und 250 €, je nachdem wie weit südlich die Insel gelegen ist. Maldivian plant eine Linienflugverbindung zu einem Landeplatz im Ari-Atoll, was den Flugtransfer verbilligen wird. Von dort holen die Hotels dann ihre Gäste mit dem Boot ab und fahren nochmals 10–20 Min. in den ruhigen Gewässern innerhalb des Atollrings.

Größe herrscht trotz der etwa 3000 Gästezimmer kein Gedränge. Von den meisten Inseln aus kann man nur in weiter Ferne und bei guter Sicht eine andere Hotelinsel am Horizont ausmachen.

Dicht besiedelte Fischerinseln

Auf den 18 von Einheimischen bewohnten Inseln leben etwa 10 000 Menschen. Neben dem Verwaltungssitz **Mahibadhoo** (▶ B 6), wo etwa 1500 Menschen leben, sind noch die Inseln **Maamigili** (▶ B 8), **Fenfushi** (▶ A 8) und **Dhangethi** (s. u.) von Bedeutung, die ebenfalls im Süden des Atolls liegen. Die beiden Inseln Maamigili und Fenfushi liefern Sand und Korallengestein für Bauten in Male'.

Dhangethi ! ▶ B 7

Auf der kleinen, bewohnten Fischerinsel Dhangethi im südöstlichen Ari-Atoll wurde in den 1990er-Jahren von der maledivischen Regierung nahe dem Anlegesteg ein **Freilichtmuseum** eingerichtet, in dem man die traditionelle Herstellung kunsthandwerklicher Gegenstände miterleben kann. Wichtig ist es, seinen Besuch rechtzeitig anzumelden, denn die Künstler und Handwerker gehen ihren täglichen Beschäftigungen nach. Nur bei Ankunft von Besuchern wird das Tor des eingezäunten Bereichs geöffnet und die Besucher können beobachten, wie in traditionell errichteten Hütten aus der Zeit, als maledivische Häuser noch nicht wie heute aus Korallengestein gebaut wurden, Lackgefäße, Silberschmuck und die traditionellen Stoffe hergestellt werden.

Infos

Transfer
Die Anmeldung auf Dhangethi übernimmt in der Regel die Rezeption Ihres Hotels, ebenso wie die Organisation des Bootstransfers.

Hotelinseln im nördlichen Ari-Atoll

Avi Island (Velidhoo) ▶ A 4

Die 250 x 150 m große Insel nahe dem Nordrand des Atolls hat schneeweiße Strände und ein schönes Hausriff.

Übernachten

Klein und gemütlich – **Velidhu Island Resort:** Tel. 666 05 51, www.velidhu.com.mv, DZ/Vollpension ab 150 €. 75 km vom Flughafen entfernt, Transfer ca. 2 Std. (Schnellboot) oder 20 Min. (Wasserflugzeug). Das Hotel hat 90 Unterkünfte, von denen zehn auf Stelzen in der Lagune stehen. Alle sind klimatisiert.

Essen & Trinken

Auswahl – Das Open-Air-Restaurant serviert die Mahlzeiten in Büfettform, wer möchte, kann aber auch im Coffeeshop à la carte essen gehen.

Aktiv & Kreativ

Tauchen – Die deutschsprachige **Tauchbasis** ist bestens ausgestattet und viele nahe gelegene Tauchplätze innerhalb des Atolls und am Atollrand machen die

Lieblingsort

Der exklusivste Zeltplatz der Welt – Banyan Tree Madivaru
▶ B 4
Zurück zur Natur – aber bitte mit allem Komfort, den die Urlaubsindustrie in den vergangenen Jahrzehnten entwickelt hat. Eigene Tauchbasis für die maximal zwölf Inselgäste? Selbstverständlich! Ein Butler für jedes Zelt? Aber klar! Und ein Sternekoch, mit dem man das Mittags- oder Abendmenü bespricht, gehört auch dazu. Übernachtet wird im 80–120 m² großen Luxuszelt am Strand. Auf Wunsch natürlich klimatisiert! (s. S. 174)

Insel zu einem Taucher- und Schnorchlerparadies.

Baden und Fischen – Auch Badeurlauber haben in der großen Lagune und mit den vielen Sportangeboten den ganzen Tag ausreichend zu tun. Auf Wunsch werden auch Fahrten zum Hochseefischen und zum Nachtfischen arrangiert.

Banyan Tree Madivaru ▶ B 4

Eine kleine Insel von nur 100 x 200 m Durchmesser am Nordrand des Ari-Atolls mit dichtem Grünbewuchs, schneeweißem Sand rundum und vielen Kokospalmen sowie wunderbaren Schnorchelgebieten, die man vom Strand aus erreichen kann.

Übernachten

Exklusiv – **Banyan Tree Madivaru:** Tel. 666 07 60, www.banyantree.com/madivaru, DZ/Vollpension ab 1500 €. Ca. 60 km vom Flughafen entfernt, Transfer 30 Min. (Wasserflugzeug). Auf der Insel befinden sich lediglich 6 (!) im Zeltstil gebaute Luxusvillen, die aber dennoch allen Komfort bieten, der von einem Hotel der 6-Sterne-Klasse erwartet werden kann. Ein privater Butler und die feine Sterneküche gehören dazu. Zu all dem Luxus kommt absolute Exklusivität hinzu (s. auch Lieblingsort S. 172)!

Essen & Trinken

Keine offenen Wünsche – Das Essen wird serviert, wo der Gast es wünscht – im kleinen Inselrestaurant, in der Villa, am Strand, unter einer Kokospalme oder auch ganz romantisch am Abend auf einer nahe gelegenen Sandbank!

Aktiv & Kreativ

Umsorgt – Für Abwechslung der maximal zwölf Gäste auf der Insel ist perfekt gesorgt: Tauchen, Schnorcheln. Die gut geführte **Tauchbasis** hat viele erstklassige **Tauchplätze** nahe der Insel und Schnorcheln am Hausriff ist vom Strand aus möglich.

Wellness – Das kleine, aber feine **Banyan Tree Spa** gehört zum Besten, was man finden kann.

Bathala ▶ B 5

Die kleine runde Insel (300 x 150 m) am östlichen Atollrand ist dicht mit hohen Kokospalmen bewachsen und hat einen breiten, weißen Sandstrand mit kristallklarem Wasser. Die Lagune ist ideal zum Windsurfen, Schwimmen, das Hausriff ein Paradies für Schnorchler und Taucher.

Übernachten

Eine typische Barfußinsel – **Adaaran Club Bathala:** Tel. 666 05 87, Fax 666 05 58, www.adaaran.com, DZ/Vollpension ab 170 €. Ca. 57 km vom Flughafen entfernt, Transfer 90 Min. (Schnellboot) oder 20 Min. (Wasserflugzeug). Auf der Insel befinden sich 48 Einzelbungalows in runder Bauweise. Es gibt sehr einfache – und preiswerte – Standardzimmer, die mit Kaltwasserdusche, Ventilator und Terrasse ausgestattet sind, darüber hinaus stehen Deluxe-Zimmer mit Warmwasserdusche, Klimaanlage, Minibar und Terrasse zur Verfügung. Bathala ist vor allem eine Insel für Ruhesuchende, die lieber auf etwas Komfort, Animationen und sonstiges Entertainment verzichten und dafür tauchen und schnorcheln möchten.

Essen & Trinken

Feine Gewürze – Frühstück, Mittag- und Abendessen gibt es im gemütlichen Open-Air-Restaurant mit Tischservice, gelegentlich wird auch ein Büfett aufgetischt. Da die Eigentümer aus Sri Lanka stammen, ist das Essen gut gewürzt und sehr schmackhaft.

Aktiv & Kreativ

Gute Taucherinsel – Für Aktivität ist gesorgt: Tauchen, Schnorcheln, Wasserski, Tischtennis, Volleyball, Darts, Karaoke. Die gut geführte **Tauchbasis** hat viele erstklassige **Tauchplätze** nahe der Insel und Schnorcheln am interessanten Hausriff ist vom Strand aus möglich. Die Bedingungen für sonstigen Wassersport sind weniger gut.

Dhoni Island (Mishimas Mighili) ▶ B 5

Die kleine Insel (80 x 50 m) liegt im Inneren des Atolls an dessen Nordostrand mit nahe gelegenem Hausriff und schneeweißen Stränden rundum.

Übernachten

Robinson-Crusoe mit allem Komfort! – **Dhoni Island:** Tel. 666 0751, www.dhoni-island.com, DZ all-inclusive ab 800 €. 80 km vom Flughafen entfernt, Transfer ca. 2 Std. in einer luxuriös ausgestatteten Jacht oder 5 Min. (Wasserflugzeug). Nur 6 palmblattgedeckte Villen stehen auf der Insel, 5 Boote liegen am Steg vertäut, jederzeit bereit, mit den Inselgästen im Ari-Atoll die Inselwelt zu erkunden. Es gibt einen 24-Std.-Butlerservice, der nicht nur den Bungalow und die Kleiderschränke der

Urlauber in Ordnung hält, sondern ihnen an Land und im Dhoni auf dem Wasser jeden Wunsch von den Augen abliest. Die Dhonis wurden nach jahrhundertealter Tradition den einheimischen Fischerbooten nachempfunden, im Inneren aber mit Komfort versehen, der eher nicht traditionell ist. Das Badezimmer der Dhonis ist eine von Philippe Starck gestaltete, perfekte und keineswegs beengte Nasszelle, eine Küche und ein klimatisierter Salon kommen außerdem hinzu.

Essen & Trinken

Rund um die Uhr – Restaurant, Küche und Bar der Insel sind 24 Std. geöffnet. Champagner, erstklassige Weine und Cocktails sind wohltemperiert zur Hand. Wo immer der Gast seine Mahlzeit einnehmen will, der Butler wird es arrangieren. Das Menü stellt selbstverständlich der Gast zusammen – oder er überlässt es dem Sternekoch.

Aktiv & Kreativ

Alles komplett – **Tauch- und Wassersportbasis** mit allen Sportgeräten (Kajaks, Katsegler, Windsurfer, Schnorchelausrüstung) inkl., ein erstklassiges **Spa**. Bootsausflüge bei Sonnenuntergang, Schnorcheln vor unbewohnten Inseln – der Butler macht es möglich.

Ellaidhoo ▶ B 5

Die Insel ist fast kreisrund und mit etwa 400 m Durchmesser eine der größeren ›Spiegelei-Inseln‹. Sie liegt an der Ostseite des nördlichen Atolls und ist zu Fuß in ca. 15 Min. zu umrunden. Im Inneren ist sie dicht mit ursprünglicher Vegetation bewachsen.

Übernachten

Einfaches Taucherparadies – **Chaaya Reefs Ellaidhoo:** Tel. 666 05 86, www.chaayahotels.com, DZ/Halbpension ab 160 €. 65 km vom Flughafen entfernt, Transfer ca. 2 Std. (Schnellboot) oder ca. 20 Min. (Wasserflugzeug). Alle Wohneinheiten verfügen über Klimaanlage, Minibar, Telefon, Fernseher, Föhn und Kühlschrank. Die 60 zweckmäßig eingerichteten Standard- und Beach Bungalows stehen einzeln in Strandnähe; jeder mit Terrasse und halb offenem Badezimmer. Die Superior-Zimmer (sieben Häuser à vier Zimmer) sind komfortabler ausgestattet, jedoch etwas weiter vom Strand entfernt gelegen. Es gibt auch Water Bungalows. Internetcafé und Wassersportzentrum auf einer 3 Min. entfernten, unbewohnten Insel (Boots-Shuttle-Service) und viele andere Einrichtungen machen einen Aufenthalt interessant.

Essen & Trinken

Büfett oder Menü? – Im offenen Hauptrestaurant werden Frühstück und Abendessen in Büfettform, das Mittagessen als Menü angeboten. Im Coffeeshop erhält man eine Auswahl an Snacks ebenso wie verschiedene Spezialitäten. In der Bar werden exotische Cocktails serviert.

Der Spabereich im Hotel W Maldives auf Fesdu

Aktiv & Kreativ

Tauchparadies – Ellaidhoo ist eine der bekanntesten Taucherinseln der Malediven, z. B. liegt der **Magala Thila** (s. S. 197) nur wenige Kilometer entfernt. Ein Steilwandriff ist nur 10–30 m vom Ufer entfernt. Die Insel ist von einer flachen Korallenmauer umgeben, die verhindert, dass Sand weggespült wird.

Außerdem – Neben Tischtennis, Volleyball und Tischfußball können die Gäste auch an Ausflügen, Schnorchelsafaris und Nachtfischen teilnehmen. Je nach Verfügbarkeit werden im **Wassersportcenter** auf der unbewohnten Nachbarinsel Magala auch Jetski, Segeln und Surfen angeboten.

Fesdu (Fesdhoo) ▶ A 5

Fesdhoo ist eine kleine (200 x 150 m), kreisrunde Insel im Inneren des Atolls mit weißen Sandstränden und einem nahen Hausriff. Eine zusätzliche Attraktion ist die winzige, unbewohnte Nachbarinsel **Gaathufushi,** die für Ausflüge exklusiv den Gästen der Insel Fesdhoo zur Verfügung steht.

Übernachten

Sterneurlaub – **W Retreat & Spa – Maldives:** Tel. 666 22 22, www.starwoodhotels.com/whotels/, Villen ab 500 €/Nacht inkl. Frühstück. Ca. 83 km vom Flughafen entfernt, Transfer 2 Std. (Schnellboot) oder 20 Min. (Wasserflugzeug). Gemäß dem Motto dieser kleinen, aber feinen amerikanischen Hotelkette unter dem Dach von Starwood Hotels wird hier in stylish-modernem Design alles auf höchstem Niveau (und auch Preis) geboten. Die 78 Villen stehen fast ausschließlich auf Stelzen über der Lagune. Sie sind großzügig und mit Plasmafernseher sowie Surroundsound-Musikanlage nach modernstem technischem Stand ausgestattet.

Essen & Trinken

Stylish – In mehreren innenarchitektonisch perfekt getrimmten Restaurants gibt es nicht nur ausgezeichnetes Essen, sondern auch ein fast urbanes Feeling.

Aktiv & Kreativ

Energetisch – Schnorcheln, Tauchen, Wasserski, Windsurfen – im **Wassersportzentrum ›Energy‹** bleibt kein Wunsch offen. Kitesurfen, Hobie Cat,

Wasserski, Wakeboarden, Parasailing, Hochseefischen können im Away Spa gebucht werden. Tauchgänge und Schnorchelausflüge bucht man in der PADI-**Tauchschule**. In der Nähe liegt der bekannte **Tauchplatz** mit dem **Fesdu-Wrack** (s. S. 197).

Wellness – Das **Away Spa** bietet vier Spa-Suiten über der Lagune, außerdem Yoga-Übungen und Meditation, Dampfbad und Jacuzzi.

Abends & Nachts

Nightclub – **15 Below:** Nicht unbedingt Standard für die Malediven: Das Resort verfügt über eine Disco!

Halaveli ▶ B 5

Halaveli ist eine kleine, halbmondförmige Insel im Nordosten des Atolls. Wie alle ›Halbmond-Inseln‹ besitzt sie auf der Inselaußenseite ein schönes Hausriff, auf der Innenseite (im ›dunklen‹ Teil des Mondes) eine sanft abfallende Badelagune.

Übernachten, Essen

Großzügig – **Constance Halaveli Resort:** Tel. 666 70 00, www.halaveli.com, DZ/Halbpension ab 740 €. Ca. 53 km vom Flughafen entfernt, Transfer 90 Min. (Schnellboot) oder 20 Min. (Wasserflugzeug). Neueröffnung als Hotel der mauritischen Constance-Hotels-Gruppe mit echtem 5-Sterne-Luxus in 80 großzügigen Villen mit hübsch anzusehenden, runden Palmblattdächern. Die 80 Villen sind außergewöhnlich großzügig gestaltet und mit edlen Möbeln eingerichtet. Zu jeder Villa gehört ein privater Süßwasserpool, Espressomaschine und natürlich ein persönlicher Villenbutler.

Aktiv & Kreativ

Ab ins Wasser – Die **Tauchbasis** (PADI) organisiert bis zu drei Ausfahrten täglich. 20 km von der Insel entfernt befindet sich z. B. das **Halavali-Wrack** (s. S. 193), gen Nordosten liegt der Korallenstock **Bodu Thila** (s. S. 193) und im Osten der **Atavaru Thila** (s. S. 194). Die Windsurfschule ist gut ausgestattet mit Windsurfern, Katamaranen, Kanus, Jetski, Wasserski und Bananaboat. Schnorchler können vom Strand aus zum Riff schwimmen oder an Dhoni-Ausfahrten teilnehmen.

Schlagabtausch – Ein Tennisplatz steht den Gästen kostenlos zur Verfügung.

Wellness – Das **Spa de Constance** steht in nichts der Qualität der bekannten Constance-Spas auf Mauritius (Belle Mare Plage und Le Prince Maurice) nach.

Kandoludu (Kandholhudhoo) ▶ B 5

Das Hausriff um die kleine Insel (210 x 170 m) in Spiegelei-Form ist ideal zum Schnorcheln und Tauchen. Was die Insel gerade für Schnorchler attraktiv macht: Sie ist eine der wenigen Inseln, deren Hausriff 1998 nicht von der Korallenbleiche erfasst wurde. Man vermutet, dass ein nahes ›Blue Hole‹ kühles Tiefenwasser nach oben um die Insel gespült hat und die Korallen dadurch überleben konnten.

Übernachten, Essen

Klein und freundlich – **Kandoludu Cruise & Spa Island:** Tel. 666 05 27, Fax 666 05 56, DZ/Halbpension ab 250 €. Transfer per Speedboot (Wasserflugzeug nur gegen Aufpreis und besondere Bestellung) ca. 90 Min. Kandoludu ist keine reine Bade- und Schnorchlerinsel. Inzwischen gibt es hier zusätzlich ein Restaurant und 6 Strand- und 4 Wasservillen. Die Qualität der Einrichtung liegt auf sehr hohem Niveau, der Preis eher in der Mittelklasse.

Aktiv & Kreativ

Schnorchelparadies – Schnorcheln wie nirgendwo sonst auf den Malediven! Fitnessraum, Yoga, Sauna mit Tauchbecken, Wellness, **Spa-Center, Tauchbasis.**

Maayafushi ▶ B 5

Maayafushi ist eine ›Halbmond-Insel‹ von 300 x 100 m Größe mit einem Hausriff im Osten und einer ungewöhnlich schönen Lagune im Westen.

Übernachten, Essen

Taucherparadies – **Maayafushi Tourist Resort:** Tel. 666 05 88, Fax 666 05 68, maaya@dhivehinet.net.mv, DZ all-inclusive ab 160 €. Ca. 63 km vom Flughafen entfernt, Transfer 2 Std. (Schnellboot) oder 30 Min. (Wasserflugzeug). Die Insel hat 85 Zimmer, davon 16 recht preiswerte, mit Ventilatoren ausgestattete Standardzimmer in Viererblocks. Die Superiorzimmer sind in Doppelbungalows untergebracht und klimatisiert. Dann gibt es noch einige Gartenvillen, deren Badezimmer komfortabler ausgestattet und die insgesamt geräumiger und individueller sind. Das All-inclusive-Angebot umfasst die Mahlzeiten im Hauptrestaurant und auch alkoholische Getränke bis 24 Uhr – danach muss bezahlt werden. Im Coffeeshop gibt es kleine Snacks und alkoholfreie Getränke gegen Bezahlung.

Aktiv & Kreativ

Man spricht deutsch – Windsurfen und Kanu fahren ist kostenlos, der Katamaran bleibt gebührenpflichtig. Die Lagune eignet sich zum Baden, Segeln, Windsurfen und Hochseefischen hervorragend. Im Hotel, zu dem auch eine ausgezeichnete **Tauchbasis** gehört (PADI/SSI), trifft man auf viele deutschsprachige Tauchgäste, die es u. a. zum nahe gelegenen, bekannten **Tauchspot Maaya Thila** (s. S. 197) zieht.

Madugali (Madoogali) ▶ A 5

Die hübsche, mittelgroße Insel (500 x 300 m) im Nordwesten des Atolls ist dicht mit Kokospalmen und Scaevola-Büschen bewachsen. Im Südosten reicht das Hausriff nah an die Insel, im Nordosten hat sie eine kleine Lagune.

Übernachten, Essen

Italienisch – **Madugali Resort:** Tel. 666 05 81, Fax 668 05 54, madugali@dhivehinet.net.mv, DZ/Halbpension ab 160 €. 72 km vom Flughafen entfernt, Transfer ca. 2 Std. (Schnellboot) oder 20 Min. (Wasserflugzeug). Nur 50 klimatisierte Bungalows liegen etwa 30 m vom Strand entfernt und haben ihren Eingang hinten, sodass man von der Terrasse einen ungestörten Blick aufs Meer hat – also herrscht kein ›Durchgangsverkehr‹ zwischen Bungalows und Restaurant. Die Aufenthalts- und Restauranträume sind großzügig, die Gartenanlage ungewöhnlich gepflegt. Ein hoher Prozentsatz der Gäste kommt aus Italien. Daher sind auch die Büfetts italienisch mit internationalen und indischen Zugaben. Neben dem Hauptrestaurant befindet sich eine Bar

Sonne, Strand und Badespaß – die Malediven sind ein Paradies für Kinder

mit Disco und ein Coffeeshop. Es gibt auch eine Krankenstation mit Arzt.

Aktiv & Kreativ

Nahes Hausriff – Das Hausriff ist vom Strand aus etwa 70 m entfernt und kann von dort aus betaucht werden. Badegäste und Schnorchler kommen somit auf ihre Kosten. Taucher finden viele erstklassige **Tauchplätze** (in 20–60 Min. mit dem Boot zu erreichen). Das **Wassersportcenter mit Tauchbasis** bietet Kajaks, Kanus, Nachtfischen, Parasailing, Wasserski und Windsurfen an.

Hotelinseln im südlichen Ari-Atoll

Angaga (Angaagau) ▶ B 7

Angaagau ist eine hübsche, kreisrunde Insel (300 x 150 m), die 15 km von den Atollrändern im Süden, Osten und Westen entfernt liegt. Sie hat rundum eine strahlend weiße Sandbank zu bieten, die zu den schönsten der Malediven gezählt wird.

Übernachten

Bambus und Palmen – **Angaga Island Resort & Spa:** Tel. 668 05 10, www.angaga.com.mv, DZ/Vollpension ab 100 €. Ca. 90 km vom Flughafen entfernt, Transfer ca. 2 Std. (Schnellboot) oder 30 Min. (Wasserflugzeug). Die 51 renovierten Bungalows mit Palmblattdächern haben Dusche und Klimaanlage und sind mit Bambusmöbeln eingerichtet. Eine traditionelle Schaukel *(undholi)* hängt vor jedem Bungalow. Außerdem wurden in den letzten Jahren noch 20 Wasserbungalows hinzugebaut. Die Insel ist dicht bewachsen und es gibt viele Palmen. In der Mitte der Insel befinden sich der Personalbereich und ein Tennisplatz. Angaga ist eine hübsche kleine Insel, auf der man in angenehmer Umgebung und durchgehend barfuß einen ruhigen Urlaub verbringen kann.

Essen & Trinken

All-inclusive mit Aufpreis – Restaurant, Bar und Coffeeshop liegen am Strand. Es gibt zu allen Mahlzeiten Büfetts. All-inclusive-Gäste haben eine gesonderte Speisekarte.

Aktiv & Kreativ

Schnorcheln und Tauchen – Angaga ist eine Insel nicht nur für Taucher, sondern auch für ruhesuchende Inselromantiker, die nur schwimmen und schnorcheln wollen. Das Hausriff ist voller bunter Fische und Schildkröten, Haie, Rochen und vielem mehr. Die Korallen (wie z. B. beim bekannten **Tauchspot Angaga Thila**, s. S. 197) haben sich – wie überall – weitgehend vom El-Niño-Schock 1998 erholt. Es werden Nachtfischen, Schnorcheltrips, Halbtags- und Ganztagsausflüge angeboten. Für Schwimmer und Windsurfer hat Angaga eine große Lagune. Die **Tauchbasis** heißt Sub Aqua (PADI/ NAUI). Animation gibt es auf der Insel nicht, wer mit Wassersport, Tennis, Essen, Schnorcheln, Tauchen und Schwimmen noch nicht ausgelastet ist, kann in der Lounge lesen oder fernsehen.

Athuruga (Athurugau) ▶ A 6

Die Insel (250 x 100 m) liegt weit entfernt von den Außenrändern des südlichen Ari-Atolls. Daher hat sie eine ruhige Lagune rund um den weißen Sandstrand und ein schönes Riff.

Übernachten, Essen

Alles drin – **Athuruga Island Resort:** Tel. 668 05 08, Fax 668 05 74, www. planhotel.com, DZ all-inclusive ab 350 €. 70 km vom Flughafen entfernt, Transfer 90 Min. (Schnellboot) oder ca. 25 Min. (Wasserflugzeug). Die kleine Hotelanlage beherbergt 46 Bungalows, in denen sich komfortable balinesische Bambusmöbel befinden. Alle Zimmer sind klimatisiert, haben einen kleinen Kühlschrank, Telefon, Safe, Musikanlage und vor allem eine Veranda mit Meerblick. Der Preis pro Nacht scheint zunächst nicht niedrig, doch das All-inclusive-Paket von Athuruga ist tatsächlich ›mit allem‹ und umfasst alle Mahlzeiten, Tee, Kaffee, Wasser, Softdrinks, Fruchtsäfte, Bier, Wein, Cocktails, Sekt – auch die Getränke in der täglich nachgefüllten Minibar –, ja sogar Zigaretten und den Wäscheservice. Diese ganzen Annehmlichkeiten machen es den Gästen nicht ganz einfach, auf der Insel noch zusätzlich Geld auszugeben.

Essen & Trinken

Pasta & Co. – Großer Wert wird auf ausgezeichnetes Essen gelegt, wobei der italienische Einfluss nicht zu leugnen ist – das ist sicherlich nicht unbedingt ein Nachteil.

Aktiv & Kreativ

Schnorcheln vom Steg aus – Viele der Sportangebote sind im All-inclusive-Paket schon enthalten: Gymnastik mit Stretching, Aerobic, Wassergymnastikkurse, Windsurfen, Kanufahren, Katsegeln, Lasersegeln, Volleyball, Tischtennis, Darts, professionel geführte Schnorchelausflüge, Fischen bei Sonnenuntergang, verschiedene Ausflüge zu Fischerinseln, Picknick auf einer Sandbank, ein Schnuppertauchgang und vieles mehr. Der schönste Strand der Insel liegt links des Hauptstegs bei der Bar und dem Restaurant. Und schnorcheln kann man auch unmittelbar vom Steg aus.

Tauchen und Fischen – Lediglich Tauchgänge und Hochseefischen sind gesondert zu bezahlen. Das **Wrack der ›Trigoni‹** ist nur einer von über 30 Tauchplätzen und mit einem Boot der **Tauchbasis** in ca. 90 Min. zu erreichen.

Conrad Maldives (Rangali und Rangalifinolhu) ▶ A 7

Rangali (200 x 200 m) und Rangalifinolhu (200 x 20 m) sind zwei Inseln im südwestlichen Ari-Atoll, zwischen denen sich eine weite Lagune mit schneeweißem Sanduntergrund erstreckt. Die Inseln sind durch einen 500 m langen Steg miteinander verbunden.

Übernachten

Viel Platz – **Conrad Maldives:** Tel. 668 06 29, www.conradhotels.com, DZ/Halbpension ab 460 €. Ca. 90 km vom Flughafen entfernt, Transfer 95 Min. (Schnellboot) oder 40 Min. (Wasserflugzeug). 50 luxuriöse Wasservillen und zwei Restaurants liegen an Stegen rund um die ruhige und großzügig gestaltete Insel Rangali. Rangalifinolu hat 35 Strandvillen und 44 Deluxe-Strandvillen mit privatem Pool im Garten. Die Gestaltung dieser Villen ist extrem weitläufig und optisch durch viele Glastüren in die umgebende dichte Vegetation eingebunden. Ein großzügiges **Spa Village** liegt – über

Stege erreichbar – vor der Südspitze der Insel. Hier befinden sich neben dem Spa weitere 21 luxuriöse Wasservillen.

Essen & Trinken

Deep Blue Sea – **Ithaa Restaurant:** s. Lieblingsort S. 184.

Biologisch – An der Südspitze der Insel Rangalifinolhu liegt ein Restaurant, das sich auf biologisch angebaute Lebensmittel und deren gesunde Zubereitung spezialisiert hat. Es stehen noch weitere Restaurants im Resort zur Wahl.

Aktiv & Kreativ

Wohfühlen pur – Auf jeder der beiden Inseln befindet sich ein von ›Chiva Som‹ geführtes **Spa**.

Das Beste – Tennisplatz, Wassersportzentrum, Hochseefischen, Nachtfischen, Tauchen (der interessante **Tauchplatz Mandhoo Thila** liegt etwas nördlich, s. S. 196), Schnorcheln, Ausflüge, Beachvolleyball und Pool sind möglich. Die Sportanlagen befinden sich auf der größeren der beiden Inseln.

Diva (Dhidhdhoofinolhu) ▶ B 8

Diva Resort am Südrand des Atolls ist mit 1,7 km Länge und bis zu 100 m Breite eine der größten Hotelinseln der Malediven. Sie ist dicht bewachsen, hat auf der Nordseite sogar einen natürlichen Hafen.

Übernachten, Essen

Nicht nur für Diven – **Diva Resort:** Tel. 668 09 01, www.naiade.com, DZ/Halb-

pension ab 450 €. 100 km vom Flughafen entfernt, Transfer knapp 2 Std.
(Schnellboot) oder ca. 35 Min. (Wasserflugzeug). Die Villen befinden sich
am Strand der Längsseiten der Insel (48
Juniorsuiten), weitere bei der Kom-
plettrenovierung 2008 neu erbaute 57
Luxus-Strandvillen (zum Teil mit Privatpool) und 87 Wasservillen auf der langen Sandbank im Osten und im Westen der Insel. Alle bieten den Gästen
hohen Komfort in einem sehr hochklassigen, für maledivische Verhältnisse großes Hotel auf einer sehr großen Insel. Entlang des fast 4 km langen
Sandstrands kann dennoch jeder Gast
sein ruhiges Fleckchen finden.

Aktiv & Kreativ

Große Auswahl – Die große Insel bietet
nicht nur für die Gäste ausreichend
Raum, sondern auch jede Menge an
Unterhaltungs- und Sportmöglichkei-
ten. Das **Wassersportcenter** stellt die
Ausrüstung für Windsurfer, Katsegler,
Kanufahrer, Wasserski und vieles mehr

Massage mit Aquariumblick im Spa des Conrad Maldives

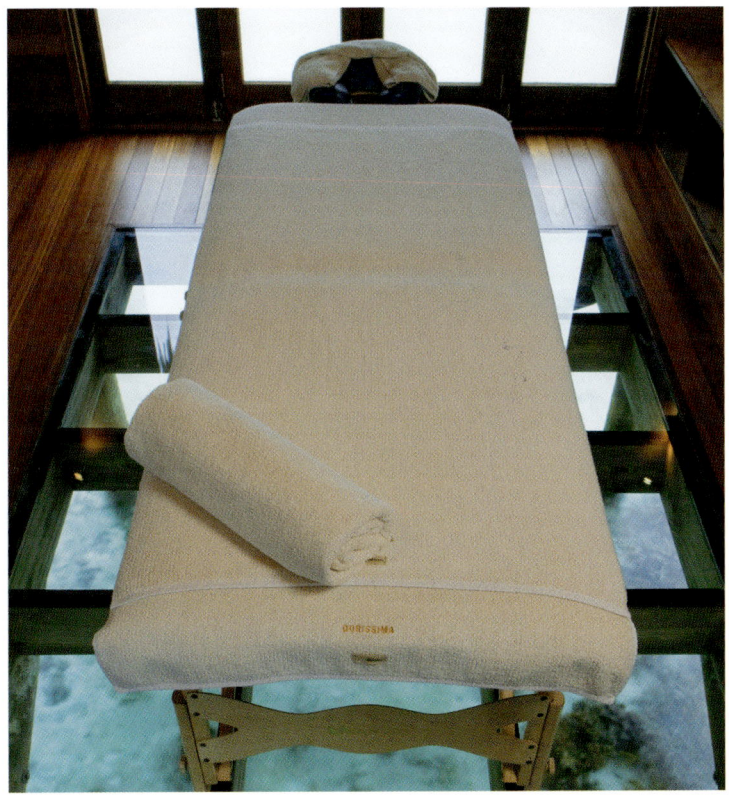

Lieblingsort

Auge in Auge mit dem Hauptgericht ▶ A 7

Im Ithaa Restaurant im Resort Conrad Maldives (s. S. 182) ist nicht unbedingt nur das, was auf dem Teller liegt, die Attraktion, sondern durchaus auch, was (noch) vorm Teller *schwimmt!* In diesem Restaurant befindet man sich nämlich einige Meter unterhalb der Wasseroberfläche – da gibt es schon einiges zu gucken und das Essen wird fast zur Nebensache ...

Mein Tipp

Eine Begegnung mit Walhaien
Gute Chancen, mit Walhaien zu tauchen, bieten sich von Juli bis September vor dem Südweststrand des Atolls. Ausgangspunkte sind die Tauchbasen der Inseln Diva (Didhdhoofinolhu), Mirihi oder Conrad Maldives (Rangali).

bereit. Tennis, Tischtennis, Badminton, Volleyball, Ausflüge zu Nachbarinseln und Massagen sind weitere Möglichkeiten, sich auf der Insel zu beschäftigen. Und selbstverständlich hat die Insel auch eine ausgezeichnete **Tauchbasis** unter der Leitung von Euro Divers (diva@euro-divers.com).

Holiday Island (Dhiffushi) ▶ B 8

Die Insel ist 800 m lang und 200 m breit und liegt am Südausgang des Atolls, nahe der großen Fischerinsel Maamigili.

Übernachten

Preisgünstig – **Holiday Island:** Tel. 668 00 11, Fax 668 00 22, www.villaho tels.com/holiday, DZ/all-inclusive ab 230 €. Ca. 100 km vom Flughafen entfernt, Transfer 95 Min. (Schnellboot) oder ca. 45 Min. (Wasserflugzeug). Resort der 4-Sterne-Kategorie mit 142 einzeln stehenden Bungalows. Außer einigen größeren Familienbungalows sind alle Zimmer identisch. Was hier für den relativ niedrigen Preis angeboten wird, ist ungewöhnlich. Man bezahlt

dafür allerdings mit einem Verzicht auf maledivische Inselatmosphäre.

Essen & Trinken

Standard – Im Hauptrestaurant gibt es internationale Küche, serviert an Büfetts mit großer Auswahl. Im Coffeeshop kann man à la carte unter vielen weiteren Gerichten auswählen.

Aktiv & Kreativ

Tauchen – Das Hotel hat eine lebendige, sportliche Atmosphäre. An den beiden Inselenden liegen das Wassersportzentrum an der einen, das Tauchzentrum an der entgegengesetzten Seite. Die **Tauchbasis** (PADI) hat drei eigene Dhonis, mit denen sie täglich zu den vielen **Tauchplätzen** des südlichen Ari-Atolls fährt. Mehrmals täglich kann man auf einem Dhoni zum Riff hinausfahren und schnorcheln.
Schwitzen – Auf der Insel selbst befindet sich ein Billardtisch, Tischtennisplatte, Sauna und Dampfbad.

Abends & Nachts

Sportliche Krabben – Am Abend ist mit Karaoke, Krabbenrennen und Disco für viel Unterhaltung gesorgt.

Lily Beach (Huvahendoo) ▶ B 7

Die Insel im Südosten des Atolls ist knapp 600 m lang und misst an der breitesten Stelle ca. 100 m. Entlang der Längsseiten bietet sie einen wunderschönen Sandstrand und ein leicht zugängliches Riff. Aufgrund der Gefahr von Erosion auf der dem offenen Meer ausgesetzten Seite der Insel wurden Wellenbrecher als Riffersatz gebaut.

Übernachten, Essen

All-inclusive auf hohem Niveau – **Lily Beach Resort & Spa:** Tel. 668 00 13, www.lilybeachmaldives.com, DZ all-inclusive ab 420 €. Gut 80 km vom Flughafen entfernt, Transfer ca. 30 Min. (Wasserflugzeug) plus ca. 10 Min. (Dhoni). 57 Villen am Strand und in einzelnen Bungalows und 56 Wasservillen sind klimatisiert und mit allem Komfort ausgestattet. Die Insel wurde vor einigen Jahren umfassend renoviert.

Aktiv & Kreativ

Fast alles inklusive – Tischtennis, Tennis, Darts, Volleyball, Windsurfen, Ausflüge im Dhoni, Nutzung des Fitnesscenters – alles ist im sehr hochwertigen All-inclusive-Konzept (wegen seines nahezu kompletten Umfangs ›Platinum Plan‹ genannt) enthalten. Nur Tauchen mit der **Tauchbasis** ist gesondert zu bezahlen. Doch wem das Schnorcheln im wunderbaren Hausriff genügt, der hat es nur 25 m vom Strand aus – kostenlos natürlich.

Machchafushi ▶ B 7

Diese bezaubernde halbmondförmige Insel (300 x 200 m) liegt im Inneren des südlichen Ari-Atolls und ist sehr dicht bewachsen.

Übernachten, Essen

Dicht bewachsen – **Machchafushi Island Resort:** Tel. 668 68 68, Fax 666 68 69, machchafushi@dhivenet.net.mv. DZ/Vollpension ab 120 €. 95 km vom Flughafen entfernt, Transfer 30 Min. (Wasserflugzeug) plus 10 Min. (Dhoni). Das Hotel wurde 2006 renoviert und die Zimmerzahl auf 86 erhöht. Die Beach Bungalows bestehen aus je zwei Wohneinheiten und sind zwischen den Sträuchern versteckt. Die Zimmer sind groß (ca. 30 m^2) und haben ein Open-Air-Bad mit Badewanne, das nochmals etwa 20 m^2 groß ist. Alle haben Klimaanlage, Deckenventilator, Süßwasser-Dusche und Kühlschrank. Die Wasserbungalows sind etwas kleiner als die Zimmer an Land.

Aktiv & Kreativ

Riffschnorcheln – Mit einem fantastischen Schiffswrack, dem nahe gelegenen **Machchafushi Reef** (s. S. 197), der modernen **Tauchbasis** und ihrer freundlichen Crew ist die Insel für Taucher das Paradies im Ari-Atoll. Badegäste und Surfer schätzen die weitläufige Lagune und die Taucher profitieren von den vier Einstiegsmöglichkeiten ins nahe Hausriff. Fitnessraum, Tennisplatz, Surfboards, Katamaransegeln, Volleyball und Tischtennis sind nur einige der zusätzlichen Sportangebote. Der Süßwasser-Swimmingpool mit Jacuzzi und der dazugehörende Coffeeshop laden zu einem Cocktail bei Sonnenuntergang ein.

Mirihi ▶ A 7

Die Insel liegt geschützt im Atollinneren und ist mit 350 x 50 m vergleichsweise klein. Dafür ist sie aber von einem breiten weißen Sandstrand und einer großen türkisfarbenen Lagune umgeben und besitzt ein sehr schönes Hausriff.

Übernachten

Bescheiden luxuriös – **Mirihi Island Resort:** Tel. 666 05 00, www.mirihi.com, DZ/Halbpension ab 350 €. 85 km vom Flughafen entfernt, Transfer 35 Min. (Wasserflugzeug). Um möglichst wenig Inselfläche zu bebauen, wurden nur 6 Deluxe-Villen am Strand, alle weiteren 30 über dem Wasser errichtet (2002 komplett renoviert). Jede Villa hat schöne Holzböden und private Terrassen, ist komfortabel eingerichtet, hat eine Klimaanlage, Ventilator, Sitzbereich mit CD-Spieler, eine Minibar mit Eisfach, Espresso-Automat, Direktwahltelefon und Safe. Haartrockner und Strandhandtücher werden selbstverständlich zur Verfügung gestellt. Die Strandvillen haben ein offenes Bad in einem kleinen tropischen Garten.

Essen & Trinken

Gut – In der **Anba Bar** am Strand gibt es Snacks und Getränke, im **Muraka Restaurant,** das auf Stelzen im Wasser steht, werden Frühstück, Mittag- und Abendessen in Büfettform angerichtet, man kann aber auch à la carte bestellen. Regelmäßig werden Spezialitäten und Themen-Büfetts angeboten.

Aktiv & Kreativ

Zu Wasser – Schnorcheln ist auf Mirihi beliebt, da es ein Vergnügen ist, durch die türkise Lagune zum nahen Hausriff zu schwimmen. Die **Tauchbasis** und das **Wassersportzentrum** bieten alles, was man sich wünschen kann: PADI-Tauchkurse, drei Tauchfahrten pro Tag in kleinen Gruppen, Schnorchelfahrten, Windsurfen, Kajaks, Kanus, Hochseefischen, Nachtfischen. Alles, was nicht motorisiert ist, ist inklusive.

An Land ist – wegen der wenigen Bungalows – viel Platz für Volleyball, Badminton, Tischtennis, Darts, ein Fitnesscenter und vieles mehr. Und im **Duniye Spa** werden Massagen und viele asiatische Therapien angeboten.

Moofushi ► A 6

Die 300 x 100 m kleine Insel am Westrand des südlichen Ari-Atolls wurde 2011 von der mauritischen Hotelgruppe Constance komplett renoviert und zur wohl komfortabelsten All-Inclusive-Insel der Malediven gemacht.

Übernachten

Luxuriöses All Inclusive – **Constance Moofushi Resort:** Tel. 668 10 10, www.constancehotels.com, DZ/AI ab 700 €. Die Insel liegt etwa 80 km oder 30 Flugminuten vom Fluhafen entfernt. Die Hotelanlage beteht aus 24 schön gestalteten Villen am weißen Strand und fast 90 Wasservillen, die auf den weiten Sandbankausläufern stehen, die sich beiderseits der Insel ins Meer erstrecken. Die Architektur orientiert sich am traditionellen ›Island Stile‹: Dächer aus Palmwedeln, Wände und Böden aus viel Holz. TV, Klimatisierung, kostenloses WiFi, Kaffeeautomat, Minibar, Föhn, iPod-Docking-Station u. s. w. sind selbstverständlich vorhanden.

Essen & Trinken

All you can eat – Im Hauptrestaurant **Manta** gibt es täglich wechselnde Themenbuffets, die natürlich im All-Inclusive-Konzept enthalten sind. Gleiches gilt für das A-la-Carte-Restaurant **Alizée,** das eher leichte Gerichte anbietet.

Aktiv & Kreativ

Fast alles inklusive – Fitness Center, Yoga Pavillon, Spa mit Massagen und Pflegeanwendungen, Tretboote, Kayaks, Windsurfen, Besuche auf einer Sandbank; Bootsausflüge zum Schnorcheln sind kostenlos, die Ausrüstung gibt es an der ebenfalls vorhandenen Tauchbasis: einige der spannendsten Tauchspots der Malediven sind nicht weit entfernt. Kostenlos ist die Tauchbasis allerdings nicht.

Ranveli (Viligilivaru) ► B 7

Die 300 x 15 m große Insel liegt am Südostrand des Atolls und hat weiße Strände und eine häufig fotografierte, lang gestreckte Sandbank an der westlichen Schmalseite, die weit ins Atoll hinausreicht.

Übernachten

Mediterran – **Ranveli Village:** Tel. 668 08 28, www.ranvelivillage.com. Dieses Hotel liegt 85 km vom Flughafen entfernt, Transfer 30 Min. (Wasserflugzeug). Das Hotel ist eine kleine Anlage mit fast ausschließlich italienischem Publikum. In den 23 doppelstöckigen Bungalows befinden sich 56 Zimmer mit jeweils 36 m^2 Wohnfläche. Die Zimmer im 1. Stock haben Balkon, die Zimmer im Erdgeschoss haben eine Terrasse mit Meerblick. Minibar, Musikkanal, Telefon und alle denkbaren Einrichtungen außer Fernsehern sind vorhanden.

Aktiv & Kreativ

Viele Tauchspots – Das Hausriff ist ideal für Schnorchler. Auch Taucher finden

Dutzende erstklassiger **Tauchplätze** in unmittelbarer Umgebung am südöstlichen Außenring des Ari-Atolls. Im **Wassersportzentrum** gibt es Windsurfer, Kanus und Schnorchelausrüstung und an Land kann man Beachvolleyball spielen.

Sun Island (Nalaguraidhoo) ► A 8

Die Insel ist mit ca. 1,6 km Länge und etwa 700 m Breite eine der größten touristisch erschlossenen Inseln der Malediven. Sie liegt am Südwestende des Atolls nahe zweier großer Fischerinseln.

Übernachten, Essen

Groß – **Sun Island Resort:** Tel. 666 00 88, Fax 668 00 99, info@sun-island.com.mv, www.villahotels-maldives.de, DZ/Vollpension ab 50 €. Zuschlag pro Person und Tag für all-inclusive je nach Umfang des ›Pakets‹ 125–175 €. 110 km vom Flughafen entfernt, Transfer 2 Std. (Schnellboot) oder ca. 35 Min. (Wasserflugzeug). Die Ferienanlage ist Mitglied der Villa-Kette, deren Motto lautet: Was die Natur nicht perfekt gemacht hat, wird gebaut. Wenige Meter neben einem strahlend weißen Sandstrand liegt ein riesiger Süßwasserpool, dekoriert mit Granitfelsen im Seychellen-Stil – aus Plastik! Alle Zimmer sind klimatisiert, mit Sat-TV und Telefon. Konferenzräume und Business Center mit Internetanschluss sind ebenfalls vorhanden. Trotz der 426 Zimmer bietet die große 5-Sterne-Anlage mit mehreren Restaurants, Spielsalon, Disco, Karaoke-Räumen noch ausreichend Platz. Alle Deluxe-Zimmer sind mit Föhn, Dusche, Minibar, elektronischen Safes, Internet, Telefon, Satelliten- und Musikkanal ausgestattet. Wem Voll-

Über Wasser fahren – Sun Island macht's möglich

pension nicht ausreicht, der kann die Sun-Island-GOLD-Karte für 125 € pro Tag/Person oder die Platinum-Karte für 175 € zusätzlich kaufen. In diesen Karten ist dann außer Tauchkursen und Hochseefischen alles enthalten.

Einkaufen

Shoppinglaune – Im Resort kann man ausgiebig shoppen, es locken Geschäfte mit einer großen Auswahl an Souvenirs, ein Juwelier, Fotoshop, Parfümerie, Elektronikfachgeschäft sowie ein Friseur.

Aktiv & Kreativ

Was das Herz begehrt – Das Angebot an Freizeitaktivitäten ist so umfangreich, dass man es nur aufzählen kann: Poollandschaft (57 x 38 m) mit Wasserfall und Kinderbecken, Jacuzzis, Poolbar und Liegeterrasse. Elektronische Spielautomaten, Beautysalon und Massage. Modern ausgestattete Klinik mit Behandlungsräumen und Apotheke. Basketballfeld (mit Flutlicht), Volleyballfelder (teils mit Flutlicht), vier Tischtennisplatten, Darts, Jogging Trails.
Gegen Gebühr – gibt es vier Tennis-Hartplätze (mit Flutlicht), Squash-

Thudufushi ▶ A 6

Die etwa 300 x 150 m kleine Insel am Westrand des Atolls hat ein Korallenriff nahe einem herrlichen Sandstrand, der die Insel umschließt.

Übernachten, Essen

Modern – **Thudufushi Island Resort:** Tel. 668 05 83, www.planhotel.com, DZ all-inclusive ab 250 €. 80 km vom Flughafen entfernt, Transfer 85 Min. (Schnellboot) oder ca. 30 Min. (Wasserflugzeug). Die Hotelanlage mit 47 Bungalows ist modern und hochwertig eingerichtet mit klimatisierten Zimmern, gekachelten Bädern, gepflegten Wegen und wird nach einem All-inclusive-Konzept geführt, das fast alle Leistungen umfasst. Thudufushi ist eine Schwesterinsel zur Insel Athuruga und wird vom gleichen Management und nach den gleichen Prinzipien geführt. Einzelheiten s. bei Athuruga S. 182!

Aktiv & Kreativ

Ausflüge inklusive – Neben der Vollpension sind auch Windsurfen, Segeln, Ausflüge und Zigaretten (!) im Package eingeschlossen.

Vilamendu (Vilamendhoo) ▶ B 7

Die dicht bewachsene, 990 x 300 m große Insel liegt im Südosten des Atolls und ist von weißen Sandstränden und einer großen Lagune umgeben.

Übernachten, Essen

Preiswert – **Vilamendhoo Island Resort:** Tel. 644 44 87, www.vilamend

Halle, zwei Badmintonplätze, Fitnesscenter mit modernsten Geräten, Gymnastik- und Aerobicräume, Whirlpool, Sauna und Dampfbad, Massagezentrum, Golf Putting Green und Fahrradverleih.

Wassersport – Das **Wassersportzentrum** bietet seinen Gästen Windsurfing, Katamaransegeln, Parasailing, Jetski, Wasserski und Kanus, Scooter, Wakeboard und Kneeboard, Bananaboat Riding, Ring O'Riding. Die **Tauchbasis** ist eine PADI- und SSI-Tauchschule. Das multinationale Team führt die Taucher zu ca. 30 verschiedenen **Tauchplätzen** im südlichen Atoll.

hoomaldives.com, DZ all-inclusive ab 120 €. 82 km vom Flughafen entfernt, Transfer 30 Min. (Wasserflugzeug) oder 3 Std. (Schnellboot). Wer es ganz original maledivisch erleben möchte, kann auch einen 5-stündigen Transfer auf dem Motordhoni wählen. Die 154 Zimmer sind in drei Kategorien unterteilt: 13 Standard-, 131 Superior-, 10 Deluxe-Zimmer, klimatisiert und komfortabel eingerichtet. In der Zentrale gibt es Telefon und Internet zur allgemeinen Nutzung.

Essen & Trinken

Aus aller Welt – Die abwechslungsreichen Büfetts sind international gemischt mit einer leichten Vorliebe für indische Gerichte. Sogar vegetarische Gerichte können bestellt werden. Im Coffeeshop steht eine gute Auswahl an À-la-carte-Gerichten für die Gäste zur Wahl.

Aktiv & Kreativ

Für jeden ist gesorgt – Sun Island ist eine interessante Kombination aus gutem 4-Sterne-Komfort, tollem Strand und einer ausgezeichneten Tauchbasis, von der aus jeden Morgen Tauchdhonis zu den vielen Spots im südlichen Ari-Atoll ablegen. Aber auch Nichttauchern mangelt es nicht an Alternativen zur Freizeitgestaltung: Fitnessstudio, Katsegeln, Windsurfen, Wasserski, Kanu fahren, im Hausriff schnorcheln, Tennis oder Badminton spielen.
Verspielt – Im sogenannten ›Gamesroom‹ liegen Schachbretter, Caromspiele (maledevisches Brettspiel) und Spielkarten bereit, außerdem gibt es einen Snookertisch und Tischfußball.

Muschelkalk formt mitunter recht bizarre Gebilde

Tauchplätze im Ari-Atoll

Das Ari-Atoll gilt wegen seiner Größe und der vielen Inseln, Sandbänke, Korallenriffe, Thilas und Giris seit jeher als Eldorado ambitionierter Taucher. Man findet dort aber nicht nur anspruchsvolle Tauchplätze, sondern auch strömungsarme, ungefährliche Plätze für Anfänger. Die Anfahrten mit dem Tauchdhoni können etwas länger dauern.

Wie auch in den Male'-Atollen liegen die lohnenden Tauchplätze am östlichen Atollrand, nahe den Kanälen, durch die bei Ebbe und Flut der Wasseraustausch im Atollinneren stattfindet. Einige schöne, und vor allem auch für Anfänger geeignete Plätze, befinden sich rund um einige Thilas und Giris im Atollinneren. Viele anspruchsvolle Taucher wählen als Standort eine der Inseln im Nordosten (Maayafushi, Bathala, Halaveli, Fesdu oder Ellaidhoo), um von dort mit kurzen Anfahrtswegen die sensationellen Tauchgebiete zu besuchen. Aber auch der Südosten weist erstklassige und insbesondere farbenprächtige Riffe nahe dem breiten Dhigurashu-Kanal auf. Sie sind von den Hotelinseln Vilamendu (Vilamendhoo), Ranveli (Viligilivaru), Machchafushi, Kudarah und Diva (Dhidhdhoofinolhu) in kurzer Zeit zu erreichen.

Tauchplätze am Atollrand

Ukulhas Thila ▶ A/B 4
Am Nordausgang des Ari-Atolls liegt in einem strömungsreichen Kanal der Ukulhas Thila. Wegen der häufig, besonders zwischen Dezember und April,

anzutreffenden Mantas wird er auch als **Manta Point** des Ari-Atolls bezeichnet. Vom 30 m tiefen Kanalboden erhebt sich ein Korallenstock bis auf 16 m unter der Wasseroberfläche. Bei Ebbe und Flut wird er von oft starken Strömungen umschlossen, die auch an erfahrene Taucher hohe Anforderungen hinsichtlich Orientierung und Schwimmfähigkeit stellen. Sicherheitshalber sollte daher vor oder bei Einsetzen der Flut getaucht werden, wenn noch keine starke, ins Atoll gerichtete Strömung herrscht.

Halaveli-Wrack ❗ ▶ B 5
Etwa 20 km südöstlich steht in 30 m Tiefe im Sand das Halaveli-Wrack, das 1991 als Tauchattraktion versenkt wurde. Das Außenriff im Nordosten des Atolls, nahe dem Hausriff der Hotelinsel Halaveli, ist nur 30 m entfernt, dennoch sind die Strömungsverhältnisse unproblematisch. Da das Tauchboot mit einem Seil am Bug des Wracks festmachen kann, ist es ein idealer Tauchplatz auch für Anfänger. Allerdings darf man nicht ängstlich sein, denn kaum springen die Taucher ins Wasser, erheben sich ein Dutzend Stachelrochen aus dem feinen Sand, um ihnen entgegenzuschwimmen. Sie umkreisen dann die Tauchgruppe, um nachzusehen, ob sie etwas zu Fressen mitgebracht haben! In den vergangenen Jahren haben sich die Tiere an die Fütterung durch Taucher gewöhnt und sind zahm und freundlich geworden. Das Wrack selbst ist noch recht wenig bewachsen, aber bereits Heimat von Riesenmuränen, die aus den Luken herausschauen.

Bodu Thila ▶ B 5
Im Kanal nordöstlich von Halaveli liegt ein Korallenstock mit dem Namen Bodu Thila, der ebenfalls zu den herausragenden Tauchplätzen im Nord-

osten zählt. Auch hier sollte man bei einströmendem Wasser (beginnende Flut mit Strömung von Ost nach West) tauchen, um nicht ins offene Meer hinausgetragen zu werden. Die Riffe liegen in Tiefen zwischen 25 und 30 m. Sie werden von einem Höhlensystem durchzogen, in dem Gorgonien und Lederkorallen die Wände bedecken. Am Südwesteck des Thila befinden sich im Sand auf nur 5–7 m Tiefe einige isolierte Korallenblöcke, die mit zahllosen Anemonen bedeckt sind.

Atavaru Thila ▶ B 5

Der Atavaru Thila östlich der Insel Halaveli ist ein weiterer Korallenstock im Osten des Ari-Atolls. Der Tauchgang rund um den Thila gilt als einer der farbenprächtigsten der Malediven, da er reich mit bunten Weichkorallen gesegnet ist. Die oberste Kante dieses Blocks liegt ebenfalls nur 5 m unter der Wasseroberfläche, wo die Farben der Korallen herrlich leuchten. In westlicher Richtung fällt das Korallendach in mehreren Stufen ab, bis man den san-

Wunderschön im Licht angestrahlt: eine Peitschenkoralle

digen Grund in 30 m Tiefe erreicht. Die Südhälfte des Thila ist stark zerklüftet, weist Überhänge und kleine Höhlen, viele Hartkorallen und vielfarbige Schwämme auf.

Ellaidhoo Hausriff ▶ B 5

Weiter südlich liegt das Ellaidhoo Reef. Es schließt das Ari-Atoll nach Osten hin ab und ist wegen des starken Wasseraustausches artenreich bewachsen. Auf der Ostseite fällt es steil bis in eine Tiefe von 25 m ab und ist

durch die Wucht der hier ungebremst heranrollenden Gezeiten stark zerklüftet. Aus den Tiefen des Ozeans kommen immer wieder Haie hierher zu Besuch, und Stachelrochen wohnen in der Sandbank auf etwa 30 m Tiefe. Unter dem Bootssteg des Hotels liegt das Wrack eines Versorgungsschiffes, das Anfang der 1990er-Jahre gezielt als Tauchattraktion versenkt wurde. Man kann das Hausriff vom Strand aus schwimmend erreichen, aber auch bequem mit dem Tauchboot hinausfahren.

Magala Thila ▶ B 5

Einige Kilometer südlich von Ellaidhoo bietet sich in einem Strömungskanal südlich der unbewohnten Insel Maagau der Magala Thila als Tauchattraktion an. Dieser Tauchplatz ist auch von den übrigen Hotelinseln des Nordostens noch innerhalb von 30 Min. erreichbar. Die Oberfläche dieses Korallenstocks liegt auf 5–12 m Tiefe. Bis dorthin dringt genug Sonnenlicht durch, das die Korallen und Fische in allen Farben leuchten lässt. Der Thila ist von allen Seiten mit vielfarbigen Gorgonien, Drahtkorallen und Weichkorallen bedeckt, und leuchtende Fischschwärme stehen in der Strömung, die das einzige kleine Problem dieses Tauchganges sein können.

Hithi Kandu Thila ▶ B 7

Weiter südlich, nördlich der Hotelinsel Lily Beach (Huvahendoo), liegt der Hithi Kandu Thila, ein weiterer Thila des Ari-Atolls. Seine Oberkante befindet sich mit 14 m recht tief unter der Wasseroberfläche und ist mit Hartkorallen bewachsen, der Sandboden liegt sogar tiefer als 40 m. Da der Block in verschiedene Teile zerfällt, findet man tiefe Einschnitte, deren Wände dicht mit feinen, unbeschädigten Weichkorallen bewachsen sind.

Broken Rock Thila, Kudarah Thila, Dhigurah Arches ▶ B/C 7/8

Gute 10 km weiter südlich in einem breiten Kanal zwischen den Inseln Dhangethi im Norden und Dhigurah im Süden befinden sich mit dem Broken Rock, dem Kudarah Thila und den Dhigurah Arches die drei bekanntesten Tauchplätze des Ari-Atolls. Hier gibt es für jedes taucherische Können Möglichkeiten: Während die Dhigurah Arches für Anfänger kein Problem sind, ist der Kudarah Thila eher Fortgeschrittenen, der Broken Rock den Könnern zu empfehlen. Alle drei Tauchgebiete werden zweimal pro Tag von großen Mengen ein- und ausströmenden Wassers umspült, die reichlich Nährstoffe mitführen und einen idealen Lebensraum für Weichkorallen schaffen.

Wie der Name schon sagt, ist der Broken Rock ein zweigeteilter Korallenblock mit einem Canyon dazwischen, der gerade breit genug ist, um hindurchzuschwimmen, ohne die an den Wänden wachsenden Weichkorallen zu beschädigen. Der Kudarah Thila gilt als einer der am meisten betauchten Plätze im Ari-Atoll. Er ist wirklich sehenswert und wird daher auch von weiter entfernten Tauchbasen der südlichen Atollregion besucht. Auch dieser Korallenblock ist in viele große und kleinere Stücke zerbrochen, die in strahlend weißem Sand liegen. Dieser Kontrast trägt vermutlich dazu bei, dass die Weichkorallen des Kudarah Thila zu den farbenprächtigsten und strahlendsten des Ari-Atolls zählen. Als zusätzliche Attraktion patrouillieren aber auch jede Menge Weißspitzenhaie rund um die vielen Felsbrocken. Und wo Haie sind, da gibt es auch viele andere Fische, ja ganze Schwärme von Doktorfischen und Füsilieren, aus denen sich die Raubfische hin und wieder ein Exemplar schnappen.

Mandhoo Thila ▶ A 7

Am südlichen Westrand des Atolls – einer Region, in der erst seit wenigen Jahren Hotelinseln entstehen und der Tourismus noch weniger präsent ist – liegt der Mandhoo Thila. Viele Tauchplätze dieser noch weniger betauchten Gegend sind an Farbe und Vielgestalt nicht mit den bekannten Plätzen im Osten zu vergleichen. Die Wachstumsbedingungen für Korallen sind am westlichen Atollrand nicht so günstig, da die Strömung dort geringer ist. Genau das jedoch macht diese Region vor allem für Gelegenheitstaucher und Tauchanfänger interessant.

Der Mandhoo Thila allerdings ist die Ausnahme von der Regel: Er wird von den reichen Wassermassen umspült, die durch den breiten Mandhoo-Dhekunu-Kanal nördlich der Insel Rangalifinolhu (sie gehört zur Hotelinsel Conrad Maldives) ein- und ausfließen. Der nur 30 m breite, aber 200 m lange Korallenstock liegt ›windschnittig‹ in Ost-West-Richtung in der starken Strömung, die Korallen und Fische mit Nährstoffen aus dem offenen Ozean versorgt. Nur Könner sollten entlang des Kamms in etwa 12 m Tiefe von Westen nach Osten schwimmen, denn Ebbe und Flut erzeugen hier überraschende Strömungsveränderungen, sogar die gefürchteten ›Waschmaschineneffekte‹ mit Verwirbelungen kommen zuweilen vor!

Tauchplätze im Inneren des Atolls

Auch innerhalb des Ari-Atolls gibt es einige Hausriffe, die bei Tauchern sehr beliebt sind. Jede Tauchbasis hat ihre Geheimspots, doch gehören die folgenden – von Nord nach Süd aufgelistet – zu den Klassikern, die man gesehen und betaucht haben sollte.

Maaya Thila ► B 5

Der Maaya Thila liegt 2 km nordwestlich der Hotelinsel Maayafushi im Nordosten des Atolls, etwa 15 km vom Atollrand entfernt. Der Tauchplatz ist zur Spezialität von Hai-Fans geworden, denn nach jahrelang betriebenen Fütterungen durch die Tauchbasen hoffen die Fische nach wie vor auf einen Leckerbissen aus der Hand eines Tauchlehrers. Spätestens wenn sie die Tauchgruppe wittern, tauchen sie aus tieferen Regionen auf und umkreisen sie neugierig. Wer die innere Ruhe hat, sich den Haien ab- und den Korallenblöcken zuzuwenden, erblickt dort meist Thunfische oder Makrelenschwärme, welche die Korallenblöcke umlagern.

Fesdu-Wrack ► A 5

1984 wurde ein altes Frachtschiff wenige Kilometer südwestlich der Hotelinsel Fesdu (Fesdhoo) als Tauchattraktion versenkt. Das sogenannte Fesdu-Wrack ist inzwischen dicht mit Korallen überwuchert und Heimat von Fischschwärmen geworden. Es liegt in 26 bis 30 m Tiefe in der Nähe eines Thila, an dessen Außenseite man zum Schiff hinuntertaucht. Wer es wagt, durch eine offene Ladeluke durchzuschwimmen, gelangt in das Innere, wo sich Muränen und Barsche versteckt halten. Das Deck ist mit weißen und roten Weichkorallen bewachsen.

Fish Head ► B 5

Fish Head heißt ein weiteres Riff im Atollinneren, das unter Maledivenkennern wegen seines Reichtums an Haien berühmt ist. Obwohl es bis zum Atollrand noch einige Kilometer sind, herrscht oft starke Strömung, da der dortige Kanal breit und tief ist und daher bei Flut und Ebbe große Wassermassen ein- bzw. ausströmen. Der Korallenstock ist rund und hat einen Durchmesser von etwa 40 m. Er liegt in 40 m Tiefe im Sand, seine Oberfläche befindet sich etwa 10 m unter der Wasseroberfläche. Durch die starke Strömung wurden Höhlen und Überhänge ausgewaschen, von denen aus man einen einmaligen Ausblick auf manchmal ein halbes Dutzend Haie hat, die den Korallenstock in Tiefen von 20–30 m umkreisen.

Angaga Thila ► A/B 7

Im südlichen Teil des Atolls, nahe der Insel Angaga (Angaagau), findet man den Angaga Thila. Der kleine Korallenblock in 7–30 m Tiefe mit einem Durchmesser von nur 30 m ist ständig von riesigen Fischschwärmen umlagert und ein interessanter Platz für Taucher und Raubfische gleichermaßen. Ein Tauchgang ohne Begegnungen mit Weißspitzenhaien oder auch Grauen Riffhaien ist daher selten. Unter Überhängen in 15–20 m Tiefe hängen Fächerkorallen, die sich bis zum sandigen Grund auf 30 m fortsetzen. Die Hauptattraktion des Tauchgangs aber sind die dicht stehenden Fischschwärme und das Erlebnis, wie furchtlos sie den Tauchern gestatten, ganz dicht an sie heranzuschwimmen.

Machchafushi Reef ► B 7

Südöstlich davon befindet sich das Machchafushi Reef, das die gleichnamige Hotelinsel zu einem Paradies für Taucher und Schnorchler macht. Vom Steg aus kann man das vielfarbige Hausriff bewundern. Die schönsten Korallengärten liegen in einer Tiefe von nur 5–10 m und können daher auch von der Oberfläche aus bewundert werden. An der Außenwand des Hausriffs, das die ganze Insel umschließt, finden sich aber auch steile Abhänge, denen man bis 30 m in Regionen folgen kann, die dem Schnorchler verborgen bleiben.

Die Atolle Rasdhoo und Thoddoo

Etwa 10 km nördlich des Ari-Atolls liegt das kreisrunde Rasdhoo-Atoll mit einem Durchmesser von nur knapp 10 km. Auf zwei seiner vier Inseln gibt es Hotelanlagen. Die Insel **Madivaru** (▶ C 3/4) ist unbewohnt, auf der Insel **Rasdhoo** (▶ B/C 4) leben Fischer und auch das benachbarte, aber nicht zum Atollring gehörige **Thoddoo** ist besiedelt.

Hotelinseln im Rasdhoo-Atoll

Die Inseln Kuramathi und Veligandu werden heute touristisch genutzt. Bis 1970 war Kuramathi von Einheimischen bewohnt, doch als die Bevölkerung auf unter 120 Personen sank, wurde sie zur Nachbarinsel Rasdhoo umgesiedelt. Kuramathi war damit für Hotelentwicklung frei.

Kuramathi ▶ B 3/4

Kuramathi im Süden des Rasdhoo-Atolls ist mit 3 Hotels die größte Touristeninsel der Malediven. Sie ist über 2 km lang und zwischen 200 und 300 m breit. Da die Gäste auch die Einrichtungen der jeweils anderen beiden Hotels nutzen dürfen, bietet die Insel eine vergleichsweise große Auswahl an Wassersport- und Unterhaltungsmöglichkeiten und Restaurants. Gepflegte Fußwege immitten Schatten spendender Inselvegetation verbinden die Hotels, und wer es noch bequemer haben möchte, kann auch darauf warten, dass ein klappriger Bus des Weges kommt, der müde Wanderer einsammelt und – kaum schneller als zu Fuß – an ihr Ziel bringt. Auf der Insel befindet sich eine medizinische Station zur Behandlung von Tauchkrankheiten und eine Dekompressionskammer.

Übernachten

Die blaue Lagune – **Kuramathi Blue Lagoon:** DZ/Vollpension ab 200 €. Das Hotel Blue Lagoon hat 30 komfortable, klimatisierte Einzelbungalows und 20 Bungalows auf Stelzen über der Lagune. Es ist das ruhigste und komfortabelste der drei Hotels auf der Insel und liegt am lang und spitz auslaufenden Westende der Insel.

Eingewachsen – **Kuramathi Cottage:** DZ/Vollpension ab 180 €. Die 30 Strandbungalows des Kuramathi Cottage Hotel sind von dichter Vegetation umgeben und durch enge Fußpfade miteinander und mit den Restaurants verbunden. Gelegentlich fahren sogar kleine, offene Shuttlebusse, die Gäste mitnehmen und zu dem von ihnen gewünschten Wassersportzentrum, Restaurant oder Strand bringen. Alle Bungalows – egal ob an Land oder die 50 Bungalows auf Stelzen in der Lagune – sind klimatisiert.

Das Meer immer im Blick – **Kuramathi Village:** DZ/Vollpension ab 150 €. Die 141 Bungalows dieses größten und preiswertesten der drei Hotels auf Kuramathi teilen sich in drei Kategorien: Holzbungalows, Rundbungalows und Standardzimmer – jeweils mit Klimaanlage. Alle liegen nur wenige Meter vom Strand entfernt und haben Meerblick.

Essen & Trinken

Riesige Auswahl – Die Gäste können zwischen den Hauptrestaurants **Malaafaiy, Haruge** und **Farivalhu** wählen, in denen Frühstücks-, Mittags- und Abendbüfetts aufgetischt werden. Abends stehen die Speisen jeweils unter einem bestimmten Motto. Das zusätzliche Angebot umfasst Meeresfrüchte im **The Reef,** indische Leckereien im **Tandoor Mahal,** thailändische Speisen im **Siam Garden**, Italienisches (auch Eiscreme!) im **Palm Court** und Fleischfreunde kommen im **Island Barbecue** auf ihre Kosten. Der **Island Coffee Shop** bietet rund um die Uhr seine Dienste an und am Abend geht es in eine der 6 Bars, wo auch mal Livemusik erklingt.

Für Romantiker – Ganz unter sich ist man bei einem eigens arrangierten Dinner am Strand.

Aktiv & Kreativ

Drei auf einen Streich – Es gibt nichts, was es nicht gibt auf Kuramathi, denn alle Gäste der drei Hotels können die Einrichtungen der beiden anderen mitnutzen: Nachtfischen, Hochseefischen, Schnorchelsafaris, Inselausflüge, Tennis, Tischtennis, Fußball, Volleyball, Windsurfen, Bananaboat Riding, Katsegeln, Discoabende oder Tauchen am wunderschönen Hausriff.

Infos

Kontakt: Alle drei Kuramathi-Hotels sind unter der Tel. 666 05 27 und über die Website www.kuramathi.com zu erreichen.

Transfer: 80 km vom Flughafen entfernt, Transfer 90 Min. (Schnellboot) oder 15 Min. (Wasserflugzeug).

Eine Schule auf Kuramathi

Straßenszene auf der Insel Kuramathi

Veligandu ► C 3

Veligandu ist eine lang gestreckte, sehr grüne Insel (800 x 150 m) am Ostrand des Rasdhoo-Atolls – nicht zu verwechseln mit Veliganduhuraa, einer Insel im Südmale'-Atoll, auf der sich das Hotel Naladhu Maledives (s. S. 152) befindet.

Übernachten, Essen

Gemütlich – **Veligandu Island Resort:** Tel. 666 05 19, www.veliganduisland. com, DZ/ÜF ab 400 €. 50 km vom Flughafen entfernt, Transfer 40 Min. (Schnellboot) oder 15 Min. (Wasserflugzeug). Wegen der großen Lagune ist die Insel ideal zum Windsurfen, Segeln und Baden geeignet. Das mit nur 76 Zimmern kleine Hotel auf einer recht großen Insel ist angenehm naturnah. Alle 43 Superior-Bungalows bieten Aussicht auf die Lagune, die acht Deluxe-Bungalows sind etwas größer, sodass man auch bequem zu dritt darin wohnen kann. Neben 54 Jacuzzi Watervillas, gibt es 10 Wasservillen, die an einem langen Holzsteg liegen, und 12 Deluxe-Wasservillen sind noch komfortabler und großzügiger gestaltet. Das offene **Dhonveli Restaurant** ist geräumig, und unter dem Palmblattdach ist der Boden mit feinem weißem Sand bedeckt.

Aktiv & Kreativ

Individuelle Atmosphäre – Aufgrund der geringen Zimmerzahl ist die **Tauchbasis** sehr persönlich, die Tauchgruppen, die zu den über 20 **Tauchplätzen** im Kanal zwischen Rasdhoo- und Ari-Atoll fahren, sind klein. An Land kann man Poolbillard, Tischfußball, Tischtennis, Volleyball und Badminton spielen. Das **Veligandu-Wassersportzentrum** hat Kanus, Windsurfer und Katamaransegler.

Tauchplätze im Rasdhoo-Atoll

Kuramathi-Hausriff ▶ B 4

Am Hausriff von Kuramathi, der großen Hotelinsel im Rasdhoo-Atoll, wurde vor einigen Jahren ein altes Dhoni versenkt, um die Unterwasserwelt auch für Tauchanfänger interessanter und fischreicher zu gestalten. Mittlerweile haben sich Korallen angesetzt, und Fische nutzen das Schiff als Unterschlupf, sodass man bei diesem einfachen Tauchgang vom Strand aus viel zu sehen bekommt.

Madivaru Kandu ▶ C 4

Ein etwas anspruchsvolleres Tauchgebiet ist das Madivaru Kandu an der Außenseite des Atolls nahe der unbesiedelten Insel Madivaru, wo der Meeresboden bis auf 200 m Tiefe abfällt. Wenn man am Riff entlangtaucht, gesellen sich Großfische dazu und beobachten, wer in ihr Reich eindringt. Dazu gehören auch die furchterregend aussehenden Hammerhaie, die offenbar auf ihren Wanderungen durch den Indischen Ozean regelmäßig den 10 km breiten Kanal zwischen Rasdhoo- und Ari-Atoll passieren. In dem tiefen Blau des hier scheinbar bodenlosen Meeres finden sich auch große Thunfische, Makrelenschwärme und Barrakudas. Auf dem Tauchgang sollte man unbedingt darauf achten, nicht zu tief zu gehen: Die Orientierung zur Oberfläche hin ist in dem oft glasklaren Wasser sehr schwierig.

Thoddoo ▶ B 3

5 km nördlich des Rasdhoo-Atolls liegt die von einem Riff umgebene Insel Thoddoo, die nicht in einen Atollring

Mein Tipp

Außergewöhnlicher (Ein-)Blick

Viele Resorts haben Ausflüge auf Inseln in ihrem Programm, die nur von Maledivern bewohnt werden – wirklich individuell und authentisch ist das aber leider oft nicht mehr. Eine erwähnenswerte Ausnahme bietet das Hotel **Veligandu:** Die Insel gehört zu den ganz wenigen, von denen ein Abstecher zu der weit abgelegenen, großen Insel **Thoddoo** angeboten wird, wo sich der Lebensstil der über 1000 Malediver seit Jahrhunderten kaum verändert hat.

eingebunden ist. Geografisch gesehen ist Thoddoo ein selbstständiges Atoll, das schon in alter Zeit besiedelt war. Mit einem Durchmesser von 2 km ist die Insel etwa so groß wie Male', hat allerdings mit nur 1000 Einwohnern eine weitaus gesündere Bevölkerungsdichte als die mit über 100 000 Einwohnern hoffnungslos überfüllte Hauptstadt des Landes.

Früher war Thoddoo einmal Verwaltungssitz des Ari-Atolls. Die Insel besitzt landwirtschaftliche Nutzflächen – angebaut werden vor allem Melonen und Kürbisse – und eine ausgeprägte eigene Kultur. Erst vor einigen Jahren wurden Ruinen eines aus buddhistischer Zeit stammenden Tempels sowie eine Buddhastatue gefunden, die heute im Nationalmuseum in Male' ausgestellt ist. Bei den Ausgrabungen kam auch eine römische Münze aus dem 1. Jh. v. Chr. zum Vorschein! Historiker vermuten nun, dass die Römer schon nach Sri Lanka segelten und auf einigen Malediveninseln Zwischenstation machten.

Atolle des Nordens

Highlights !

Utheemu: Utheemu ist eine bewohnte Malediveninsel wie vor Beginn des Tourismus. Da sie Heimat des Nationalhelden Muhammad Thakurufaanu war, steht hier eine besonders schöne Moschee. Auch das Geburtshaus des Helden wurde originalgetreu wieder aufgebaut. S. 206

Eydhafushi: Die Hauptstadt des Baa-Atolls ist ein Zentrum der Handwerkskünste. Alle wichtigen Kunsthandwerke der Malediven versammeln sich auf der kleinen Insel – vom traditionellen Dhonibau über die Anfertigung schöner Lackgefäße bis hin zum Nähen festlicher Kleidung aus hochwertigen Stoffen. S. 211

Sonevafushi – Luxusinsel unter privatem Naturschutz: Die Eigentümer des Inselhotels Sonevafushi haben sich ein großes Ziel gesetzt: Ökonomie des Luxustourismus mit der Ökologie der Umgebung in bestmöglichen Einklang bringen! Und sie haben es auf Sonevafushi weit gebracht. Weltweit orientieren sich ökologisch denkende Hoteliers an den Schutzmaßnahmen dieser Trauminsel. S. 216

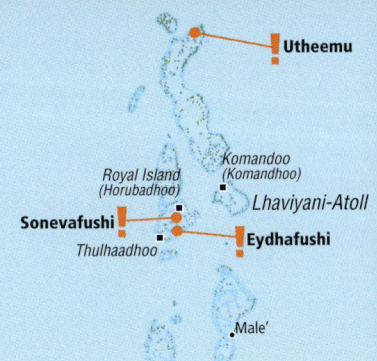

Kultur & Sehenswertes

Thulhaadhoo: Diese Insel im Baa-Atoll ist berühmt (und wohlhabend) geworden mit der Herstellung traditioneller schwarzer Lackgefäße. Ein Ausflug vermittelt interessante Einblicke und Sie können sich für die Lieben zu Hause mit Mitbringseln eindecken. S. 211

Aktiv & Kreativ

Tauchen im Lhaviyani-Atoll: In diesem Atoll gibt es wahnsinnig schöne Tauchplätze! Und das Beste daran: Weil in den nördlichen Atollen noch nicht so viele Touristen und Taucher unterwegs sind, kann man sie fast ungestört genießen. S. 222

Genießen & Atmosphäre

Kreuzfahrt in den Sonnenuntergang: Das Komandoo Maldives Island Resort (Komandhoo) im Lhaviyani-Atoll bietet seinen Gästen eine exklusive ›Sunset Cruise‹ – geradewegs in die untergehende Sonne hinein. S. 219

Abends & Nachts

Krabbenrennen: Ein typisch maledivischer Zeitvertreib am Abend ist das Krabbenrennen. Fast alle Resorts lassen abends die Krabben tanzen, so auch das Royal Island auf Horubadhoo. S. 216

Heimat des Nationalhelden und vieler Fischer

Die meisten der nördlichen Atolle sind touristisch noch kaum berührt. Die Bewohner der Fischerinseln im Norden beginnen sich aber auf ein Leben nach der touristischen Erschließung einzustellen. Junge Männer lernen lieber Englisch als Fischfang und viele Mädchen gehen in der fernen Hauptstadt Male' zur Hotelfachschule. Doch die Mehrzahl der Malediver lebt im Norden nach wie vor wie in vergangenen Jahrhunderten vom Fischfang. Dennoch wird auch ihr Leben ein wenig leichter, denn durch den Tourismus und den reicheren Fischfang mit schnellen Dieseldhonis sowie über ›Entwicklungshilfe‹ aus der Staatskasse kommen mehr Devisen auch in die Atolle des Nordens. Der Lebensstandard steigt langsam an, auf den Fischerinseln gibt es mittlerweile Stromgeneratoren, Kofferradios, Telefon, Fahrräder und Mopeds und auf einigen sogar Lastwagen.

Nördlich des Male'-Atolls befinden sich acht Atolle. Das Haa-Atoll (Nord- und Süd-Thiladhunmathee-Atoll) ist mit 150 km Ausdehnung ein lang gestrecktes Atoll, nördlich davon liegt das Atoll Ihavandhippolhu, südwestlich das kleine Maamakunudhoo-Atoll sowie die Atolle Shaviyani und Noonu. Im Südwesten schließen sich das Raa-Atoll (Nord-Maalhosmadulu-Atoll) und das Baa-Atoll (Süd-Maalhosmadulu-Atoll) an, östlich davon liegt das Lhaviyani-Atoll (Faadhippulhu-Atoll). Während die kleinen Atolle größeren Verwaltungsbezirken zugeschlagen wurden, unterteilte man die großen Atolle in mehrere Bezirke, die – leider verwirrend – von den geografischen Namen abweichende Bezeichnungen erhielten. Erst die Möglichkeit des Transfers mit Wasserflugzeugen haben Inseln für Hotelansiedlungen interessant gemacht. Mehrere private Fluggesellschaften bringen die Gäste mit Wasserflugzeugen in weniger als 60 Min. von Hulhule aus zu den Inseln im Norden.

Die Bewohner der Inseln im Norden sprechen Dhivehi wie alle Malediver, doch wenn sich Nordmalediver unterhalten, haben die Einwohner von Male' Schwierigkeiten, sie zu verstehen. Einfacher ist ihre Verständigung mit den Einwohnern der zu Indien zählenden Insel Minicoy, die 300 km weiter im Norden Teil der Lakkadiven ist. Auch sie sprechen nicht eine der vielen indischen Sprachen, sondern ein Dhivehi, das dem der nördlichen Maledivenatolle ähnlich ist.

Schönwetterfront im europäischen Winter

Die nördlichsten Inseln der Malediven suchen Anschluss an den internationalen Tourismus, da er eine Chance bietet, der Armut zu entkommen. Und es gibt gute Gründe sich für eine der Ferieninseln im Norden zu entscheiden, denn hinsichtlich des Wetters sind sie jedenfalls während der europäischen Wintermonate im Vorteil. Während dieser Zeit ist es weniger feucht und auch nicht so heiß wie auf den südlicher gelegenen Atollen. Im europäischen Sommer hingegen können heftige Unwetter die fast immer scheinende Sonne vorübergehend verdunkeln.

Die Atolle Ihavand- hippolhu und Haa

Verwaltungsbezirk Haa-Alifu- Atoll ▶ B–C 1

Das nördlichste Atoll der Malediven ist das **Ihavandhippolhu-Atoll,** ein kleiner Ring von Inseln mit einem Durchmesser von 10 x 20 km nordwestlich des großen **Haa-Atolls.** Beide verfügen noch über nur wenige touristische Einrichtungen und werden sehr selten von Tauchern besucht. Immerhin 16 Inseln des Verwaltungsbezirkes **Haa-Alifu (Nord-Thiladhunmathee-Atoll),** zu dem Ihavandhippolhu und der nördlichste Teil des Haa-Atolls zählen, sind bewohnt und haben zusammen fast 13 000 Einwohner. Die größte bewohnte Insel ist **Thuraakunu** (▶ B 1) im Ihavandhippolhu-Atoll. Die mit 2000 Einwohnern am dichtesten besiedelte Insel ist die Bezirkshauptstadt **Dhidhd- hoo** (▶ C 1) am Nordrand des Haa-

Kleine Fußballfans auf den Malediven

Atolls. Sie verfügt über einen neu erbauten Hafen, in dem Segeljachten und Safariboote sicher ankern können.

Huvarafushi (▶ B 1), eine von 2000 Menschen bewohnte Insel am Südwestrand des Ihavandhippolhu-Atolls, besitzt eine Fischfabrik und eine moderne, mit japanischer Entwicklungshilfe errichtete Schule.

Überreste einer 1934 erbauten britischen Militärbasis befinden sich auf **Kelaa** (▶ C 1), der nördlichsten der bewohnten Inseln des Haa-Atolls. Anders als der Stützpunkt auf der Insel Gan im Addoo-Atoll (s. S. 248) wurde die Basis aber schon bald aufgegeben und ist nun von dichtem Gestrüpp zugewachsen.

Utheemu ❗ ▶ C 1

Die Insel **Utheemu** wenige Kilometer südlich der Atollhauptstadt ist als Geburtsort des maledivischen Volkshelden Muhammad Thakurufaanu berühmt und seit Jahrhunderten ein schon fast heiliger Ort. Er führte mit seinen Brüdern 1565 einen Aufstand gegen die portugiesisch-christliche Kolonialherrschaft. 1573 gelang es der Gruppe von Widerstandskämpfern, die portugiesi-

sche Kolonialverwaltung und damit die damals stattfindende blutige Christianisierung der Malediven zu beenden. Thakurufaanu begründete daraufhin eine für die nächsten 100 Jahre währende, islamisch orientierte Familiendynastie.

Sein Geburtshaus und die alte Moschee wurden auf Utheemu vor einigen Jahren aufwendig und originalgetreu wieder aufgebaut und zu einem Museum umgewandelt. Von Schulklassen der umgebenden, von Einheimischen bewohnten Inseln wird sie wie ein Wallfahrtsort besucht und am Unabhängigkeitstag strömen die Bewohner der nördlichen Atolle auf die Insel, um zu feiern.

Auch das Grab seines von den Portugiesen enthaupteten Bruders Ali Thakurufaanu auf der Insel **Thakandhoo** (▶ B 1) 10 km weiter im Westen ist zur Feier des Unabhängigkeitstages von Portugal ein Wallfahrtsziel für die Bewohner der nördlichen Atolle.

Verwaltungsbezirk Haa-Dhaalu-Atoll ▶ A–C 2/3

In **Haa-Dhaalu (Süd-Thiladhunmathee-Atoll),** dem zweiten Verwaltungsbezirk

Utheemu – Moschee und Wohnhaus des Nationalhelden Muhammad Thakurufaanu

des großen Haa-Atolls, leben etwa 13 000 Bewohner auf 17 Inseln. Verwaltungssitz ist **Nolhivaramfaru** (▶ C 2).

Einen Flughafen gibt es auf der nördlichen Nachbarinsel **Hanimaadhoo** (▶ C 2), wo mehrmals pro Woche Maschinen der Inlandsfluggesellschaft landen. Wirtschaftlich wichtigste Insel ist allerdings die mit 5000 Menschen besiedelte Insel **Kulhuduffushi** (▶ B 2), auf der sich auch das größte Krankenhaus des Nordens befindet. Die Bevölkerung ernährt sich im Wesentlichen vom Fischfang, wobei hier auch viele Haifische gefangen werden. Ein guter Teil der Einnahmen stammt auch aus der noch sehr lebendigen Kunst des Mattenflechtens. Ein Teil der männlichen Bevölkerung verdient sein Geld inzwischen auch als Matrose auf Frachtschiffen oder als Angestellter einer der neuen Hotelinseln.

Manafaru ▶ B 1

Manafaru ist eine dicht bewachsene, ovale Insel mit rundum schneeweißem Strand im kaum besuchten Ihavandhippolhu-Atoll.

Übernachten, Essen

Naturbelassen – **The Beach House at Manafaru Maldives:** Tel. 665 04 00, www.beachhousecollection.com, Wasservilla mit Halbpension ab 500 €. Mit einem Propellerflugzeug fliegt man etwa 50 Min. bis zur Nachbarinsel Hanimaadhoo und wird von dort mit dem Boot (30 Min.) zur Insel gebracht. Dieses zweite Hotel im Haa-Alifu-Atoll zählt mit 68 Villen in fünf Preisklassen – davon einige am Steg über der Lagune – zu den absoluten Luxusresorts. Jede Villa hat einen privaten Süßwasserpool und wird von einem Villenbut-

ler betreut. Drei Restaurants mit unterschiedlichen Küchen stellen sicher, dass die Gäste Gerichte aus aller Welt genießen können. Wie auch die nicht weit entfernt liegende Hotelinsel Dhonakulhi (Island Hideaway) ist Manafaru eine weitgehend naturbelassene, unberührte Insel, die keine schützende Umbauung benötigt, da die Ufervegetation nicht angetastet wurde und auch sonst keine strömungsverändernden Baumaßnahmen erfolgten.

Aktiv & Kreativ

Alles da – Alle auf den Malediven üblichen Sportangebote (Tauchen, Windsurfen, Schnorcheln usw.) sind hier möglich.
Volksheld – Das Resort organisiert Ausflüge auf die Insel **Utheemu** (s. S. 206), wo das Museum und die Moschee besucht werden können.

Cinnamon Island (Alidhoo) ▶ C 1

Alidhoo ist eine kreisrunde ›Spiegelei-Insel‹ mit einem Durchmesser von etwa 200 m. Sie liegt nur wenige Kilometer nordöstlich von Utheemu, der Geburtsinsel des Nationalhelden Muhammad Thakurufaanu.

Übernachten

Mit Butler – **Cinnamon Island Alidhoo:** Tel. 650 11 11, www.cinnamonhotels. com, DZ/Vollpension ab 300 €. Mit dem zweimotorigen Propellerflugzeug geht es in 50 Min. erst zur Nachbarinsel Hanimaadhoo, von dort sind es noch 20 Min. Bootsfahrt. In rund 50 Strandvillen und noch einmal so vielen Villen über der Lagune bietet die auf

Sri Lanka ansässige Cinnamon-Hotelgruppe allen Komfort, der von einem 5-Sterne-Resort auf den Malediven erwartet wird: Souvenirshop, Juweliergeschäft, Businesscenter. Ein weißer Strand säumt die Insel. Gäste in der teuersten Zimmerkategorie werden von ihrem persönlichen Villenbutler betreut.

Essen & Trinken

Gut versorgt – Mit Open-Air-Restaurant, Pool-Restaurant und Lounge-Bar sind Gäste hier prima bedient.

Aktiv & Kreativ

Süß und salzig – Süßwasserpool mit separatem Kinderbecken, **Mandara-Spa** und **Tauchschule.**
Ausflug – Auch von Cinnamon Island aus werden Fahrten auf die Insel **Utheemu** (s. S. 206) angeboten.

Island Hideaway (Dhonakulhi) ▶ B 1

Dhonakulhi ist eine ungewöhnlich große (1400 x 300 m), dicht bewachsene und naturbelassene, halbmondförmige Insel, umgeben von weißem Sandstrand und einem einzigartigen Korallenriff vor der Westküste.

Übernachten, Essen

Mit Hafen – **Island Hideaway Spa Resort & Marina:** Tel. 650 15 15, www.island-hideaway.com, DZ/Halbpension 500 €. Transfer mit einem zweimotorigen Propellerflugzeug zur bewohnten Nachbarinsel Hanimaadhoo (50 Min.), von dort mit dem Speedboot (20 Min.)

bis zum Hotel. Höchster Komfort und viel Platz in den einzeln stehenden Villen sowie ein umfangreiches Sport- und Spa-Angebot genügen hohen Ansprüchen. Es wird großer Wert auf den Einklang mit der Natur, auf Sichtschutz und Privatsphäre gelegt. Die nur 43 Villen stehen mit viel Abstand voneinander an einmalig schönen Badestränden auf der Ostseite (Lagunenseite) der Insel. Restaurants, Rezeption und einzelne Villen liegen am Strand der Westseite, wo das intakte Korallenriff nur etwa 50 m von der Küste entfernt ist. Als Besonderheit besitzt das Island Hideaway den ersten für Hochseejachten geeigneten Hafen nördlich von Male'.

Aktiv & Kreativ

Geschichtsträchtig – Nur 15 Min. Bootsfahrt entfernt liegt die besonders schöne Fischerinsel **Utheemu** (s. S. 206), die man wegen ihrer geschichtlichen Bedeutung, natürlichen Schönheit und dem kleinen Museum besuchen sollte.

Shaviyani-Atoll

▶ B/C 2–4

Südlich vom Haa-Dhaalu-Atoll schließt sich der Bezirk mit dem Namen **Shaviyani-Atoll (Nord-Miladhunmadulu-Atoll)** an. Auf den 15 bewohnten Inseln leben etwa 9000 Menschen. Weitere 39 Inseln sind unbesiedelt.

Komandhoo (▶ B 4) ist die wichtigste Fischerinsel des Atolls, **Naroodhoo** (▶ C 3) besitzt Bedeutung als eines der wenigen Gemüseanbaugebiete der Malediven, denn die Insel hat mehrere Süßwasserseen. Auf der Verwaltungsinsel **Funadhoo** (▶ C 3) befinden sich Ruinen eines Friedhofs aus

dem 13. Jh. mit besonders schön ge-
meißelten Grabsteinen. Auch die Insel
Kanditeem (▶ B 3) ist für Historiker interessant. Hier fand man eingeschnitzt
in die hölzerne Türfassung einer Moschee den Hinweis, dass diese um 1588
(christlicher Zeitrechnung) errichtet
wurde. Das ist das älteste Zeugnis der
maledivischen Schrift Thaana.

Die Insel **Migoodhoo** (▶ C 3), im Osten des Verwaltungsbezirks gelegen,
ist wegen des Vorkommens von Süßwasser in der Inselmitte ebenfalls ein
Anbaugebiet für Gemüse. Die seit
Jahrhunderten bewohnte Insel ist ein
Beispiel für das Entstehen und Vergehen maledivischer Inseln: Während sie
an ihren Rändern etwa 2 m über dem
Meeresspiegel liegt, sinkt ihre Mitte
seit einigen Jahrzehnten langsam ab,
wodurch das Grundwasser immer stärker nach oben gedrückt wird. Wo bisher fruchtbarer Sumpf war, in dem die
Tarowurzel gedieh, befindet sich nun
ein See. Während der Regenzeit dehnt
er sich aus, die Gärten und Häuser der
Insel werden überschwemmt. Es werden bereits Vorkehrungen getroffen,
denn in nicht ferner Zeit werden die
Bewohner auf eine andere Insel um-
siedeln müssen.

Noonu-Atoll ▶ C/D 4/5

Den südlichen Abschluss des Haa-Atolls
bildet schließlich der Verwaltungsbezirk
**Noonu-Atoll (Süd-Miladhunmadulu-
Atoll)**, von dessen 74 mit Kokospalmen
und Gestrüpp bewachsenen Inseln nur
14 bewohnt sind. Hauptstadt des 9000
Einwohner zählenden Verwaltungsbezirks ist **Manaadhoo** (▶ C 4/5). Wirtschaftlich ist allerdings **Velidhoo** (▶ C 5),
am Südwestrand des Atolls, die wichtigste Insel, denn hier werden erstklassige Boote gebaut und auch die größte
Schule des Atolls befindet sich hier.

Auf **Landhoo** (▶ D 4), einer großen,
runden Insel am Ostrand des Atolls, er-
forschte Thor Heyerdahl einige Ruinen,
deren Ursprung er auf die sagenum-
wobene Urbevölkerung der Redin zu-
rückführt. Andere Archäologen vermuten allerdings, dass es sich um die Reste
eines Kultbaus aus vorislamischer, vermutlich buddhistischer Zeit handelt.

Raa-Atoll ▶ B 4–6

Südwestlich des Noonu-Atolls liegt mit
dem **Raa-Atoll (Nord-Maalhosmadulu)**
das erste der nördlichen Atolle, auf
dem die Regierung nach der touristischen Erschließung der Male'- und Ari-
Atolle die Errichtung neuer Hotelinseln erlaubt hat. Auf 16 bewohnten Inseln leben knapp 12 000 Menschen, 65
Inseln des Atolls sind unbewohnt.

Auf drei Inseln des Atolls – **Iguraid-
hoo** (▶ B 5), **Innamaadhoo** (▶ B 5) und
Alifushi (▶ B 4) – werden Dhonis gebaut. Die Bootswerft auf Alifushi
wurde in den 1980er-Jahren von der
Regierung komplett renoviert und mo-
dernisiert, da die Bootsbauer der Insel
im Ruf standen, die Besten der Malediven zu sein. Da sich in diesen Jahren
der Dieselmotor gegen das Segel als
Antrieb durchzusetzen begann, beauftragte die Regierung einen dänischen
Bootsbauer, gemeinsam mit den
Bootsbauern von Alifushi die traditionelle Form des Dhoni den neuen Anforderungen anzupassen. Abgesehen
davon, dass er empfahl, den Rumpf ein
wenig schlanker zu gestalten, um ihn
der höheren Reisegeschwindigkeit anzupassen und den Dieselverbrauch zu
verringern, sah der Schiffsbauspezialist
kaum Grund etwas zu ändern. Dennoch dauerte es Jahre, bis die ›modernen‹ Dhonis aus Alifushi von den Fischern angenommen wurden. Die
Werft musste sogar einige Jahre lang

unter Preis verkaufen, um die unge-wohnten Schiffe verkaufen zu können. Inzwischen ist das Misstrauen gewi-chen und die Werft baut erfolgreich viele der modernen Fischerboote.

Am Südostrand des Atolls, nahe der Hotelinsel Meedhupparu, liegt die In-sel **Kinolhas** (▶ B 5). 1343 ist hier der arabische Seefahrer Ibn Battuta erst-mals an Land gegangen und 14 Tage später mit Navigationshilfe eines ein-heimischen Fischers nach Male' weiter-gereist, wo er dann 18 Monate ver-brachte. Jedem Schulkind auf den Ma-lediven ist die Insel aus diesem Grund ein Begriff.

Eine andere, unbewohnte Insel des Atolls hat einen ebenso berühmten Namen: **Rasgetheemu** (▶ B 4) – über-setzt ›Königsinsel‹ – am nordöstlichen Atollrand soll die Insel gewesen sein, auf der ein Sohn des Königs von Sri Lanka auf der Suche nach einem neuen Siedlungsgebiet erstmals an Land ging. Von einem großen, schwarzen Raben geführt, soll er von hier nach Male' weitergereist sein, wo er eine viele Jahrhunderte andauernde Dynastie er-richtete (s. auch Essay S. 74).

Meedhupparu ▶ B 5

Meedhupparu, im Südwesten des Raa-Atolls, ist eine tropfenförmige Insel von etwa 600 x 400 m Größe. Sie hat ei-nen wunderschönen Strand und ist umgeben von einer ebenmäßigen, tür-kisfarbenen Lagune, die hervorragend zum Schwimmen geeignet ist.

Übernachten, Essen

Italienisch beeinflusst – **Adaaran Meedhupparu:** Tel. 658 77 00, www. meedhupparu.com.mv, DZ/Vollpen-sion ab 150 €. 130 km vom Flughafen entfernt, Transfer 45 Min. (Wasserflug-zeug). Das bisher einzige Hotel im Raa-Atoll hat stattliche 215 Bungalows zu bieten, die sich mit ihren dunkelgrü-nen Dächern in der dichten Vegetation verstecken. Rezeption, Restaurant, Coffeeshop, drei Bars, TV-Lounge, Sa-lon, Shopping-Arkade, Business Center und Wäschereiservice sorgen wunder-bar für die meist aus Italien kommen-den Gäste. Alle Zimmer sind mit Kli-maanlage, Deckenventilator, Minibar, Tee- und Kaffeekocher, Safe und Di-rektwahltelefon ausgestattet. Die Bä-der verfügen über eine Außendusche. Dem Publikum entsprechend ist die Küche überwiegend italienisch – was kein Nachteil ist.

Aktiv & Kreativ

Exklusiv – Eine **Tauchschule** sowie ein **Wassersportzentrum** sind selbstver-ständlich vorhanden. Das unberührte Hausriff liegt lediglich wenige Meter vom Strand entfernt. Die **Tauchplätze,** die nur von diesem Hotel aus angefah-ren werden, sind mit dem Boot in ca. 10–40 Min. zu erreichen. Neben schnorcheln und tauchen können die Gäste fischen, surfen sowie Strandvol-leyball, Badminton oder Tischtennis spielen. Fitnesscenter, Sauna, Jacuzzi, Dampfbad und Swimmingpool mit Poolbar sind ebenfalls vorhanden.
Wellness – Ein **ayurvedisches Zentrum** mit Schönheitssalon bietet neben ver-schiedenen Behandlungen auch Mas-sagen an.

Abends & Nachts

Lebhaft – Am Abend gibt es Livemusik, und Unterhaltungsprogramm. Wer selbst noch Bewegungsdrang verspürt, geht in die Disco.

Die Atolle Baa und Goidhoo ► B/C 6/7

Deutlicher als im benachbarten Raa-Atoll ist der Anschluss an den Tourismus in den Atollen **Baa (Süd-Maalhosmadulu-Atoll)** und **Lhaviyani (Faadhippolhu-Atoll)** zu erkennen. Nachdem es dort lange nur zwei Hotelinseln gab – Kunfunadhoo und Kuredhdhoo –, wurden seit 1999 sieben neue Resorts eröffnet. Wasserflugzeuge bringen die Gäste und sichern die Versorgung; erst so war die Erschließung der vom Handelszentrum Male' weit entfernten Inseln möglich.

Im Baa-Atoll, zu dessen Verwaltungsbereich auch das kleine **Goidhoo-Atoll** zählt, findet sich mit Sonevafushi (Kunfunadhoo, s. S. 216) eine der luxuriösesten und teuersten Hotelinseln der Malediven. Unter dem Inselnamen Kunfunadu existierte dort für kurze Zeit ein preiswertes Hotel. Es konnte aber wegen der geringen Einnahmen aus den niedrigen Zimmerpreisen die Kosten für den weiten Transport der Versorgungsgüter per Flugzeug von Male' aus nicht decken. Mitte der 1990er-Jahre pachtete ein englischer Millionär die Insel für 25 Jahre und verwandelte das Hotel in eine Luxusherberge, die weit mehr als üblich Rücksicht auf die Natur einer unverfälschten Malediveninsel nimmt.

Eydhafushi ❗ ► B 6

Die südliche bewohnte Nachbarinsel Eydhafushi ist die Hauptstadt des Atolls. Hier werden verschiedene Kunsthandwerke gepflegt, deren wichtigstes seit Jahrhunderten der Bau von Dhonis aus Kokospalmenholz ist. Die Boote sind perfekt an die in den maledivischen Atollen herrschenden Wasser- und Wetterverhältnisse angepasst und ihrem

Mein Tipp

Dekorative Mitbringsel
Die schönen maledivischen Lackgefäße sind ein super Mitbringsel. Bei einem Ausflug auf die Inseln Eydhafushi (z. B. von Sonevafushi, s. S. 216) oder Thulhaadhoo (z. B. von Coco Palm, s. S. 213) kann man sich nicht nur deren traditionelle Herstellung ansehen, sondern auch direkt welche erstehen.

Äußeren sieht man an, dass arabische Seefahrer und ihre Daus einst Vorbilder gewesen sein dürften. Zum inseltypischen Kunsthandwerk gehören aber auch schwarze Lackgefäße, deren Herstellungsweise von chinesischen Einwanderern übernommen wurde. Zunächst werden die Gefäße aus dem weichen Holz des Funa-Baumes (Lorbeer) geschnitzt. Anschließend tragen Kunsthandwerker verschiedenfarbige Harze auf. Auch Schmiedearbeiten aus Silber und die Herstellung festlicher Kleidung aus mit Gold- und Silberfäden durchsetzten Stoffen kann man finden.

Thulhaadhoo ► B 7

Wichtigste Produktionsstätte der schönen und wertvollen Lackgefäße ist jedoch **Thulhaadhoo** im Südwesten des Atolls. Mit dem Verkauf der Gefäße hat die Insel einen ungewöhnlichen Reichtum erlangt. Die Bebauung reicht in diesem Ort bis an die Ufer der Insel, was auf Malediveninseln sehr ungewöhnlich ist. Anders als die Touristen halten Malediver nämlich gerne Abstand zum Strand, sodass Flut, Erosion oder Sturmfluten ihren Häusern nichts anhaben können.

Goidhoo-Atoll ► B 7

Südlich des Baa-Atolls liegt das kleine Goidhoo-Atoll. Es hat eine Ausdehnung von 15 x 5 km und besteht nur aus drei Inseln. Wegen ihrer Abgeschiedenheit werden sie seit Jahrhunderten als Verbannungsort für Menschen genutzt, die sich in weit entfernten Atollen strafbar gemacht haben.

Fulhadhoo

Auf einer dieser Inseln, **Fulhadhoo** (► B 7), lebt auch ein Deutscher, der Mitte der 1970er-Jahre dorthin verbannt worden war. Im Affekt hatte er seine Freundin im Hotelzimmer auf einer der wenigen damals existierenden Tourismusinseln erstochen. Das war ein ungeheuerliches Verbrechen in den Augen der Malediver, denn über Jahrhunderte war kein Mord auf ihren Inseln geschehen. Er wurde natürlich mit der Höchststrafe geahndet und die lautete: lebenslange Verbannung auf die Insel Fulhadhoo. Damals war der Verurteilte gerade 20 Jahre alt, wusste nicht, wie man eine Kokosnuss öffnet, wie man ein Boot baut und wie man Fische zubereitet. Keiner der 80 Bewohner Fulhadhoos sprach englisch und der Verbannte kein Dhivehi. Der für dortige Verhältnisse hünenhafte, blonde Deutsche lernte beim für ihn verantwortlichen Inselvorsteher bald die Sprache und die handwerklichen Fähigkeiten, die man benötigt, um auf einer solchen Insel zu überleben. Wie die anderen 20 Verbannten auf der Insel ging er fischen, erntete Kokosnüsse und dachte erfolglos darüber nach, wie man diesem vom Ozean umgebenen ›Paradies‹ von 300 x 500 m Größe entkommen könnte. Doch dann lernte er seine heutige maledivische Frau kennen, konvertierte zum Islam, gründete eine Familie und beschloss zu bleiben. Selbst als er

1983 von der maledivischen Regierung begnadigt wurde, wollte er nicht nach Deutschland zurückkehren.

Schon einige Jahrhunderte früher gelangte ein anderer Europäer unverhofft auf die Insel, als 1602 das Schiff ›Corbin‹ im Sturm auf ein Korallenriff lief und sank. Der Franzose François Pyrard de Laval und einige Männer seiner Besatzung konnten sich zum Ufer retten, wo sie allerdings wenig freundlich aufgenommen wurden und fünf Jahre lang, streng bewacht, arbeiten mussten. Erst als eine Flotte bedrohlich aussehender Schiffe aus Indien vor der Insel auftauchte und die wenigen Einwohner sich in ihren Häusern versteckten, konnten sie zu den Schiffen schwimmen, die sie nach Indien brachten.

Anantara Kihavah ► B 6

Dieses neue, elegant gestaltete Luxus-Resort eröffnete 2011 auf einer großen Koralleninsel inmitten des Baa-Atolls. Üppige Vegetation, weiße Strände, kristallklares Wasser und ein fantastisches Hausriff sind nur einige der Highlights.

Übernachten

Absoluter Top-Luxus – **Anantara Kihavah:** Tel. 660 10 20, www.kihavah-maldives.anantara.com, DZ/ÜF ab 1000 €. Die insgesamt nur 78 Villen sind mit viel Liebe zum Detail erbaut. Sie liegen am Strand unter Palmen mit viel Platz und Privatsphäre oder auf Stelzen inmitten der Lagune. Alle verfügen über private Pools und Tagesbetten auf der Terrasse oder unter einem Pavillon.

Essen & Trinken

Abwechslungsreich – In fünf Restaurants werden die Gäste verwöhnt: Das

Das Coco Palm Resort aus der Luft

Plates ist auf maledivische Gerichte mit Zutaten aus den umliegenden Gewässern spezialisiert. Im **Manzaru,** Pool-Restaurant und Bar, gibt es tagsüber leichte Gerichte und abends italienische Spezialitäten. Im **Sea.Fire.Salt.Sky.** findet der Gast drei Restaurants unter einem Dach: das Sea ist ein Unterwasser-Weinkeller und Restaurant, in dem abendlich ein Gourmet-Menü, begleitet von passenden Weinen und beobachtet von den Riff-Fischen, serviert wird. Fire ist ein Tappan-Yaki-Restaurant und Salt bietet asiatische Küche. Das Sky schließlich ist eine Bar auf dem Dach, von der aus man den Sonnenuntergang und den klaren Sternenhimmel bewundern kann.

Aktiv & Kreativ

Breites Angebot – Am Inselpool kann man auf Wasserbetten entspannen oder man tobt sich bei zahlreichen Aktivitäten zu Land und im Wasser aus. Ein Tennisplatz und ein Volleyballfeld stehen ebenso wie ein Fitnessraum bereit, Tauchen, Schnorcheln, Kanus, Windsurfer, Kajaks, Katamarane, Kitesurfen und Hochseefischen werden vom Wasser-

sportzentrum aus angeboten. Und natürlich gibt es ein erstklassiges Spa.

Coco Palm (Dhunikolhu) ► B 7

Die halbmondförmige Insel von etwa 600 x 400 m Größe liegt im südwestlichen Baa-Atoll. Sie ist dicht bewaldet und hat eine wunderbare Sandbank auf einer Seite und ein schönes Riff auf der anderen.

Übernachten

Gute Mittelklasse – **Coco Palm Resort & Spa:** Tel. 660 00 11, www.cocopalm. com, DZ/Halbpension ab 250 €. 126 km vom Flughafen, Transfer 45 Min. (Wasserflugzeug). Die 100 Hotelbungalows, die meisten mit direktem Blick auf die Gärten und den Strand, wurden, um Erosionsschäden zu minimieren, nicht unmittelbar an den Strand, sondern hinter der natürlichen Ufervegetation gebaut, die den Strand vor den Wellen schützt. Die beiden ›Lagoon Water Palace Suites‹ zählen mit fast 160 m²

Wohnfläche zu den großzügigsten (und teuersten) der Malediven. Aber auch die übrigen zwölf Wasservillen sind – wie auch die Villen an Land – mit 90 m^2 sehr großzügig gestaltet. Die Strandvillen haben je nach Kategorie zusätzlich einen privaten kleinen Tauchpool mit Süßwasser. Alle Wasservillen verfügen nicht nur über einen Whirlpool, sondern auch über einen privaten Süßwasserpool auf der Terrasse.

Essen & Trinken

International – Vier Restaurants ermöglichen viel Abwechslung bei den Mahlzeiten, die in der Regel in Büfettform, gelegentlich auch am Tisch serviert werden.

Aktiv & Kreativ

Variantenreich – Neben der **Tauch- und Wassersportbasis** (Katsegeln, Windsurfen, Wasserski) gibt es ein **Spa,** Badminton, Tennis, Volleyball und eine Lounge mit vielen Spielangeboten wie Tischtennis, Poolbillard und einen Fernsehraum.

Ausflug – Von Coco Palm aus kann man einen Abstecher auf die Insel Thulhaadhoo (s. S. 211) unternehmen.

Landaa Giraavaru ▶ C 6

Landaa Giraavaru war bis 2006 eine dicht bewachsene und nur von einem maledivischen Einsiedler bewohnte ›Robinson-Crusoe-Insel‹. Sie liegt am Rand des Baa-Atolls nahe eines fischreichen Kanals mit ausgezeichneten Tauchspots. ›Robinson‹ lebt noch immer dort – umgeben von den luxuriösen Einrichtungen des Hotels.

Übernachten

Zu allen Jahreszeiten – **Four Seasons Landaa Giraavaru:** Tel. 660 08 88, www.fourseasons.com/de/maldiveslg/, Villa inkl. Frühstück ab 720 €, 120 km von Male' entfernt, ca. 40 Min. mit dem Wasserflugzeug. Mit knapp über 100 einzeln stehenden Villen zählt dieses 2006 eröffnete Luxusresort zu den mittelgroßen Anlagen mit reichhaltigem Beschäftigungsangebot. Sowohl die knapp 40 Wasservillen als auch die 60 Strandvillen zählen zu den komfortabelsten und modernsten Unterkünften der Malediven. Die kleinsten Bungalows an Land und über Wasser haben 75 m^2 Wohnraum, die 30 Strandvillen mit Pool sogar fast 140 m^2.

Essen & Trinken

Breit aufgestellt – Das Hotel bietet seinen Gästen mehrere Restaurants, u. a. das arabische Lokal **Al Barakat,** das **Café Landaa** und das mediterrane Restaurant **Blu.**

Aktiv & Kreativ

Tauchen, Joggen, Wellness – Außer den auf allen Top-Inseln selbstverständlichen Tauch-, Schnorchel und Hochseefischmöglichkeiten gibt es auf Landaa Giraavaru noch einen 1,2 km langen Joggingpfad, eine voll ausgestattete **Ayurveda-Klinik,** ein Spa und Tennisplätze.

Reethi Beach (Fonimagoodhoo) ▶ C 6

Die 600 x 200 m große, dicht bewachsene Insel liegt im Nordosten des Baa-Atolls und ist von weißen Stränden umgeben.

Übernachten

Palmendach – **Reethi Beach Resort:** Tel. 660 26 26, Fax 660 27 27, info@reethi-beach.com, www.reethibeach.com, DZ/Vollpension ab 200 €. 105 km vom Flughafen entfernt, Transfer 45 Min. (Wasserflugzeug) plus 15 Min. (Dhoni). 100 palmblattgedeckte Bungalows mit großer überdachter Terrasse, davon 30 Deluxe-Villen und 30 Wasserbungalows.

Essen & Trinken

Vielfalt – Da es fünf Restaurants gibt, kann man sehr abwechslungsreich essen – in allen entweder vom Büfett oder à la carte und mit Tischservice. Ganz nach eigenem Geschmack!

Aktiv & Kreativ

Wassersport – Sehr gut ausgestattete **Tauch- und Wassersportbasis.** Da es zum Hausriff nur 30–100 m sind, kann man bequem vom Strand aus schnorcheln.
Entspannung – Das ›**Serena Spa**‹ bietet viele Behandlungsmethoden sowie Dampfbäder, Sauna, Erfrischungspool, Jacuzzi mit Blick auf das Meer und drei geräumige Behandlungsräume mit Außenduschen und Ruhebereichen.
Sport und Shopping – Tennis, Squash, Badminton, Beachvolleyball, Tischtennis, Aerobic und ein Segelausflug mit dem Katamaran sind weitere Freizeitmöglichkeiten. Es gibt einen Swimmingpool, ein Fitnesscenter und Souvenirgeschäfte.

Royal Island (Horubadhoo) ▶ B 6

Horubadhoo (ca. 800 x 200 m) liegt im südwestlichen Teil des Baa-Atolls. Der flach abfallende Sandstrand und die kristallklare Lagune bieten gute Schwimm- und Wassersportmöglichkeiten.

Übernachten, Essen

Umweltverträglich – **Royal Island:** Tel. 660 00 88, www.royal-island.com, DZ/Vollpension ab 250 €. 110 km vom Flughafen entfernt, Transfer 2,5–3 Std. (Schnellboot) oder 45 Min. (Wasserflugzeug). Das Hotel hat 150 Bungalows, die alle etwa 15 m vom Strand entfernt stehen. Außerdem gibt es eine große Lobby mit Rezeption, Restaurants, Bar, Strandbar, eine Disco mit Karaoke-Einrichtungen sowie Swimmingpool mit Kinderbecken und Liegeterrasse. Die komfortablen Zimmer haben Klimaanlage und Ventilator, Telefon, Satelliten-TV mit Videokanal, Internetanschluss, Minibar, Safe, Sitzecke, Terrasse und zusätzliche Außendusche. Frühstück, Mittag- und Abendessen werden am Büfett im Open-Air-Restaurant serviert.

Einkaufen

Mitbringsel – Im Souvenirgeschäft oder beim Juwelier kann man sich mit Geschenken versorgen, im Fotoshop bei Bedarf Bilder entwickeln.

Aktiv & Kreativ

Sportlich – Die **Tauchbasis** bietet Anfänger- und Fortgeschrittenenkurse (PADI). 30 **Tauchplätze** sind mit dem Boot in 20–60 Min. zu erreichen. Von der Wassersportbasis aus kann man gegen Gebühr Windsurfen, Katsegeln, Wasserski-, Kanu- und Wasserscooter fahren und vieles mehr. Schnorcheln ist direkt vom Strand aus möglich. Weite-

Mit dem Rad unterwegs auf Sonevafushi

rer Sport: Tennis, Volleyball, Tischtennis, Badminton, Fußball, Darts.
Wellness – Die Gesundheits- und **Schönheitsfarm** bietet Aroma-Therapien und unterschiedliche Massage-Behandlungen an.

Abends & Nachts

Gut unterhalten – Zur Abwechslung tragen auch die arrangierten Picknicks auf Nachbarinseln, das Nachtfischen und die abendlichen Krabbenrennen bei. Oft gibt es auch Livemusik-, Disco- und Karaoke-Abende.

Sonevafushi **!** (Kunfunadhoo) ► B 6

Die Insel im östlichen Baa-Atoll ist mit 500 x 1500 m eine der größten Hotelinseln der Malediven. Durch Rücksichtnahme auf die natürlichen Gegebenheiten hat die Insel weitgehend ihren Charakter einer ursprünglichen, dicht bewachsenen Malediveninsel bewahrt und ist weit weniger als andere Hotel-

inseln von Erosion beeinträchtigt. Rund um die Insel findet man 4 km weißen Strand und auch die Strandvegetation wurde zum Schutz vor Erosion weitgehend unberührt gelassen. Im Inneren ist sie von dichtem Wald bedeckt, der von schmalen Wegen durchzogen ist.

Übernachten

Engagiert – **Sonevafushi Resort & Spa:** Tel. 660 03 04, www.six-senses.com/soneva-fushi, DZ/Vollpension ab 600 €. 114 km vom Flughafen entfernt, 40 Min. (Wasserflugzeug). Die große Insel beherbergt 65 Wohneinheiten, die weiträumig und mit großzügigem Abstand zueinander über die große, lang gestreckte Insel verteilt sind. Jeder Gast bekommt ein Fahrrad, mit dem er über schmale Wege durch den dichten Wald zu seiner Villa gelangen kann.

Die luxuriöse Hotelinsel Sonevafushi ist nicht nur in ungewöhnlichem Maße an der Erhaltung der Natur der Insel interessiert, sondern pflegt auch eine sehr enge Kooperation mit der Nachbarinsel Eydhafushi (s. S. 211), von der ein Teil der Mitarbeiter des Hotels stammt. Das Hotel bietet regelmäßige Besuchsfahrten nach Eydhafushi an und wendet zudem einen guten Teil der Erlöse auf, um dort soziale und kulturelle Projekte zu unterstützen.

Essen & Trinken

Gesund – Das Hotel bewirtschaftet einen nach biologisch-dynamischen Grundsätzen gepflegten **Obst- und Gemüsegarten,** in dem sich eines der Restaurants befindet, in welchem Gerichte aus den Erzeugnissen des Gartens und dem täglich frischen Fischfang zubereitet werden.

Aktiv & Kreativ

Gut aufgestellt – Direkt vom Strand aus kann man schnorcheln und es gibt eine ausgezeichnete **Tauchschule** (s. u.) sowie ein Wassersportcenter vom Feinsten. Darüber hinaus gibt es ein Beauty- und Massagecenter, ein **Spa** der Spitzenklasse mit im Wald versteckten Behandlungshütten und ein Fitnesscenter, Tennisplatz, Freiluftkino und Yoga-Unterricht.

Tauchen im Baa-Atoll

Das Baa-Atoll steckt voller unerforschter Tauchplätze, denn erst seit 1995 arbeitet dort die kleine Tauchbasis der Hotelinsel Sonevafushi (s. o.). Sie kennt zwar gut 30 Plätze, deren genaue Lage man jedoch, angesichts der Konkurrenz durch die neuen Hotelinseln, nicht gerne preisgibt.

Digalihaa Thila ▶ C 6
Nur der Digalihaa Thila gehört seit Jahren zu den bekannten, von Tauchsafari-

booten besuchten Plätzen. Er liegt im Atollinneren etwa 5 km nordwestlich von Sonevafushi (Kunfunadhoo) und kann mit seinem Durchmesser von 80 m in einem Tauchgang problemlos komplett umrundet werden. Obwohl der runde Korallenstock schon einige Kilometer vom Atollrand entfernt liegt, wird er von recht starker Strömung umspült und sollte daher nur bei Flut und von Osten aus betaucht werden. Der Digalihaa Thila ist von vielen Fischschwärmen (Makrelen, Thunfische) umgeben, die natürlich auch große Raubfische wie Barrakudas und Haie anlocken, die noch nicht an Taucher gewöhnt sind und wohl aus Neugierde gelegentlich sehr nahe kommen. Wer in einer solchen Situation nicht ruhig bleiben kann, sollte auf diesen Tauchplatz besser verzichten.

Lhaviyani-Atoll

▶ A–C 1–3

Einige Kilometer weiter im Westen, durch den breiten Kaashidhoo-Bodu-Kanal vom Nordmale'-Atoll getrennt, liegt schließlich das **Lhaviyani-Atoll (Faadhippolhu-Atoll),** das besonders Tauchern schon lange bekannt ist. Das mit 20 x 30 km mittelgroße Atoll hat etwa 7000 Einwohner auf nur vier (von insgesamt 59) bewohnten Inseln. Die dicht besiedelten Fischerinseln liegen im Südwesten und sind von Hotelinseln aus in Tagesausflügen zu erreichen. Der Souvenirverkauf hat den Bewohnern in den letzten Jahren einen sichtbaren Wohlstand gebracht. Arbeitslosigkeit ist in diesem Atoll unbekannt, es müssen sogar Arbeitskräfte aus Sri Lanka geworben werden, um in der großen Thunfischdosenfabrik auf der Insel **Felivaru** (▶ A 1) zu arbeiten!
   Am Nordrand des Atolls liegt die 1978 eröffnete, große Urlaubsinsel **Ku-**

redu (Kuredhdhoo, S. 219), die bei passionierten Tauchern aus Deutschland, Österreich und der Schweiz beliebt ist. Anfang des Jahres 2000 eröffneten drei weitere Anlagen, die mit individueller Unterbringung in Einzelbungalows, hohem Standard des Service und des Essens sowie reichem Freizeitangebot die Preise erzielen, die erforderlich sind, um die hohe Inselpacht und den weiten Transportweg bezahlen zu können.

Kanuhura (Kanu Huraa) ► B 1

Kanu Huraa ist eine lang gestreckte, mit 1000 x 200 m große Insel, die das Atollinnere vom Baraveli Kandu (Baraveli-Kanal) trennt.

Übernachten

Fünf Sterne – **Kanuhura Beach & Spa Resort:** Tel. 662 00 44, www.kanuhura.com, DZ/Halbpension ab 500 €. 130 km vom Flughafen entfernt, Transfer ca. 40 Min. (Wasserflugzeug). Luxuriös ausgestattete Anlage (100 Bungalows, teilweise auf Stelzen in der Lagune) mit Strandbar, Biergarten, Coffeeshop und vielem mehr. Kanuhura ist eine 5-Sterne-Insel, mit erstklassigem Service, allem denkbaren Komfort und entspannter Eleganz. Alle Villen und Suiten sind aus Naturmaterialien gebaut und sehr geschmackvoll eingerichtet.

Essen & Trinken

Großes Angebot – Im Hauptrestaurant **Thin Rah** kann man den Köchen beim Zubereiten von japanischen, chinesischen, thailändischen und indischen Speisen zusehen! Mediterran ist die Küche des **Olive Tree** und in den drei Bars (darunter auch eine Pianobar mit Livemusik) gibt es Snacks und natürlich alle Arten von Getränken und im Havanna Club – wie könnte es anders sein – auch erstklassige Zigarren.

Aktiv & Kreativ

Sport – Tauchmöglichkeiten gibt es entweder in den flachen Gewässern innerhalb des Atolls oder an steilen Abfällen (bis zu 1500 m Tiefe) nicht weit entfernt (**Tauchspots** wie **Kuredhdhoo Express,** S. 222, **Fushifaru Thila,** S. 223). Auch Nitrox-Tauchen ist möglich. Weitere Wassersportarten: Windsurfen, Katsegeln, Wasserskifahren, Kanufahren usw. Es gibt zwei Tennisplätze mit Flutlicht, einen klimatisierten Squashplatz, ein Fitnesscenter, ein **Beautycenter,** zudem Volleyball, Tischtennis und Billard.

Kids – Kinder von 2–11 Jahren sind Mitglied im **KidsOnly Club,** von dem aus sie den Tag – je nach Geschmack – im seichten Teil der Lagune oder bei Spielen im Club verbringen.

Komandoo (Komandhoo) ► A 1

Die mit 500 x 100 m schmale und lange Insel liegt am Nordwestrand des Atolls.

Übernachten, Essen

Idylle – **Komandoo Maldives Island Resort:** Tel. 662 10 10, www.komandoo.com, DZ/Vollpension ab 240 €, Aufpreis all-inclusive 50 €/Pers. und Tag. 150 km vom Flughafen entfernt, Transfer 45 Min. (Wasserflugzeug). Die 45-Bungalow-Anlage ist ideal für Ruhesuchende und für Taucher. Sie hat eine kleine Rezeption mit CD-Verleih, Open-Air-Restaurant, Coffeeshop, Bar, Souvenirgeschäft und Bücherecke. Die 45 Zimmer in Holzbungalows liegen leicht erhöht auf dem weißen Sandstrand mit grandiosem Blick auf das Meer. Sie haben einen Wohn-/Schlafraum mit Klimaanlage, Ventilator, Kühlschrank, Telefon, CD-Player, Terrasse und ein Badezimmer mit Freiluft-Dusche. Frühstück, Mittag- und Abendessen mit sehr guter, internationaler Küche gibt es im Open-Air-Restaurant. Mahlzeiten in Büfettform oder mit Menüwahl.

Aktiv & Kreativ

Tauchen – Tauchen ist das Hauptthema der Insel, was auch ruhesuchenden Gästen zugutekommt, denn die Taucher unter den maximal 90 Gästen sind zwei- bis dreimal am Tag für jeweils mehrere Stunden unterwegs! Das Hausriff mit direkten Einstiegsstellen liegt nur 80 m entfernt. 50 **Tauchplätze**

(z. B. **Shipyard,** s. S. 222) sind mit dem Boot in 20–60 Min. zu erreichen.
Nichttaucher – Es werden Schnorchelausflüge, Besuche auf benachbarte Inseln und Bootsausflüge zum Fischen angeboten. Außerdem kann man Volleyball und Tischtennis spielen und gegen Gebühr Windsurf- und Segelunterricht nehmen. Die Nutzung der Windsurf-Ausrüstung (nach Verfügbarkeit), der Kanus sowie eine abendliche **Sunset Cruise** sind kostenfrei.

Kuredu (Kuredhdhoo) ▶ A 1

An der nördlichsten Spitze des Lhaviyani-Atolls liegt diese mit ca. 1600 x 350 m sehr große Insel mit breitem Sandstrand und herrlicher Lagune.

Übernachten

Groß – **Kuredu Island Resort:** Tel. 662 03 37, Fax 662 03 32, info@kuredu.

Traumstrand im Lhaviyani-Atoll

Bar am Strand des Kuredu Island Resort

com, www.kuredu.com, DZ all-inclusive 300 €. 150 km vom Flughafen entfernt, ca. 40 Min. (Wasserflugzeug). Die Insel bietet viel Platz für die 300-Zimmer-Anlage, die im Jahr 2002 renoviert und umgebaut wurde. Unter die günstigste Zimmerkategorie fallen die renovierten Strandzimmer, die komfortabelsten sind die neu errichteten Wasservillen, die dementsprechend am teuersten zu Buche schlagen. Die Insel ist international sehr bekannt, da sie bereits seit 1978 Basis für erfahrene Taucher ist. Durch zahlreiche Sportangebote und Animationen ist Kuredu vor allem bei jüngeren Gästen beliebt. Pool mit Liegeterrasse, Souvenir- und Taucherfachgeschäft und eine Krankenstation.

Essen & Trinken

Variationsreich – Es gibt zwei Hauptrestaurants, Coffeeshop, Teahouse mit maledivischen Snacks, Seafood-Grill, ein asiatisches und ein italienisches Restaurant sowie fünf Bars. Frühstück, Mittag- und Abendessen werden im Open-Air-Restaurant in Büfettform angerichtet. In den anderen Restaurants gibt es internationale Küche und lokale Spezialitäten à la carte.

Aktiv & Kreativ

Tauchen und Schnorcheln – Schöne Tauch- und Schnorchelplätze im selten besuchten Atoll sind die Hauptattrak-

den!). Gegen Gebühr kann man Tennis spielen, Surfen und Segeln lernen oder zum Hochseefischen hinausfahren.

Palm Beach Island (Madhiriguraidhoo) ► B 1

Die Insel am Nordostrand des Atolls besteht in weiten Teilen aus undurchdringlichem Dschungel, der von einigen Wegen durchzogen ist. Sie ist 1600 m lang und in der Mitte 350 m breit. Der fast 4 km lange Sandstrand wird von einer türkisfarbenen Lagune gerahmt.

Übernachten, Essen

Natürlich – **Palm Beach Resort & Spa:** Tel. 662 00 87, www.palmbeachmaldi ves.com, DZ mit Vollpension 300 €. 128 km vom Flughafen entfernt, Transfer 45 Min. (Wasserflugzeug). Die behutsame touristische Nutzung der sehr großen Insel ist überall spürbar. Es gibt nur 118 Bungalows, die in die dichte Vegetation integriert und vom Strand aus fast nicht zu sehen sind. Selbst die kleinsten Bungalows sind mit 60 m^2 Grundfläche, offenem Badezimmer und großem Schlafzimmer komfortabel. Sie sind klimatisiert, lassen sich aber auch durchlüften, sodass auch mit abgeschalteter Klimaanlage angenehme Temperaturen herrschen. Jeder Urlauber hat vor seinem Bungalow ein Fahrrad stehen, um die weiten Wege auf der großen Insel schneller zurücklegen zu können. Wer weder laufen noch fahren will, kann sich aber auch von einem Elektroauto (Club-Car) abholen und hinbringen lassen, wo immer er möchte. Sehr gut – aus Umweltsicht – ist, die versteckte Lage der Villen hinter der natürlichen, die Insel schützenden und Schatten spendenden Ufervegetation.

tion der Insel. Tauchkurse für Anfänger, PADI-Kurse, auch Nitrox-Tauchen und mehrere modern ausgestattete Schulungsräume machen Kuredu zu einer echten Taucherinsel, zumal man auch vom Strand aus tauchen kann. 40 **Tauchplätze** sind mit dem Boot in 20 bis 60 Min. zu erreichen (u. a. der **Kuredhdhoo Express**, S. 222, **Shipyard**, S. 222, und der **Fushifaru Thila**, S. 223). Schnorchelkurse und begleitete Schnorchelsafaris werden ebenfalls von der **Tauchschule** organisiert.

Sonstiger Sport – Volleyball, Badminton, Fußball, Benutzung des Fitnessraums und alle Tischspiele sind kostenfrei, ebenso die Windsurf-Ausrüstung (nach Verfügbarkeit, bei voll belegter Insel kann es schon mal knapp werden!).

Essen & Trinken

Gesund schlemmen – Das Angebot lässt keine Wünsche offen: Salat, Gemüse, frisch gegrillter Fisch, Fleisch und Pasta sowie Spezialitäten von den Malediven oder aus Indien.

Aktiv & Kreativ

Tauchen – Schnorcheln direkt von der Insel aus ist mangels Hausriff wenig interessant, dafür aber kann man mehrmals pro Tag mit dem Dhoni zum Riff fahren und dort in Ruhe schnorcheln. Die **Tauchbasis** ist professionell, die Tauchgründe angesichts der wenigen Hotels ruhig und hervorragend.
Sport und Wellness – Eine **Schönheitsfarm** umsorgt die Gäste, wenn sie vom Tennis, Squash, Badminton, Windsurfen, Katsegeln oder gar dem Training im klimatisierten Fitnessraum erschöpft sind. Ausflüge zu Nachbarinseln und Picknicks auf einer unbewohnten Sandbank sind weitere Möglichkeiten, den Alltag schnell zu vergessen.

Abends & Nachts

Musik – Abendliche **Musikvorführungen** von Musikern der Nachbarinseln oder **Tanz** (Bodu Beru) finden oft statt.

Tauchplätze im Lhaviyani-Atoll

Im Unterschied zu den Atollen Ari und Male' sind die nördlichen Atolle sehr wenig betaucht und die heißen Tauchspots nur Kennern bekannt. Rund um Kuredhdhoo im Lhaviyani-Atoll befinden sich eine Menge erstklassiger Tauchplätze, die von den Tauchbasen in Anbetracht der wachsenden Kon-

kurrenz durch neue Hotelinseln eifersüchtig gehütet werden.

Kuredhdhoo Express ▶ B 1

Einer von ihnen ist der Kuredhdhoo Express, ein Tauchgang in starker Strömung um einen Korallenstock, der im südöstlichen Eingang des Strömungskanals südöstlich der Hotelinsel Kuredu (Kuredhdhoo) liegt. Das Boot setzt die Taucher östlich der Insel Kanuhura (Kanu Huraa) ab, von dort tauchen sie auf etwa 10 m, wo der Kopf des Korallenstocks liegt. Die Strömung treibt an beiden Seiten vorbei und man kann bis in den Kanal schweben und dabei eine ungewöhnliche Vielfalt und Dichte an Fischen (u. a. Napoleonfische, Haie, Muränen) und natürlich bunte Korallen beobachten. Man sollte diesen Tauchgang nur bei steigender Flut und dadurch ins Atoll einströmendem Wasser durchführen, um nicht in der Unendlichkeit des Indischen Ozeans außerhalb des Atolls zu verschwinden!

Shipyard ▶ A 1

Shipyard nennt sich ein weiterer Klassiker des Lhaviyani-Atolls etwa 15 km im Südwesten der Hotelinseln Kuredu (Kuredhdhoo) und Komandoo (Komandhoo). Zwei Wracks liegen nur 50 m voneinander entfernt in 30 m Tiefe auf weißem Sand. Das eine liegt flach auf der Seite, das andere steht mit dem Heck in 30 m Tiefe auf, lehnt an einer Korallenwand und ragt mit dem Bug einige Meter aus dem Wasser heraus. Durch die starke Strömung zwischen der Fischerinsel Felivaru und der unbewohnten, als Kokosplantage genutzten Insel Gaaerifaru wurden die Wracks schnell von Weichkorallen besiedelt. Warum die beiden japanischen Kühlschiffe 1980 mitsamt ihrer Ladung hier versenkt wurden, ist unbekannt. Sicher ist nur, dass es keine eigens für Taucher auf Grund gesetzte Attraktionen sind.

Auch hier ist es ratsam, nur bei ins Atoll einfließender Strömung zu tauchen. Das Wasser ist dann klarer und die Gefahr abzutreiben gering. Die Strömung trägt die Taucher vom senkrecht stehenden Wrack zu dem flach im Sand liegenden Schiff. Ohne Anstrengung kann man Fische und Korallenformationen betrachten, die sich in den vergangenen Jahrzehnten in, auf und um die eisernen Riesen angesiedelt haben. Kenner bezeichnen diesen Tauchplatz als einen der farbenprächtigsten und zugleich unheimlichsten der Malediven. Die vielen überwucherten Seile, Bullaugen, Schlote und Kommandobrücken haben bizarre und geheimnisvolle Formen angenommen und bieten unendlich viele Verstecke für Muränen. Die Korallen sind weitgehend unverletzt, denn nur einmal

pro Woche organisiert die Tauchbasis von Kuredu (Kuredhdhoo) eine Fahrt hierher. Die Taucher werden gebeten, besonders vorsichtig zu sein, um dieses Fisch- und Korallenparadies so schön zurückzulassen, wie sie es vorfinden.

Fushifaru Thila ▶ B 1
Zwischen den beiden Hotelinseln Kanuhura (Kanu Huraa) und Palm Beach Island (Madhiriguraidhoo) befindet sich ein Tauchspot namens Fushifaru Thila. Es handelt sich um ein Korallenstock inmitten eines Strömungskanals. Wegen des großen Fischreichtums um den Korallenstock kann man hier Haien, Stachelrochen und allen Arten von Raubfischen begegnen. Bei planktonreichem Meer lassen sich auch häufig Mantas und gelegentlich Walhaie beobachten.

Das Lhaviyani-Atoll bietet interessante Tauchplätze mit einigen Wracks

Atolle des Südens

Highlights !

Die Insel Nilandhoo: Einen kleinen Einblick in die Geschichte der Malediven gibt ein Besuch auf der Insel Nilandhoo, wo eine der ältesten Moscheen der Malediven steht und auch Überreste von Bauwerken aus vorislamischer Zeit gefunden wurden. S. 230

Das Addoo-Atoll: Ein kleines Atoll südlich des Äquators, das erst seit 2009 ein echtes Touristenhotel besitzt. Im Unterschied zu allen anderen Atollen kann man bewohnte Inseln auf eigene Faust erkunden! S. 248

Auf Entdeckungstour

Ausflug in die maledivische Vergangenheit: In den südlichen Atollen finden sich weit mehr Hinweise auf vorislamische Kulturen als im Norden. Mit etwas Mühe lassen sie sich entdecken, seit es dort Hotelinseln gibt, von denen aus man Tagesexkursionen zu den Nachbarinseln unternehmen kann. S. 232

Foammulah – die etwas andere Malediveninsel: Abgeschieden vom Rest der Welt inmitten des Indischen Ozeans liegt die für maledivische Verhältnisse riesengroße Insel zwischen dem Addoo-Atoll im Süden und dem Huvadhoo-Atoll im Norden. S. 252

Kultur & Sehenswertes

Archäologische Funde im Hadhdhun-mathee-Atoll: Auf den Inseln in diesem Atoll werden Geschichts- und Kultur-interessierte hellwach. Es gibt viele Ruinen alter vorislamischer Bauten zu entdecken. S. 243

Mit dem Fahrrad über die Inseln: Die Inseln Gan, Feydhoo, Maradhoo und Hithadhoo sind durch einen langen Damm miteinander verbunden. So bietet sich die für maledivische Verhältnisse seltene Chance, mit einem Drahtesel von Insel zu Insel zu fahren. S. 249

Aktiv & Kreativ

Tauchen am Wrack der ›British Loyalty‹: Der Tanker wurde 1944 torpediert und musste versenkt werden. Das Leid der einen – in diesem Falle der Briten – ist die Freude der anderen: Rund ums Wrack kann man hervorragend tauchen. S. 255

Genießen & Atmosphäre

Umweltschutz auf Filitheyo: Wunderbar in die Natur eingepasst wurde das Hotel auf Filitheyo – auch die Möbel wurden im Hinblick auf die Umwelt ausgewählt. Da schlägt das Naturfreundherz höher. S. 231

Kulinarische Themenabende im Medhufushi Island Resort: Viele Resorts der Malediven sind eine gute Adresse, wenn es ums Essen geht. Doch auf der Insel Medhufushi kann man wahrhaft schlemmen, die kulinarischen Themenabende sind ein Genuss! S. 238

Abends & Nachts

Abendunterhaltung auf Hakuraa Huraa: Wie überall auf den islamischen Malediven ist feuchtfröhliches Nachtleben unüblich. Wer gerne nach dem Abendessen noch etwas Unterhaltung sucht, findet das im All-Inclusive-Resort Chaaya Lagoon Hakuraa Huraa. S. 238

Eine fast unberührte Inselwelt

Die Atolle südlich vom Südmale'-Atoll sind vom Tourismus noch weitgehend unberührt. Auf vielen Inseln erinnern Ruinen an frühe, vermutlich buddhistische Bewohner. Während der europäischen Sommermonate sind diese Atolle ein wenig im Vorteil, weil sie in dieser Zeit weniger feucht und heiß sind und seltener tropische Unwetter auftreten, je näher man dem Äquator kommt.

Es ist ein Genuss, mit der Propellermaschine auf dem Weg von Male' nach Gan im zu den Suvadiva-Inseln gehörenden Addoo-Atoll über diese weitgehend unberührte Inselwelt südlich der Atolle Südmale' und Ari zu fliegen. Mit etwas Glück erlebt man sogar eine Zwischenlandung auf Kadhdhoo im Hadhdhunmathee-Atoll (Laamu-Atoll) und staunt über die gepflegt und fast wohlhabend wirkenden Dörfer auf diesen Inseln abseits des Trubels.

Bis vor einigen Jahren war eine Bootstour mit dem Diesel-Dhoni (s. Tipp S. 229) die einzige Möglichkeit, die Atolle südlich der Male'-Atolle zu besuchen. Lediglich im Felidhoo-Atoll, dem südlichen Nachbaratoll Südmale's,

Infobox

Reisekarte: ▶ Karte 2 (Süd)

Anreise und Weiterkommen

Felidhoo-Atoll: Von den südlichen Inseln des Südmale'-Atolls erreicht man das Felidhoo-Atoll nach Überqueren des 9 km breiten Fulidhoo-Kanals in ca. 30 Min. Der Transfer vom Fughafen zu den beiden Hotelinseln des Atolls ist mit dem Boot und dem Wasserflugzeug möglich. Man kann Kosten sparen, wenn man die 2–2,5-stündige Fahrt mit einem Schnellboot in Kauf nimmt. Das kostet etwa 150 € weniger als der allerdings wesentlich schnellere und bequemere Transfer mit dem Wasserflugzeug.

Nilandhoo-Atolle: Die drei seit 1999 erschlossenen Hotels in den beiden Atollen erreicht man vom Flughafen aus mit Wasserflugzeugen.

Hadhunmathee-Atoll und Suvadiva-Inseln (Addoo-, Huvadhoo-Atolle): Diese Hotels sind zu weit von Male' entfernt, um mit Wasserflugzeugen erreicht zu werden. 1–2 x pro Tag gibt es Linienflüge zu den Flughafeninseln der Atolle (Gan, Kadhdhoo und Kaadedhdhoo). Von dort holen die Hotels ihre Gäste mit der Motorjacht ab.

Klimasituation im Süden

Je weiter man nach Süden dem Äquator näher kommt, desto ausgeglichener ist das Klima im Laufe eines Jahres. In den südlichsten Atollen, die nördlich und südlich des Äquators liegen, gibt es kaum Klimaschwankungen und die Tageshöchsttemperaturen liegen das ganze Jahr über bei 28–33 °C im Schatten. Da in den europäischen Sommermonaten im Norden der Malediven statistisch häufiger als im Süden Gewitter auftreten und das Meer aufgewühlt wird, ist die Wahrscheinlichkeit, in einem Hotel im Süden klares, ruhiges Sommerwetter zu erleben, etwas höher als im Norden. Aber eine Garantie gibt es nicht, denn das Wetter hält sich hier genausowenig an die Vorgaben der 100-jährigen Statistik wie anderswo.

gab es zwei Hotelinseln. Doch seit 1999 sind weitere Hotelinseln nicht nur auf den drei benachbarten Atollen Nord-Nilandhoo, Süd-Nilandhoo und Mulaku für den Tourismus geöffnet worden. In den vergangenen Jahren sind auch im Süden einige neue Resorts auf bisher unbewohnten Inseln entstanden. Diese Entwicklung wird auch in den kommenden Jahren weitergehen, denn die Regierung ist daran interessiert, dass in allen Atollen Arbeitsplätze in touristischen Einrichtungen entstehen, um die Bevölkerung von der bisher einzigen Einnahmequelle Fischerei unabhängiger zu machen.

Wer bis in diese Region vorstößt, hat weitgehend unberührte Tauchgründe erreicht. Bis vor wenigen Jahren brachen nur von den beiden Hotelinseln des Felidhoo-Atolls (Vaafu-Atoll), Alimatha und Dhiggiri, regelmäßig Taucher zu den Plätzen der Umgebung auf. Die Tauchgebiete in noch weiter südlich gelegenen Atollen waren den wenigen Glücklichen vorbehalten, die mit Safaribooten für eine Woche von Male' so weit nach Süden vordringen konnten. Mit der Eröffnung der neuen Hotels in den südlichen Atollen wird sich allerdings die Zahl der bekannten Tauchplätze in den kommenden Jahren vervielfachen. Es bleibt zu wünschen, dass die Taucher mit der empfindlichen Ökologie der unberührten Korallenriffe vorsichtiger umgehen, als dies in den Anfängen des Tauchsports im Norden des Landes der Fall war.

Felidhoo-Atoll

▶ C/D 10–12

Südlich des Male'-Atolls liegt der Verwaltungsbezirk **Vaafu,** der passionierten Tauchern besser unter seinem geografischen Namen **Felidhoo-Atoll** bekannt

Mein Tipp

Die Entdeckung der Langsamkeit
Anstatt mit dem schnellen Wasserflugzeug von Insel zu Insel zu fliegen, kann man sich auch für eine etwa 14 Tage dauernde Bootsfahrt durch die Atolle mit dem Diesel-Dhoni entscheiden (Genehmigung des Atollministeriums in Male' erforderlich, s. S. 17). Allerdings müssen Übernachtungen grundsätzlich auf dem Boot stattfinden, denn auch hier wird streng darauf geachtet, dass der Tourismus die traditionelle, islamisch geprägte Lebensweise auf den Inseln nicht stört.

ist. Zum Verwaltungsbereich zählt auch das unbewohnte **Vattaru-Falhu-Atoll** an der Südspitze, von dessen geschlossenem Korallenring nur die Insel **Vattaru** (▶ C 12) aus der Meeresoberfläche herausragt. Das Felidhoo-Atoll ist mit 1500 Einwohnern auf fünf bewohnten Inseln (Rakeedhoo, Thinadhoo, Fulidhoo, Felidhoo, Keyodhoo) ungewöhnlich dünn besiedelt. Die Menschen der Inseln **Felidhoo** (▶ D 12) mit 500 Einwohnern und **Keyodhoo** (▶ D 12) mit 300 Einwohnern erhalten neben den Erlösen aus dem Thunfischfang ein Zusatzeinkommen aus dem Verkauf von Postkarten und Souvenirs an die Gäste des Taucherhotels Alimatha.

Alimatha ▶ D 11

Alimatha ist eine kreisrunde Insel mit etwa 250 m Durchmesser am nordöstlichen Außenrand des Felidhoo-Atolls (Vaafu-Atoll). Sie hat eine schöne Lagune ohne Korallenstöcke.

Übernachten, Essen

Von Anfang an dabei – **Alimatha Aqua-tic Resort:** Tel. 670 05 75, www.alimat
haresort. com, DZ/Vollpension ab 150 €.
65 km vom Flughafen entfernt, Transfer
ca. 90 Min. (Schnellboot) oder ca. 25
Min. (Wasserflugzeug). Alimatha wurde
in der Frühzeit des Malediventourismus
(1975) erschlossen. Die meisten der nach
der Totalrenovierung 1999 über 100
Zimmer befinden sich in der südlichen
Hälfte der Insel, einige auf Stelzen in der
Lagune. Den weitgehend am Tauchen
interessierten Gästen bietet sie seit der
Renovierung sogar Klimaanlagen, Minibar, offenes Restaurant, Bar, Coffeeshop, Souvenirshop und Barbecues. Zum
Mittag- und Abendessen gibt es auf-
wendige Büfetts.

Aktiv & Kreativ

Tauchen und Co – Die meisten Gäste
sind Taucher, die sich über das vergleichsweise niedrige Preisniveau
freuen. Alimatha hat auch drei Einstiegsstellen, zum schönen Hausriff
und zu fantastischen Schnorchelgrün-
den. Bereits beim Schnorcheln trifft
man auf Großfische sowie auf Schildkröten und natürlich auf eine artenreiche Korallen- und Fischwelt. Zusätzlich
zum perfekten Taucherlebnis und
Schnorcheln sind Hochseefischen,
Nachtfischen, Inselhüpfen, Surfen, Kanufahren, Volleyball und Tischtennis
geboten. Nicht im Preis inbegriffen:
Schnorchelsafaris, Windsurfen, Katamaransegeln.

Abends & Nachts

Lebendig – Am Abend gibt es Livemusik und Tanz, auch Folklore-Darbietun-
gen werden veranstaltet.

Tauchgebiete im Felidhoo-Atoll

Den Gästen der Hotelinsel stehen einige wunderschöne und vor allem noch
nicht überlaufene Tauchgebiete offen.

Devana Kandu ▶ D 11

2 km südlich von Alimatha befindet
sich beispielsweise der Devana Kandu,
ein staatlich geschütztes Gebiet, in
dem ein großer Korallenbrocken liegt.
Mit den bei Ebbe und Flut ein- und ausfließenden Wassermassen wird dieser
Block von Nährstoffen umspült, wodurch sich eine extrem vielfältige und
dichte Lebensgemeinschaft aus Weich-
und Hartkorallen, Thunfisch- und Makrelenschwärmen sowie Raubfischen
herausgebildet hat. Zusammen mit einem erfahrenen Tauchlehrer kann
man sich an der Atollaußenseite vom
Tauchboot absetzen und mühelos mit
der einströmenden Flut an den Korallen vorbeitreiben lassen.

Fotteyo Muli ▶ D/E 11

Fotteyo Muli heißt ein weiterer Tauchgang, der außerhalb des Atolls beginnt
und mit der Flut nach innen führt. Der
Kanal erstreckt sich an der östlichen
Spitze des stiefelförmigen Atolls, südlich der unbewohnten Insel Bodufushi.
Im Kanal befindet sich ein Thila, dessen
sonnenüberflutetes und von vielfarbigen Korallen bewachsene Plateau
10 m unter der Wasseroberfläche liegt.
Noch interessanter sind allerdings der
steile Abbruch des Außenriffs im Norden und die Kante, an der sich das Außenriff nach Westen in den Kanal hi-
neinwendet. Aufgrund der starken
Strömung ist diese Region besonders
belebt und das Wasser hat in Jahrmillionen Höhlen und Überhänge ausgewaschen, die erfahrene Taucher durchschwimmen und untersuchen können.

Dort sind Graue Riff- und Weißspitzenhaie, Wasserschildkröten auf der Suche nach ihrem Laichplatz, Stachelrochen und mit etwas Glück auch Mantas zu sehen. Da das Außenriff sehr steil und sehr tief abfällt, ist auf eine kontrollierte Tarierung zu achten, damit man sich nicht unversehens in gefährlichen Tiefen wiederfindet!

Rakeedhoo Kandu ▶ C/D 12

Während Fotteyo Muli gewissermaßen an der Stiefelspitze des Atolls liegt, befindet sich der Rakeedhoo Kandu 20 km weiter im Südwesten an der ›Ferse‹. Der Kanal öffnet sich östlich der Insel Rakeedhoo nach Süden zum offenen Meer, wo auch der Einstieg in diesen Strömungstauchgang liegt. Man taucht etwa 20 m westlich des Kanaleingangs ab. Schon in Tiefen von 5–15 m ist die linker Hand liegende Riffwand von far-

bigen Korallen verschiedenster Arten dicht besiedelt. Je näher man dem Kanaleingang kommt, desto stärker wird die Strömung. Hier tummeln sich Makrelenschwärme und Raubfische, darunter nicht selten auch die bedrohlich wirkenden Hammerhaie.

Vattaru Kandu ▶ C/D 12

Der Vattaru Kandu liegt nochmals 5 km weiter im Süden, nahe der Insel Vattaru, die das einzige Stück Land des mit nur 4 km Durchmesser extrem kleinen Vattaru-Atolls bildet. Im Süden der Insel erwartet die Taucher ein Riff, das bis in große Tiefen hinunterreicht, sodass man auf gute Tarierung achten muss. Es gibt Strömungen, die man nutzen kann, um sich an der Riffwand entlangtragen zu lassen. In etwa 35 m Tiefe stößt man auf die Reste eines großen Fischernetzes, das sich dort verfan-

Allein unter Fischen im Felidhoo-Atoll

Touristen auf dem Weg zum Wasserflugzeug

gen hat. Weiter oben auf 15–20 m Tiefe öffnen sich im Korallenriff Höhlen und Durchgänge, die dicht bewachsen und belebt sind. Treibt man an der Riffwand weiter, so wendet sich die Strömung bald nach Norden ins Atollinnere und die Korallenwand geht in eine weiße Sandfläche über, in der sich große Stöcke von Pilzkorallen erheben.

Die Nilandhoo-Atolle ▶ A/B 12/13

Im Süden des Ari-Atolls und im Südwesten des Felidhoo-Atolls liegen die beiden mit jeweils etwa 30 x 20 km vergleichsweise kleinen Atolle **Nord-Nilandhoo (Faafu)** und **Süd-Nilandhoo (Dhaalu)**. Zusammen haben sie etwa 7000 Einwohner, die weitgehend vom Fischfang leben, denn bisher gibt es erst drei Hotelinseln in den beiden Atollen. Die Hauptinsel des Nord-Nilandhoo-Atolls ist **Magoodhoo,** die des Süd-Nilandhoo-Atolls ist **Kudahuvad-**

hoo (▶ B 13). Auf den Inseln in den Atollen finden sich mehrfach Spuren vorislamischer Besiedlung und Reste von Bauwerken aus möglicherweise buddhistischer Zeit, für die sich heute vermehrt auch maledivische Historiker interessieren (Details in der Entdeckungstour auf S. 232).

Nord-Nilandhoo und Süd-Nilandhoo wurden 1999 mit den drei Hotelinseln Filitheyo (s. S. 231), Velavaru (s. S. 234) und Meedhuffushi (Vilu Reef, s. S. 234) erstmals für den Tourismus erschlossen.

Nilandhoo ! ▶ B 12

Nilandhoo ist auch eine belebte Insel mit geschütztem Hafen und viel Grün in und um die Häuser der einheimischen Fischer. An ihrer Südspitze des nördlichen der beiden Atolle steht die 1160 erbaute **Aasaari-Moschee.** Sie ist die zweitälteste Moschee der Malediven. Es gibt Vermutungen, wonach die Mauern dieser Moschee aus Steinen errichtet sind, die von einem bereits existierenden, vermutlich buddhistischen Bauwerk stammten (s. auch Entdeckungstour S. 232). Der Ethnologe Thor Heyerdahl beschreibt in seinem Buch »Maldive Mystery« weitere Funde aus vorislamischen Kulturen im Nord-Nildandhoo-Atoll.

Magoodhoo ▶ B 12

Die nur wenige Kilometer von der Insel Nilandhoo entfernte Atollhauptstadt **Magoodhoo** gilt bis heute als Zentrum des islamischen Glaubens der Malediven. Beim Besuch der Insel fällt auf, dass hier weit mehr Frauen als auf anderen Inseln den Schleier tragen. Aber nicht nur der religiöse, sondern auch der ethnische Einfluss aus arabisch-islamischen Ländern scheint ausgeprägter als in anderen Regionen. Die Menschen sind größer, haben einen helleren Teint und einen weniger an Indien oder Sri Lanka erinnernden Gesichtsschnitt, als er beispielsweise in Male' vorherrscht. Möglicherweise waren diese Insel und dieses Atoll die Ausgangspunkte der Islamisierung der Malediven durch Einwanderer aus Arabien.

Ribudhoo ▶ B 13

Ribudhoo gehört zu einer kleinen Gruppe von Inseln im nordwestlichen Atollinneren des Süd-Nilandhoo-Atolls, die sich auf die Produktion von Schmuck spezialisiert hat. Der Legende nach hatte vor vielen hundert Jahren ein Sultan seinen besten Goldschmied auf diese Insel verbannt, weil er Silberschmuck vergoldet und als Goldschmuck ausgegeben hatte. Der Verbannte lehrte die dortigen Fischer Goldschmuck herzustellen und organisierte den Export. Das nötige Gold soll in einem Se-

gelschiff gefunden worden sein, das an der Südspitze des Atolls gesunken war.

Filitheyo ▶ B 12

Die Hotelinsel Filitheyo liegt zwischen zwei Kanälen auf der Ostseite des Nord-Nilandhoo-Atolls und ist 900 x 500 m groß. Die Insel hat eine üppige tropische Vegetation mit Tausenden von Schatten spendenden Palmen.

Übernachten

Nahezu perfekt – **Filitheyo Island Resort:** Tel. 674 00 25, www.aaaresorts. com.mv, DZ/Halbpension ab 140 €. 120 km vom Flughafen, Transfer ca. 40 Min. (Wasserflugzeug). Bei der Erschließung der Insel mit einem herrlichen Sandstrand wurde großer Wert auf Umweltschutz gelegt. Kleine Wege führen durch das schattige Innere der großen, dreieckigen Insel zu 125 Zimmern in Einzel- oder Doppelbungalows mit Meerblick. Der Strandzugang der Villen ist so angelegt, dass er von außen – wie die Villen selbst – nicht zu sehen ist. Die klimatisierten, komfortablen Zimmer haben eine Terrasse und sind sehr geschmackvoll und umfassend eingerichtet (Minibar, Telefon, Fernseher, Stereoanlage und entsalztes Kalt- und Warmwasser). Auf der Südseite stehen 16 Wasservillen auf Pfählen in der Lagune. Ein eigenes Sonnendeck mit Treppe zum Wasser, Whirlpool im Bad und die Einrichtung – wie bei den anderen Bungalows – aus massivem Teakholz lassen kaum Wünsche offen! Trotz der vielen Angebote – am Abend stehen gelegentlich Disco oder andere Unterhaltung im Programm – ist Filitheyo eine Trauminsel für Ruhesuchende zu einem ausgezeichneten Preis-Leistungs-Verhältnis.

Auf Entdeckungstour

Ausflug in die maledivische Vergangenheit

Wer auf den Spuren erster westlicher Forscher wie H. C. P. Bell oder Thor Heyerdahl der Geschichte der Malediven näherkommen möchte, ist auf den Nilandhoo-Atollen richtig. Man vermutet, dass hier in vorislamischer Zeit eine buddhistische Hochkultur existierte, die dann von den ersten Siedlern abgelöst wurde, die aus Arabien kamen. Es scheint heute erwiesen, dass die alten Kultstätten aus vorislamischer Zeit im Zuge der Islamisierung weitgehend zerstört und durch Moscheen ersetzt wurden.

Reiseplanung: Gute Ausgangsorte sind die Hotelinseln Filitheyo (▶ B 12) im Nord-Nilandhoo-Atoll und Vilu Reef oder Velavaru (▶ B 12) im Süd-Nilandhoo-Atoll. ›Archäologische Ausflüge‹ dieser Art werden nicht in organisierter Form angeboten, die Anmietung einer Motorjacht mit Skipper und eines ortskundigen Führers ist nötig.

Kosten: Motorjacht inkl. Skipper/Tag 600–800 €, plus Kosten für Fremdenführer vor Ort

Wie lange ist das maledivische Inselparadies schon von Menschen bewohnt? Wer waren die ›ersten Malediver‹, wo kamen sie her und an welche Götter glaubten sie? Mit wissenschaftlichen Methoden ging diesen Fragen Ende des 19. Jh. erstmals der britische Archäologe H. C. P. Bell nach. Die muslimische Gesellschaft der Malediven hatte sich vorher fast nur mit der Erforschung der Landesgeschichte nach der Islamisierung beschäftigt. 1983 durfte mit dem Ethnologen Thor Heyerdahl dann erstmals wieder ein westlicher Wissenschaftler mit Sondererlaubnis der Regierung die Atolle und Inseln besuchen, die Einheimischen nach mündlichen Überlieferungen befragen und die damals noch recht gut erhaltenen Überreste vorislamischer Bauwerke untersuchen.

Eine Moschee auf buddhistischem Fundament?

An der Südspitze des südlich des Ari-Atolls gelegenen **Nord-Nilandhoo-Atolls (Faafu-Atoll)** steht auf der Insel **Nilandhoo** (▶ B 12) die 1160 erbaute **Aasaari-Moschee.** Sie gilt als die zweitälteste Moschee der Malediven und Thor Heyerdahl vermutete, dass sie aus Steinen errichtet wurde, die von einem damals bereits existierenden, vermutlich buddhistischen Bauwerk stammten. Dieser vorislamische Gebäudekomplex soll sich nach den gefundenen Überresten ursprünglich in der Inselmitte über ein Gelände von 100 x 170 m erstreckt haben, was ein enormes Ausmaß ist, wenn man bedenkt, dass die gesamte Insel nur etwa 500 x 300 m groß ist! Die Moschee aus dem 12. Jh. liegt inmitten dieses alten Komplexes. Ob es sich um buddhistische oder vielleicht auch hinduistische Bauwerke handelt, ist noch nicht gesichert. So erinnern andere Funde, wie einige inzwischen in Male' aufbewahrte Steinskulpturen, in ihrer

Gestalt eher an hinduistische Kunstwerke, wie man sie bis heute in Südindien findet, als an Figuren, wie man sie von buddhistischen Tempeln kennt.

Der verschwundene Buddha

In früheren Jahrhunderten hatten die Malediver bis nach Arabien den Ruf, sehr begabte Steinmetze zu sein. Sie sollen sogar nach Arabien gekommen sein, um dort an großen Bauwerken mitzuarbeiten. So finden sich im **Süd-Nilandhoo-Atoll (Dhaalu-Atoll)** auf bewohnten und unbewohnten Inseln einige Moscheen und Grabstätten, die mit in arabischen Schriftzeichen bearbeiteten Steinen verziert sind (s. Bild S. 232: ein antiker Friedhof auf der Insel Filitheyo, Nord-Nilandhoo-Atoll, ▶ B 12).

Auf der Insel **Kudahuvadhoo** (▶ B 13) an der Südspitze des Süd-Nilandhoo-Atolls befindet sich nahe einer dieser vielen alten Moscheen ein 22 m hoher Steinhügel, dessen Ursprung noch im Dunkel der vorislamischen Vergangenheit liegt. Es wird erzählt, Einheimische hätten vor Jahren dort einen riesigen Buddhakopf von rund 2 m Durchmesser gefunden. Man versuchte, den gefundenen Kopf ins Nationalmuseum nach Male' zu transportieren, doch auf unerklärliche Weise ist er auf dem Weg dahin spurlos verschwunden. Es bleiben die Aussagen einiger Einwohner, die ihn gesehen haben wollen. Wenn sie der Wahrheit entsprechen, wäre das ein weiteres Indiz für die buddhistische Vergangenheit der Malediver.

Die recht gut erhaltenen Ruinen auf der unbewohnten Insel **Maadheli** (▶ B 13) im Nordwesten des Atolls machen Hoffnung, bald mehr herausfinden zu können. Zwar wurden sie bisher noch nicht im Detail untersucht, aber auch hier wurde anscheinend ein Sakralbau aus vorislamischer Zeit abgetragen und mit den Steinen eine Moschee errichtet.

Essen & Trinken

Üppig – Das Restaurant auf Filitheyo offeriert Büfetts mit einer großen Auswahl an internationalen und einheimischen Gerichten. Fleisch, Geflügel, Meeresfrüchte, Pasta, Gegrilltes, verschiedene Salate und tropische Früchte stehen ebenso auf dem Speiseplan wie ein üppiges Nachspeisebüfett. Im Coffeeshop kann man à la carte speisen, sodass die Wahl von Halbpension empfehlenswert ist, wenn man nicht jeden Tag volle drei Mahlzeiten braucht. An der Strandbar wird eine reiche Auswahl an Mixgetränken, Bieren, Weinen oder Säften und anderen alkoholfreien Getränken angeboten.

Aktiv & Kreativ

Für jeden gesorgt – Filitheyo mit seinem spektakulären Hausriff begeistert Taucher und Schnorchler besonders. Für Nichttaucher aber gibt es ein Fitnesscenter, Tischtennis, Badminton, Billard, Volleyball, Schach, Darts u. v. m. Ein **Spa** wird vom renommierten Betreiber Mandara geführt.

Angsana Velavaru ► B 12/13

Velavaru (ca. 400 x 150 m) ist eine von bisher nur zwei erschlossenen Inseln im Süd-Nilandhoo-Atoll. Velavaru verfügt über feine, weiße Sandstrände. Ein schönes Hausriff liegt in ca. 100–300 m Entfernung.

Übernachten

Naturnah – **Angsana Resort & Spa Maldives Velavaru:** Tel. 676 00 28, www.angsana.com, DZ/Halbpension ab 430 €. 125 km vom Flughafen entfernt, Trans-

fer 50 Min. (Wasserflugzeug). Mit viel Naturmaterialien gebaute Anlage mit ca. 80 Rundbungalows. Eine neue Attraktion sind die 34 sogenannten ›In-Ocean Villen‹, die von der Insel aus nur mit einem Boot erreichbar sind. Sie sind mit allem denkbaren Komfort ausgestattet, haben eine Grundfläche von 175–290 m^2, privaten Süßwasserpool, zweimal täglich Zimmerservice und jederzeit steht der Abholservice zur Insel bereit. Dort locken Souvenirgeschäfte.

Essen & Trinken

Entspannt – Es gibt ein gemütliches Open-Air-Restaurant mit Terrasse, Bar, Coffeeshop und einer Beach Bar.

Aktiv & Kreativ

Tauchen und Schnorcheln – Die **Tauchbasis** residiert in einem Prachtbau, bietet ein umfangreiches Kursangebot und 25 **Tauchplätze** (in ca. 20–60 Min. mit dem Boot zu erreichen). Auch Schnorchelausflüge mit dem Boot werden organisiert.

Viel Abwechslung – Das Angebot für Nichttaucher umfasst Windsurfen, Katamaransegeln, Volleyball, Tischtennis, Darts. Es gibt Kanus und Tretboote sowie einen Fitnessraum. Darüber hinaus werden Ausflüge zum Nachtfischen oder nach Magoodhoo, einer bewohnten Fischerinsel, angeboten.

Vilu Reef (Meedhuffushi) ► B 12

Meedhuffushi ist die zweite erschlossene Insel im Süd-Nilandhoo-Atoll. Sie wird verständlicherweise gelegentlich mit der gleichnamigen Hotelinsel Medhufushi im Mulaku-Atoll verwechselt.

Die mittelgroße, ovale Insel (400 x 180 m) ist dicht bewachsen und hat eine weitläufige Lagune auf der einen und ein nah an die Insel heranreichendes Hausriff auf der anderen Seite.

Übernachten

Insel der Palmen – **Vilu Reef Beach & Spa Resort:** Tel. 676 00 11, www.vilu reef.com, DZ/Halbpension ab 370 €. 120 km vom Flughafen entfernt, Transfer ca. 40 Min. (Wasserflugzeug). Seit die Insel von einem italienischen Club gemanagt wird, fühlen sich Gäste dort wohl, die nicht unbedingt Ruhe suchen. Es gibt 80 Strand- und Gartenbungalows, die palmblattgedeckten Strandbungalows liegen im Schatten hoher Kokospalmen. Schmale Pfade führen durch dichte Vegetation. Die Gartenbungalows haben Klimaanlage, Ventilator, Minibar, Telefon, Safe, Terrasse mit kleiner Sitzecke. Außerdem gibt es 35 Wasserbungalows und fünf Honeymoon Water Villas. Im Souvenirshop können Gäste Mitbringsel einkaufen und abends Livemusik lauschen.

Essen & Trinken

Italienische und internationale Küche – Frühstück, Mittag- und Abendessen wird in zwei gemütlichen Open-Air-Restaurants serviert, auch in Büfettform. Darüber hinaus gibt es einen Coffeeshop und zwei Bars, eine davon mit Sonnenterrasse.

Aktiv & Kreativ

Tauchen – Die **Tauchschule** bietet Anfänger- und Fortgeschrittenenkurse nach PADI und auch die Möglichkeit zum Nitrox-Tauchen.

Wellness – In der Inselmitte liegt ein **Spa** in einem halb offenen Gebäude im maledivischen Stil, Ruhebereiche und zwei Behandlungsräume mit Duschen. *Fitness –* Volleyball, Tennis, Tischtennis, Badminton, kleiner Fitnessraum können kostenlos genutzt werden. Billard, Tennis mit Flutlicht, Windsurfen, Katamaransegeln, Wasserski, Jetski, Hochseefischen werden extra bezahlt.

Mulaku-Atoll ▶ C/D 12/13

Im Osten der beiden Nilandhoo-Atolle, südlich des Felidhoo-Atolls, liegt das Mulaku-Atoll (Verwaltungsbezirk **Meemu-Atoll**), das aus neun bewohnten und 25 unbesiedelten Inseln besteht.

Auf den Inseln **Hakuraa Huraa** und **Medhufushi** (nicht zu verwechseln mit der gleichnamigen Hotelinsel im Nilandhoo-Atoll) am östlichen Atollrand sind erst 1999 die ersten Hotels des Atolls errichtet worden. Die besiedelten Inseln **Naalaafushi** (▶ D 13) und die Atollhauptstadt **Muli** (▶ D 13) liegen nördlich der beiden Inseln. Die Bevölkerung lebt allein von Fischfang und ein wenig Gemüseanbau. Auf **Boli Mulah** (▶ D 13) werden noch traditionelle Dhonis gefertigt (s. S. 240). Mit insgesamt mehr als 4000 Einwohnern des Bezirks finden sich für die beiden Hotels theoretisch genügend Arbeitskräfte im Atoll, doch fehlt in dieser abgelegenen Ecke der Malediven bisher noch jegliche Ausbildung für den neuen Beruf.

Hakuraa (Hakuraa Huraa) ▶ D 13

Hakuraa Huraa gehört zu den eher kleineren (350 x 100 m) Inseln. Im Inselinneren ist sie dicht bewachsen, auf der Nordseite liegt ein langer Sandstrand.

Lieblingsort

Wasserbungalows im Resort Medhufushi, Mulaku-Atoll

▶ D 13

Medhufushi ist eine sehr große, lang gestreckte Insel am Ostrand des Atolls (s. S. 238). Viel Grün, viel Raum, elegante Villen und vergleichsweise günstige Preise sind die Trümpfe Medhufushis. Außerdem legt das Management seit vielen Jahren besonderen Wert auf schmackhafte Küche. Die Insel bietet so insgesamt fast 5-Sterne Niveau zum 4-Sterne-Preis.

Übernachten

Gutes Preis-Leistungs-Verhältnis – **Chaaya Lagoon Hakuraa Huraa:** Tel. 672 00 14, Fax 672 00 13, www.chaaya hotels.com, DZ all-inclusive ab 140 €. 135 km vom Flughafen entfernt, Transfer ca. 55 Min. (Wasserflugzeug). Auf der Insel stehen zehn Strandbungalows, 70 Wasserbungalows umgeben die Südküste. Die Einrichtung ist einfach, die Bäder sind groß, die Terrasse vor den Wasserbungalows hat wenig Schatten. Für das günstige Preisniveau wird in den Restaurants der Insel sehr gutes und abwechslungsreiches Essen serviert und ein recht umfangreiches All-inclusive-Programm geboten.

Aktiv & Kreativ

Tauch-Highlight – Die Insel hat kein eigenes Hausriff, weshalb schnorcheln eher unspektakulär ist. Als Ausgleich fährt ein kostenloses Shuttle-Dhoni (2 x tgl.) zu unterschiedlichen Schnorchelzielen. Eine Schnorchelsafari wird gegen Gebühr auch angeboten. Tauchen ist in dem wenig besuchten Atoll das Highlight der Inselaktivitäten. Dazu gehören auch Windsurfen, Kanu fahren, Katsegeln und Hochseefischen.

Medhufushi ▶ D 13

Das Hausriff der knapp 1000 m langen und 100 m breiten, halbmondförmigen Insel ist nur 30 m entfernt.

Übernachten

Edel – **Medhufushi Island Resort:** Tel. 672 00 26, www.aaaresorts.com.mv, DZ/Vollpension ab 250 €. 130 km vom Flughafen entfernt. Transfer ca. 50 Min. (Wasserflugzeug). Von den insgesamt gut 120 Zimmern auf der großen Insel sind etwa die Hälfte klimatisierte Rundbungalows, die im Schatten von Palmen am Sandstrand stehen. Die ungewöhnliche Größe und vor allem die Möbel aus Edelholz und die Holzböden machen die Bungalows mit zu den angenehmsten der Malediven. Auch der große Abstand zu den Nachbarhütten trägt dazu bei, dass man sich fühlt wie auf einer eigenen Trauminsel. 16 Beach Villa Suites sind noch umfangreicher ausgestattet, haben jeweils zwei Schlafräume und ein Wohnzimmer. Noch eine Nummer größer sind die 14 Familienvillen. Über 40 Wasservillen stehen auf Stelzen in der Lagune, vier davon haben jeweils zwei Schlafräume. Es gibt zwei Honeymoon Water Villas, die unabhängig in der Lagune stehen – die Gäste haben ihr eigenes Boot oder können sich auch jederzeit abholen lassen. Alle Villen sind sehr geräumig und haben Dächer aus Palmblättern. Vor der Terrasse mit Meerblick hängt eine maledivische Schaukel *(undholi).*

Essen & Trinken

Thematisch genießen – Im offenen Restaurant am Strand, im Büfettrestaurant und im Coffeeshop, in dem man à la carte essen kann, wird ausgezeichnete internationale und maledivisch-indische Küche zubereitet. Außerdem gibt es eine Bar. Ein Höhepunkt sind die ›Themenabende‹, an denen die Büfetts japanischen, indonesischen, italienischen oder französischen Einschlag bekommen.

Aktiv & Kreativ

Delfine beim Schnorcheln – Da die Insel kein vom Strand aus zugängliches

Hausriff hat, fährt täglich mehrmals ein Dhoni mit den Gästen zu den besten Schnorchelriffen nahe der Insel. Da kann man dann gelegentlich auch Delfinen begegnen! Die **Tauchbasis** gehört zum Besten, was die Malediven zu bieten haben.

Tauchalternativen – Andere Sportmöglichkeiten wie Tischtennis, Surfen, Wasserski, Katamaransegeln, Beachvolleyball und ein klimatisiertes Fitnesscenter sorgen für Abwechslung. Im **Spa** der Insel kann man sich erholen und sich verwöhnen lassen.

Tauchplätze im Mulaku-Atoll

Urlauber besuchten das Atoll bisher lediglich auf Tauchsafaris und auch dann meist nur das 10 km lange Vattaru-Riff, welches das Mulaku-Atoll im Norden von dem gleichnamigen Ost-West-Kanal trennt.

Mulaku Kandu ▶ D 12
Ein weiterer lohnender Tauchplatz ist der Mulaku Kandu. Er befindet sich nicht etwa bei dem gleichnamigen großen Strömungskanal im Osten, oberhalb der Verwaltungsinsel Muli, sondern am Atollausgang im Norden. Auf dessen Ostseite hat sich ein steil aufragender Turm vom Riff abgespalten. Man kann unmittelbar darüber abtauchen und den Turm in Ruhe in den verschiedensten Tiefen umrunden. Auf 35 m erreicht man dessen Basis und den Boden des Strömungskanals ins Atollinnere. Da der Tauchplatz nur selten besucht wird, ist er völlig unberührt und voller vielfarbiger Weich- und Hartkorallen, die von bunten Fischen umschwärmt werden. Wie so oft stehen Barrakudas und Haie an der Riffkante, wo der Strömungskanal in das offene Meer mündet, und warten auf leichte Beute. Auch Hammerhaie und Adlerrochen wandern gelegentlich friedlich vorbei und Schildkröten durchstreifen furchtlos – auch gegenüber Tauchern – das Riff.

Kolhumadulu-Atoll ▶ B/C 14/15

Südlich des Süd-Nilandhoo-Atolls und des Mulaku-Atolls schließt sich das kreisrunde Kolhumadulu-Atoll (Bezirk Thaa, auch Thaa-Atoll) an. Auf 13 der insgesamt 67 Inseln leben 8000 Menschen vom Fischfang in den sehr ergiebigen Gewässern. Auch dieses Atoll öffnet sich langsam aber sicher dem Tourismus: Es befinden sich bereits einige Hotels im Bau, jedoch geht es teilweise stockend voran und die Eröffnungstermine stehen noch in den maledivischen Sternen.

Buruni und Gaalee ▶ C 14

Auf den nördlichen Inseln Buruni und Gaalee besteht eine alte Bootsbau- und Schreinertradition. Junge Handwerker dieser Inseln sind heute in Schiffswerften im Norden und bei großen Baufirmen angestellt, die Hotelanlagen errichten. Das bringt überdurchschnittlich viel Einkommen auf die beiden Inseln, sodass sich diese seit einigen Jahren rasch entwickeln.

Romeo und Julia auf den Malediven
Auf der Insel Buruni soll sich eine maledivische Variante von ›Romeo und Julia‹ abgespielt haben: Die schöne Tochter eines einfachen Mannes, der vom König einige Kokospalmen gepachtet hatte, um Palmwein aus den Blütenständen zu zapfen, verliebte sich in ei-

Lieblingsort

**Den Traditionen verbunden –
maledivischer Bootsbau**
Der traditionelle Dhoni-Bau ist ein
Kunsthandwerk und wird auf vie-
len maledivischen Inseln – wie auf
Alifushi oder hier auf **Boli Mulah**
(▶ D 13) – noch gepflegt. Die bes-
ten Bootsbauer gehören hier, wie
überall auf den Malediven, zu den
angesehensten Männern der
Inseln. Es ist interessant, den
Bootsbauern eine Weile bei der
Arbeit zuzusehen. Seit den 1980er-
Jahren werden in der Werft auf
Alifushi auch Dhonis mit Motoran-
trieb gefertigt – ein traditionelles
Handwerk, das den Sprung in die
Moderne geschafft hat.

Traditionelle Dhonis waren früher das einzige Transportmittel zwischen den Inseln

nen reichen Juwelier namens Ali Fulhu. Die ungewöhnliche Schönheit Dhon Hiyalas, so der Name des Mädchens, war allerdings dem Sultan auf Male' bekannt geworden. Um sie kennenzulernen, war er auf ihre Insel gereist. Er war nicht nur von ihr, sondern auch von der Weisheit ihres Vaters beeindruckt, der den Koran in arabischer Sprache lesen und dessen oft schwer verständliche Aussagen klar und verständlich interpretieren konnte. Wegen dieser Kenntnisse erhob der Sultan den Palmweinzapfer in den Adelsstand und schenkte ihm und seiner Familie ein Haus auf Male'. Doch der reiche Juwelier Ali Fulhu wollte sich von seiner Geliebten nicht trennen. Er

reiste ihr nach Male' nach und entführte sie. Die Flucht der beiden übers Meer wurde entdeckt und der Sultan ließ beide von seinen Soldaten verfolgen. In höchster Not stürzten sich kurz vor ihrer Gefangennahme ins Meer, wo sie von einem bösen Geist in Stücke gerissen wurden.

Kalhufahalafushi ▶ C 14

Das Nordostrund des Atolls wird von einer Kette winziger Inseln gesäumt, die bei Ebbe durch freiliegende Sandbänke miteinander verbunden sind. Ein 10 km langer Mittelabschnitt des Ostrands wird von der nur 50–100 m breiten,

einst gewaltigen Bauwerks weitgehend abgetragen und für ihre Wohnhäuser und die Moschee verwendet.

Hadhdhunmathee-Atoll ▶ C/D 15/16

Südöstlich des Kolhumadulu-Atolls, von einem 26 km breiten Kanal (Veymandoo Kandu) getrennt, befindet sich das Hadhdhunmathee-Atoll **(Verwaltungsbezirk Laamu-Atoll).** Auch in diesem Atoll wird bald der Tourismus Einzug halten – zumindest wird fleißig auf die baldige Eröffnung einiger Hotels hingearbeitet.

Im Süden des Atolls liegt der bis heute von der Schifffahrt genutzte **One and Half Degree Channel,** der mit fast 90 km die breiteste und sicherste aller Schifffahrtsstraßen ist, die eine Durchfahrt durch die Inselkette der Malediven ermöglichen. Und das könnte auch ein Grund sein, warum die archäologischen Funde auf diesem Atoll besonders reich und vielfältig sind. Einige von ihnen deuten darauf hin, dass dieses Atoll bereits seit Jahrtausenden besiedelt ist.

Drei Steinhügel befinden sich beispielsweise auf der Hauptinsel **Hithadhoo** (▶ C 16) im Süden des Atolls, jeweils einer auf der Nachbarinsel **Gaadhoo** (▶ D 16) sowie den beiden Inseln **Maabaidhoo** (▶ D 15) und **Isdhoo** (▶ D 15) im Nordosten. Die Reste der bis zu 10 m hohen Steinruinen werden von Wissenschaftlern als zerfallene buddhistische Stupas gedeutet. Thor Heyerdahl hingegen schloss sich in seinen Berichten früheren Forschern an, die sie einer noch früheren Kultur zuordnen, die als die legendären ›Redin‹ in maledivische Legenden eingingen. In mündlichen Überlieferungen wird berichtet, dass Riesen – *Redin* genannt –

dicht bewachsenen Insel Kalhufahalafushi begrenzt. Vermutlich mangels Süßwasser ist sie unbewohnt. Die unendlichen Strände sowohl auf der West- als auch auf der Ostseite dieses Badeparadieses warten darauf, touristisch erschlossen zu werden.

Kibidhoo ▶ B 15

Im Süden des Atolls befindet sich auf der bewohnten Insel Kibidhoo die Ruine eines buddhistischen Tempels aus der Frühzeit der Malediven. Leider haben auch die Bewohner dieser Insel im Laufe der Jahrhunderte die Steine des mit einem Durchmesser von 80 m die Inseln vor unendlich langer Zeit bewohnt haben sollen.

Six Senses Laamu (Olhuveli) ► C 16

Die kleine, unberührte Insel Olhuveli liegt im Laamu-Atoll im Süden des Malediven-Archipels. Man erreicht die Atoll-Hauptinsel Kadhdhoo mit dem Linienflugzeug von Male' Airport, von dort mit anschließendem 10-Minuten-Schnellboot-Transfer die Insel Olhuveli.

Übernachten

Schick und jung – **Six Senses Laamu:** Tel. 680 08 00, www.sixsenses.com, DZ/ÜF ab 700 €. Im Stil der Six Senses Resorts zählen auch im Six Senses Laamu natürliche Vegetation, viel Platz, ein hervorragendes Spa, innovative Küche und exzellenter Service wie der persönliche Butler zu den herausragenden Qualitäten. 27 Villen stehen am Strand, 70 weitere auf Stelzen in der Lagune. Alle bieten absolute Privatsphäre, viel Komfort und modernes, in natürlichen Materialien gehaltenes Design. Sie verfügen über Klimaanlage, Hifi-Ausstattung, Fernsehen, Minibar und Außenbäder. Die Water-Villa-Suiten haben ein zweites Schlafzimmer und sind ideal für Familien geeignet.

Essen & Trinken

Stimmig – Das Hauptrestaurant **Longitude** wurde auf Stelzen in die Lagune gebaut, um die Inselvegetation nicht zu beeinträchtigen. Das **Es'sence** bietet Gemüse und Obst aus dem hoteleigenen Garten, das **Altitude** ist ein 6,4 m hoher Glasturm, in dem bei exquisiter Auswahl Weine und Snacks genossen

werden. Hervorzuheben ist auch die Eisbar mit über 40 verschiedenen Sorten.

Aktiv & Kreativ

Für Wellenreiter – Fitnessraum, Sauna, Dampfbad und Kneipp-Becken stehen zur Verfügung. In der Bibliothek können neben Büchern und Magazinen auch CDs und DVDs ausgeliehen werden. Auch ein Wassersportzentrum und eine Tauchschule sind vorhanden. Und als einmalig auf den Malediven gilt die Riesenwelle, die vor der Ostküste der Insel steht und auf Könner wartet, die auf ihr reiten oder kiten.

Gan und Kadhdhoo ► D 15/16

Zwei vor Jahrzehnten noch gut erhaltene Bauten *(hawitas)* befinden sich auf der mit fast 10 km Länge und 200 bis 800 m Breite ungewöhnlich großen Insel Gan – nicht zu verwechseln mit der gleichnamigen Insel des Addoo-Atolls. Sie sind vergleichsweise einfach erreichbar, denn auf der Nachbarinsel Kadhdhoo befindet sich einer von nur drei Flugplätzen südlich von Male'. Und da Kadhdhoo über Dämme mit der nördlichen Insel **Maandhoo** (► D 16) und diese wiederum mit Gan verbunden ist, kann man vom Flughafen aus auf dem Landweg dorthin gelangen.

Die *hawitas* auf Gan wurden erstmals zu Beginn des 20. Jh. vom britischen Archäologen H. C. P. Bell untersucht. Damals fand er sie, von dichtem Gestrüpp überwuchert, aber noch weitgehend intakt. Heute ist die von ihm beschriebene Vegetation jedoch verschwunden, und von den einst präzise beschriebenen, glatt und kunstvoll behauenen Steinen ist nur noch ein runder, unförmiger Hügel zu erkennen.

Die Suvadiva-Inseln ▶ B–D 18–23

Addoo und Foammulah sind Namen, denen man auf den Malediven immer wieder begegnet, obwohl kaum jemand diese beiden Atolle jemals besucht hat. Sehr viele Hotelangestellte nämlich stammen von diesen Atollen knapp südlich des Äquators und sie werden mit Begeisterung von ihrer Heimat erzählen – wenn man sie danach fragt.

Im Unterschied zu den Malediven im Norden des Landes sind die Bewohner der drei Atolle in Äquatornähe – **Huvadhoo** (Gaafu-Alifu- und Gaafu-Dhaalu-Atoll), **Foammulah** (Gnaviyani-Atoll) und **Addoo** (Seenu-Atoll) – allem Fremden gegenüber sehr aufgeschlossen und im Umgang damit selbstbewusst. Seit Jahrhunderten sind sie den Besuch fremder Seeleute gewohnt, die durch den **One and Half Degree Channel (Huvadhoo Kandu)** und den Äquatorialkanal von Afrika und Europa nach Indien, Indonesien und China reisten. Die Inselbewohner haben mit ihnen gehandelt, Waren (Stoffe) produziert, nach Sri Lanka und sogar bis Sumatra exportiert und den Schiffen Proviant in Form von getrocknetem Thunfisch *(hakki mas)* verkauft. Im Vergleich dazu führen die Malediver weiter nördlich ein introvertiertes, gleichförmiges und ›ungefährliches‹ Leben. Die fehlenden Erfahrungen mit fremden Kulturen machen es für sie ungleich schwerer, mit dem Tourismus und der ins Land kommenden westlichen Lebensweise zurechtzukommen, als den Einwohnern der Atolle in Äquatornähe. Diese kennen – nicht zuletzt auch wegen der bis 1965 auf Gan stationierten Garnison der Royal Air Force – bereits seit Jahrzehnten die Eigenarten der Europäer und sie lernen in der Schule schon sehr früh die englische Sprache.

Wenn man mit Maledivern aus Addoo oder Foammulah über die gesetzlich festgeschriebene Trennung von Tourismusinseln und Fischerinseln spricht, wird man feststellen, dass sie diese Politik nicht für notwendig halten. Sie sind sicher, auch ohne diese Trennung ihre Kultur erhalten zu können, wie es schon ihre Vorfahren unter den wechselnden Einflüssen aus Asien und Europa konnten. Für Bewohner der nördlicheren Atolle wird ein solcher Gedanke erst seit einigen Jahren vorstellbar. Erstmals 1998 hat der damalige Staatspräsident Gayoom in einer Festansprache darauf hingewiesen, dass es in den Verhaltens- und Denkweisen der Besucher aus dem Westen manche durchaus nachahmenswerte Details geben könnte. Ein mit der Regierung verbundener Unternehmer in der Tourismusindustrie hat gar geäußert, dass man das Verbot von Hotelbauten auf bewohnten Inseln vielleicht doch überdenken könnte.

Die Unterschiede in der Mentalität dürften denn auch für die zeitweilig politischen Spannungen zwischen den drei südlichsten und den übrigen Atollen des Landes verantwortlich gewesen sein: Als die Regierung unter Präsident Nasir 1959 den Pachtvertrag für die im Addoo-Atoll gelegene Insel Gan auflöste (s. S. 248), sagten sich die drei südlichen Atolle, die von dem britischen Stützpunkt profitierten, von der Republik Malediven los und riefen die unabhängige Republik ›**United Suvadiva Islands**‹ aus. Der bis heute populäre Abdullah Afif Didi wurde zum Staatspräsidenten erklärt und die junge Republik gründete eigene Banken und einen Handelsstützpunkt. Als allerdings 1962 Kanonenboote aus Male' im Atoll auftauchten, musste Abdullah Afif Didi – mit englischer Hilfe – fliehen. Die abtrünnigen Atolle wurden schnell wieder in die Verwaltung der Republik Malediven eingegliedert.

Huvadhoo-Atoll

▶ B–D 18–20

Das Huvadhoo-Atoll, verwaltungstechnisch in die Bezirke **Nord- und Süd-Huvadhoo (Gaafu Alifu und Gaafu Dhaalu)** unterteilt, liegt im Süden des schon seit Jahrtausenden von Seefahrern genutzten One and Half Degree Channel. Das Atoll hat 20 bewohnte Inseln, auf denen knapp 20 000 Einwohner leben, weitere 213 Inseln sind unbesiedelt. Mit einem Durchmesser von 70 km ist es das größte Korallenatoll der Erde und umschließt eine mit 2240 km^2 riesige Lagune. Sie ist mit Dutzenden von ›Spiegelei-Inseln‹ und Hunderten von runden Korallenblöcken übersät, die knapp unter der Wasseroberfläche liegen.

Fischerinseln

Auf der Hauptinsel des Nord-Huvadhoo-Atolls, **Viligili** (▶ C/D 19), im Nordosten des Atolls leben etwa 1500 Menschen. Hier fand man nicht nur Überreste eines vorgeschichtlichen Gebäudes *(hawita),* sondern sogar eine alte Straße.

Auf der am Westrand des Süd-Huvadhoo-Atolls gelegenen Insel **Kaadedhdhuvaa** (▶ B 20) befindet sich seit 1993 ein kleiner Flughafen, auf dem mehrmals pro Woche Flugzeuge der Maldivian landen, sowie mehrere Moscheen aus dem 17. Jh. Auf der benachbarten Hauptinsel des Süd-Huvadhoo-Atolls, **Thinadhoo** (▶ B 19/20), gibt es neben mehreren Tea Shops sogar ein kleines Hotel, das allerdings nur Malediver beherbergen darf.

Die Lebensbedingungen auf **Gadhdhoo** (▶ D 20) sind wenig angenehm. Die Insel ist winzig und mit 2000 Bewohnern extrem dicht besiedelt. Es bleibt unklar, warum die Menschen nicht auf die bewohnbare und einst auch bewohnte Nachbarinsel Gan ausweichen. Eine Art Tabu scheint dies zu verbieten (s. u.).

Auf der großen, unbewohnten Insel **Gan** (▶ C/D 20) südlich der Insel Gadhdhoo fand Thor Heyerdahl zu Beginn der 1980er-Jahre ein weiteres Bauwerk aus uralten Zeiten. Aufgrund der Außenmaße der Grundmauern und der Winkel, in denen einige der präzise geschnittenen Korallenblöcke noch übereinander standen, errechnete er, dass dieses Monument einst eine Grundfläche von 23 x 23 m hatte und etwa 25 m hoch gewesen sein muss. In seiner Bauart erinnert es an Pyramiden der Inkas in Mittel- und Südamerika.

Die Insel wird nur zur Kokosernte besucht oder um einen Menschen zu begraben, der auf hoher See gestorben ist. Niemals bleibt ein Fischer oder Kokospflanzer über Nacht auf Gan!

Dhevanafushi ▶ B 19

Nahe dem Meradhoo Kandu, einem Strömungskanal auf der Westseite des Huvadhoo Atoll, liegt nur etwa 15 Minuten Bootsfahrt von der Flughafeninsel Kaadedhdhoo eine traumhaft schöne, kleine Spiegeleiinsel, weit entfernt von allem Tourismus.

Übernachten

Superluxus – **Jumeirah Dhevanafushi:** Tel: 680 88 00, www.jumeirah.com, DZ/ÜF 1400 €. Die in Dubai beheimatete Superluxushotelgruppe Jumeirah hat mit dem Dhevanafushi 2011 ihr erstes Hotel auf den Malediven eröffnet und setzt damit Maßstäbe. Traumhafte Strände, erstklassige, unberührte Tauchgründe, nur 40 große Villen, 34 davon auf der Insel, sechs auf Stelzen in der Lagune 1 km von der Insel entfernt und daher nur per Boot erreichbar!

Essen & Trinken

Vielseitig – Drei Restaurants mit unterschiedlichem Design und unterschiedlichen Kochstilen sorgen für die wenigen Gäste dieses exklusiven Resorts. Ein weiteres befindet sich bei den Wasservillen 1 km von der Insel entfernt.

Aktiv & Kreativ

Breites Angebot – Dem Preis entsprechend ist hier alles vorhanden, was man auf den Malediven zu bieten hat. Tauchbasis, Schnorchelausfahrten, Fahrten zu benachbarten, bewohnten Inseln, Spa und vieles mehr.

Hadahaa ▶ D 20

Fernab jeder Zivilisation liegt diese kleine Insel von nur 300 x 420 m im Huvadhoo-Atoll. Nach ökologischen Gesichtspunkten mit natürlichen Materialien, aber im Top-Design gestaltet, ist dieses Resort ein Geheimtipp für Liebhaber guten Geschmacks.

Übernachten

Hell und modern – **Park Hyatt Maldives:** Tel. 682 1234, www.maldiveshadahaa.park.hyatt/hotels, DZ/Halbpension ab 720 €. Linienflug von Male'

nach Kaadedhdhoo (ca. 60 Min.) und von dort mit der Yacht (ca. 30 Min.) zur Insel. Auf der Insel gibt es insgesamt 36 Island-Villen, von diesen verfügen mehr als die Hälfte über einen eigenen Süßwasserpool. Weitere 14 Aqua-Villen liegen inmitten der Lagune, durch einen Steg mit der Insel verbunden. Alle sind in modernem, dezentem Stil komfortabel eingerichtet und bieten mit mindestens 100 m² Grundfläche viel Platz und Privatsphäre.

Essen & Trinken

Gesunde Küche – Gerichte werden sorgsam nach den Regeln ganzheitlich gesunder Küche in den Restaurants **The Dining Room** und **Buttata's** zubereitet. Dabei werden vorwiegend Zutaten der maledivischen und sri-lankischen Küche und natürlich frischer Fisch aus dem Huvadhoo-Atoll verwendet.

Aktiv & Kreativ

Wellness – Im **Spa by Mandara** mit seinen elf Behandlungsräumen entspannen die Gäste bei Massagen, Gesichts- und Körperpflege-Anwendungen.
Wassersport – Das Angebot umfasst Katamaransegeln, Kanu fahren, Windsurfen, Schnorcheln – auch ein **Tauchcenter** gehört zum Resort. Das Park Hyatt ist ideal zum Schnorcheln geeignet – das Hausriff ist nur wenige Meter vom Strand entfernt.
Kulturelles Angebot – Gäste können aus einer ganzen Liste Ausflüge innerhalb des Atolls wählen (die sogenannten »Journeys by Alila«). Wer vorher oder danach gerne mehr über die Natur der Malediven erfahren möchte, nimmt an den Kamingesprächen von Fachleuten für die Gäste teil.

Addoo-Atoll❗ ▶ B/C 23

Im Vergleich zu Huvadhoo ist das Addoo-Atoll (Verwaltungsbezirk **Seenu-Atoll**) mit 15 km Durchmesser ein recht kleines Atoll. Eine Besonderheit gegenüber allen anderen Atollen der Malediven besteht darin, dass 80 % des Atollrings aus der Meeresoberfläche herausragen und dicht bewachsene Inseln bilden. Bei den anderen Atollen ist das Verhältnis von Insel zu Riff unter Wasser etwa umgekehrt! Das Addoo-Atoll verfügt damit über eine große Landfläche, die sich auf 27 Inseln verteilt. Auf den sieben bewohnten Inseln leben fast 20 000 Menschen. Die vier Inseln entlang der Südwestküste – **Gan, Feydhoo, Maradhoo** und **Hithadhoo** – sind durch stabile, befahrbare Dämme miteinander verbunden und stellen mit einer Gesamtlänge von 18 km die längste zusammenhängende und befahrbare Landfläche der Malediven dar.

Gan ▶ C 23

Die südlichste Insel dieser Kette ist Gan, auf der es seit dem Zweiten Weltkrieg eine Landebahn gibt. Die englische Royal Air Force hatte dort einen Stützpunkt aufgebaut, doch mussten die stationierten Flieger niemals in Kämpfe eingreifen. Nach dem Krieg verfielen die Einrichtungen zunächst, bis die Air Force 1956 eine Militärbasis auf Sri Lanka aufgab und man Gan wieder ausbaute, sodass dort auch große Militär- und Passagierflugzeuge landen können.

Gan unter den Briten

Die Landebahn teilt die runde Insel in einen Nordteil und einen Südteil. Im Norden befanden sich früher die Kasernen und Verwaltungsgebäude, im Sü-

den der Golfplatz für die höheren Ränge. Nachdem das Shangri-La-Hotel auf der Nachbarinsel Viligili im Herbst 2009 eröffnet hat, ist geplant, den von den Engländern für ihre Garnison einst gebauten Golfplatz wieder bespielbar zu machen. Die Bevölkerung der Insel Gan wurde damals kurzerhand auf die Nachbarinsel Feydhoo geschickt und – als Gegenleistung – mit attraktiven Arbeitsplätzen bei der 1500 Mann starken Garnison belohnt. Man rodete die Insel, legte Straßen an und baute Kantinen, Offiziersunterkünfte und Tennisplätze. Die so entstandene Wüste wurde anschließend mithilfe von Gartenbauern aus Sri Lanka und importierten Bougainvilleen, Casuarinen, Rosen und englischem Rasen in einen blühenden Garten verwandelt. Gan wirkt heute, einige Jahrzehnte später, eher wie eine tropische Insel in Polynesien, auf der diese Pflanzen von Natur aus vorkommen, weniger wie eine maledivische Insel, wie man sie aus anderen Atollen kennt. Die Engländer gingen übrigens mit den Zeugen der Vergangenheit – mehreren Ruinen ehemaliger buddhistischer Stupas – nicht rücksichtsvoller um als die Malediver. Sie wurden abgetragen und mit Asphalt zugedeckt, um die Landebahn zu verlängern.

Neuanfang nach 1990

Als die Briten 1976 endgültig abzogen, hinterließen sie neben den damals gepflegten Gärten einige tausend gut englisch sprechende Arbeitslose. Zufällig war das die Zeit, als die im Wachsen begriffene Tourismusindustrie im Nordmale'-Atoll englischsprachige Arbeitskräfte benötigte. Ein großer Teil der männlichen Bevölkerung wanderte daher in den folgenden Jahren aus und verdient seither gutes Geld in den Hotels des Nordens, das traditionsgemäß zur Verwaltung an die Familie nach Hause geschickt wird.

Gan verkraftete den Abzug der Engländer nicht so leicht. Die früheren Bewohner der Insel sind auf Feydhoo geblieben, die Gebäude verfallen, und erst 1990 setzte eine neue Entwicklung ein: Seitdem die Europäische Gemeinschaft und die Vereinigten Staaten Importquoten festgesetzt haben, kann aus Hongkong nicht mehr ausreichend in die wichtigen Abnehmerländer exportiert werden. Die den Malediven erlaubten Exporte auf diese Märkte sind jedoch noch längst nicht ausgeschöpft. Und so verlagerte ein Produzent aus Hongkong einen Teil seiner Produktion hierher.

In Montagehallen beim Flughafen richtete er eine Textilfabrik ein, die nun Stoffe ›Made in Maldives‹ produziert. Da Arbeitskräfte auf Gan, Feydhoo und Hithadhoo nicht zu finden waren – sie arbeiten in den Hotels des Nordens –, warb man Frauen aus Sri Lanka an, die nun als Gastarbeiterinnen auf Gan angestellt sind und in den ehemaligen Soldatenunterkünften leben. Die verfallenen Offiziersquartiere wurden zu einem Hotel umgebaut (Equator Village, s. u.) und neben dem Flughafen haben eine Bank und ein Postamt eröffnet. In ehemaligen Polizeiquartieren am Nordwestende der Insel wachen Soldaten aus Male' darüber, dass nicht noch mal jemand auf die Idee kommt, einen unabhängigen Staat auszurufen.

Übernachten, Essen

Kolonialer Touch – **Equator Village** (früher Ocean Reef Club): Tel. 689 87 21, www.equatorvillage.com, DZ all-inclusive ab 140 €. Mit 36-sitzigen Propellermaschinen fliegt Maldivian 2–3 x täglich von Hulhule nach Gan. Da meist eine oder zwei Zwischenlandungen gemacht werden, dauert die 680 km lange Reise drei bis vier Stunden und ist ein Erlebnis

Mein Tipp

Inselhüpfen einmal anders

Vor dem Gartentor des Hotels Equator Village werden in einem Kiosk Souvenirs verkauft und an abenteuerlustige Touristen Motorroller vermietet, mit denen sie Gan und die drei mit Straßen und Dämmen verbundenen Nachbarinseln Feydhoo, Maradhoo und Hithadhoo erkunden können. Oder Sie mieten sich ein Fahrrad und ›hüpfen‹ damit über den Damm von Insel zu Insel.

für sich. Der Flugpreis ist mit 250 € kaum höher als die Kosten für einen Inseltransfer per Boot oder Wasserflugzeug zu den Hotelinseln auf nahe gelegenen Atollen. Das Equator Village auf der Insel Gan ist ein einfaches, preiswertes Hotel (ca. 80 Zimmer) mit Pool und Klimaanlage in den Reihenbungalows. Die ehemaligen Offizierswohnungen der Royal Air Force wurden zu Hotelzimmern umgebaut.

Aktiv & Kreativ

Ausflüge – Besonderheit des Hotels ist die Möglichkeit, Ausflüge auf bewohnte und unbewohnte Nachbarinseln und in die Orte zu unternehmen, in denen man das ganz normale tägliche Leben der Malediver miterlebt. Wer sich ein wenig umhört, wird für wenig Geld ein Fahrrad oder ein Moped ausleihen können, um auf eigene Faust Gan und seine über befahrbare Dämme erschlossenen Nachbarinseln zu erkunden (s. Tipp oben).
Tauch-Highlights – Zusätzlich vermietet eine gut ausgestattete **Wasser-**

sportbasis Surfbretter und Katamarane, und eine **Tauchbasis** erschließt das Atoll unter Wasser. Wie überall wird auch der Leiter dieser Tauchbasis sein Revier in den höchsten Tönen loben. Doch hier ist das nicht die übliche Propaganda. Hier hat es – aus welchen Gründen auch immer – an vielen **Tauchspots** nahezu keine Korallenbleiche gegeben! Die vielen in der Lagune des Addoo-Atolls erkundeten Korallenbänke, Strömungskanäle und das Wrack des Öltankers ›British Loyalty‹ (s. S. 255) sind für die wenigen auserwählten Reisenden, die bis Gan vordringen, Tauchplätze von allererster Qualität.

Viligili ▶ C 23

Eine Trauminsel der besonderen Art ist die nördlich an Gan anschließende Insel Viligili. Sie ist mit etwa 4 km außergewöhnlich lang und schmal (etwa 100 m) und hat rundum endlose Traumstrände.

Übernachten

Traumhotel – **Shangri-La's Villigili Resort & Spa**: Tel. 689 78 88, www.shangri-la.com, DZ/ÜF ab 600 €. 70 Min. (Wasserflugzeug) von Male' nach Gan und weitere 10 Min. mit dem Speedboot. 6 km Küstenlinie, davon säumen 2 km feine, weiße Sandstrände diese weitläufige Insel, die das erste Luxus-Resort der Malediven südlich des Äquators beherbergt. Villigili ist 3 km lang und hat dichte Vegetation, darunter 17 000 Palmen und weitere 44 Pflanzenarten. Eine Besonderheit ist die Lage unweit der bewohnten Malediveninseln Gan, Feydhoo, Hithadoo und Maradhoo. Linien-Schnellboote verkehren regelmäßig zur Insel Gan,

mit der die anderen Inseln durch die längste Straße der Malediven (17 km!) miteinander verbunden sind. Ein schönes Ziel für einen Tagesausflug mit dem Fahrrad! 142 einzeln stehende, luxuriöse Villen verteilen sich über die langen Küstenlinien der Insel. Ein Highlight sind die Tree-House-Villen, die in einer Höhe von 3 m auf Stelzen mit weitem Blick über den Garten und auf die Lagune gebaut wurden. Ideal für Familien sind die Twin-Beach-Villen mit ihren zwei Schlafzimmern.

Essen & Trinken

Volles Genießer-Programm – Die Gäste werden in drei Restaurants verwöhnt. Im **Javvu Restaurant** wird westlich-mediterran gekocht, im Hauptrestaurant **Khazaanaage** gibt es in drei gemütlichen Bereichen Themenküche aus Indien, der Region des Südchinesischen Meeres und aus Arabien. Die **Fashala Lounge** ist für die Tea Time und als Abendbar geöffnet. In zwei weiteren Bars können die Gäste die Tage ausklingen lassen.

Aktiv & Kreativ

Ablenkungsreich – Das gut ausgestattete Fitnesscenter, Tennisplätze, ein Wassersportzentrum und die **Tauchbasis** (hier gibt es eine Dekompressionskammer) bieten viele Aktivitäten.
Attraktion – Ein Highlight für Taucher ist das Wrack der 140 m langen ›British Loyalty‹ (s. S. 255) auf 33 m Tiefe, nur 30 Min. Bootsfahrt vom Resort entfernt.

Heretere ▶ C 23

Heretere ist eine etwa 5 km lange, sehr schmale (40 m) Insel, die das Addoo-

Atoll nach Osten begrenzt. Seit November 2007 ist Heretere die Heimat des ersten echten Tourismusresorts der Malediven südlich des Äquators. 300 komfortable Villen reihen sich an den Stränden im Osten und im Westen aneinander.

Übernachten

Groß – **Herathera Island Resort:** Tel. 689 77 66, Fax 689 77 33, reserva tions@herathera.com, Villa/Vollpension ab 150 €. Flug von Male' aus 2 Std. nach Gan und anschließend noch 20 Min. mit dem Boot. Es soll bald auch Charterflüge direkt nach Gan geben. 300 Villen erstrecken sich mehrere Kilometer entlang der Strände des Herathera Island Resort. 180 ganz aus Holz gebaute Strandvillen sind mit allem Komfort ausgestattet, 120 etwas größere Villen haben zusätzlich ein von einer Mauer umgebenes, offenes Bad mit Freiluft-Jacuzzi.

Aktiv & Kreativ

Komplett – Das Hotel bietet alles, was zu einem Maledivenhotel der 4- bis 5-Sterne-Kategorie gehört: **Tauchbasis,** Bootsausflüge, Musikveranstaltungen, Pools, mehrere Restaurants, Windsurfing, Fitnesscenter, Tennis, (Beach-)Volleyball, Internetcafé und sogar einen Fußballplatz.

Ausflüge auf Fischerinseln des Atolls

Feydhoo, Maradhoo und Hithadhoo ▶ B/C 23

Auf den drei Nachbarinseln von Gan kann man das normale, vom Tourismus noch unveränderte, tägliche Leben in einem maledivischen Dorf miterleben. Breite Straßen mit feinem, weißem Sandboden durchziehen die Inseln. An deren Rand grenzen etwa 1 m hohe Mauern aus Korallengestein Gärten ab, in denen Häuser mit Palmblatt- oder Wellblechdächern stehen. In den Gärten wachsen Bananenstauden und Papayas, Kinder spielen, alte Menschen sitzen auf den maledivischen Schaukeln unter schattigen Bäumen und unterhalten sich. Von überall kann man im Norden oder Süden das höchstens 50 m entfernte Meer sehen, und jedes Dorf wird von einer Moschee überragt.

Wer in seine Maledivenreise einige Tage im Hotel auf Gan einplant, sollte keinesfalls versäumen, einen solchen Ausflug zu unternehmen, denn er bietet die auf den Malediven seltene Chance, einen Kontakt mit der Bevölkerung aufzunehmen, der über Verkaufsverhandlungen über den Preis von Postkarten und Souvenirs aus Muscheln hinausgeht. Wer die Augen offen hält, findet beiderseits der 18 km langen Straße Tea Shops, in denen schmackhafte maledivische Gerichte serviert werden, in einigen ist sogar gekühlte Coca Cola zu haben. Im Unterschied zu den Tea Shops auf Male' (s. S. 116) sind die auf den Inseln des Addoo-Atolls kaum frequentiert.

Der Besuch eines Europäers ist eine Sensation, und die offenen, gut englisch sprechenden Südmalediver werden die Chance nutzen, ein paar freundliche Worte zu sagen oder auch ein interessantes Gespräch zu führen. Seien Sie sich aber bewusst, dass auch sie Moslems sind. Nach islamischen Regeln ungehöriges Benehmen und – besonders bei Frauen – ›anstößige‹ Bekleidung können Ärger und Wut auslösen. Als schamlos können schon die hochgekrempelten Ärmel einer Bluse gelten!

Auf Entdeckungstour

Foammulah – die etwas andere Malediveninsel

Wegen ihrer isolierten Lage diente Foammulah bis in die 1950er-Jahre dazu, unerwünschte Herrscher von Male' hierher ins Exil zu schicken. Auf der Insel vereinten sich deren Nachkommen mit der ohnehin bunt gemischten Bevölkerung, denn Foammulah ist seit Jahrhunderten Heimat von an Land gebliebenen Seefahrern aller Nationen.

Reisedauer: 2 Std. (schnelles Motorboot)

Reisekarte: C/D 22

Kosten: Verhandlungssache

Reiseplanung: Die Hotels im Addoo-Atoll organisieren Ausflüge nach Foammulah, was aber nicht zum Standard-Ausflugsprogramm gehört. Für Individualreisende ist eine Sondergenehmigung des Atollministeriums erforderlich (Marina Drive, Male', Tel. 332 28 26). Anreise mit Linienflug von Male' nach Gan (Addoo) und anschließende Fahrt mit zu charternder Jacht.

Etwa 50 km nordöstlich des Addoo-Atolls liegt, weitab von anderen Inseln und wenige Kilometer südlich des Äquators, die größte aller maledivischen Inseln. Zu Beginn ihrer Besiedlung bestand Foammulah aus drei Inseln, die durch bei Flut überschwemmte Lagunen miteinander verbunden waren. Allmählich aber wuchs in den Lagunen dichtes Gestrüpp, Sand wurde aufgeschichtet und so wurde aus drei Inseln im Laufe der Zeit schließlich eine große Landfläche. Wo früher flaches Meer war, entstanden zunächst brackige Mangrovensümpfe, die sich inzwischen mit Süßwasser gefüllt haben.

Am Rande dieser Seen ziehen Bauern heute Tarowurzeln, die neben Reis das Hauptnahrungsmittel der Insulaner darstellen. Außerdem werden auf Foammulah Obst und Gemüse angepflanzt – eine Besonderheit. Während es auf anderen maledivischen Inseln kaum Obstanbau gibt, fällt dem Besucher, der über die dicht bewaldete Insel fährt, sofort auf, dass hier Mangos, Ananas und Orangen wachsen. Für die Versorgung der Bewohner ist das wichtig, denn die Fischerei ist rund um die ausgesetzte und von einem unruhigen, tiefen Meer umgebene Insel nur bei ruhigen Wetterlagen möglich.

Auch die Tierwelt birgt Besonderes: Mit etwas Glück können Sie **weiße Feenseeschwalben** beobachten, wie man sie sonst nur auf den 1000 km entfernten Seychellen findet.

Abgelegen und authentisch

Foammulah wird auch heute noch nur selten von Ausländern besucht, denn zum einen ist im Vorfeld die Sondergenehmigung des Atollministeriums zu beschaffen und zum anderen ist die Anreise nicht nur teuer, sondern auch mit einigem Aufwand verbunden. Zunächst reist man mit einem täglich fliegenden Linienflug von Male' auf die Insel Gan im Addoo-Atoll. Hier muss man nun einen Kapitän finden, der bereit ist, die Überfahrt zu wagen. Infrage kommen für ein solches Anliegen die Tauchbasen der Hotels Equator Village (s. S. 249) auf Gan oder Shangri-La's Viligili (s. S. 250) auf Viligili (beide liegen im Addoo-Atoll).

Eine weitere Möglichkeit ist die Überfahrt mit dem regelmäßig Foamullah besuchenden Polizeiboot – das wird vermutlich auch preiswerter ausfallen als andere Transportvarianten. Die Fahrt mit einem schnellen Motorboot von Gan aus über offenes Meer dauert einige Stunden und ist auch bei ruhigem Wetter alles andere als eine gemütliche Ausflugsfahrt. Sollte auch noch der Wind auffrischen, kann schon die Anlandung bei der Inselhauptstadt **Rasgefaru** zu einem Abenteuer werden, denn die Insel hat weder einen Hafen noch einen flach auslaufenden Sandstrand, an dem man gefahrlos an Land gehen könnte.

Religiöse und kulturelle Besonderheiten

Aber nicht nur die eingangs beschriebene Flora und Fauna der Insel unterscheidet Foammulah von den übrigen Inseln der Malediven, auch die Inselbewohner selbst und ihre Kultur weisen einige Besonderheiten auf. Hat man die Landung in Rasgefaru unbeschadet überstanden und begibt sich auf Entdeckungstour durch die Inselhauptstadt, wird man schnell feststellen, dass die Inselbewohner etwas anders als die Nordmalediver aussehen. Sie sind größer, haben hellere Hautfarbe und Gesichtszüge, die stärker von Europa und Afrika beeinflusst zu sein scheinen. In der Mitte des Äquatorialkanals gelegen, der seit Jahrtausenden von allen seefahrenden Nationen für ihre Reisen genutzt wurde, hat auf diesem Atoll jahrtausendelang ein kultureller und auch genetischer Austausch stattgefunden und entsprechend Spuren hinterlassen.

Ibn Battuta, der 1344 die Insel besuchte, hat es in den nur zwei Monaten seines Aufenthalts auf zwei Ehen und (mindestens) ebenso viele leibliche Nachkommen gebracht. Er war jedoch keineswegs der einzige Weltreisende, der im Laufe der Jahrhunderte die Großzügigkeit der Insulaner(innen) nutzte und seinen Beitrag dazu leistete, dass trotz 18 km² Landfläche, Jahrhunderten völliger Isolation von benachbarten Inseln und nur wenigen Einwohnern keine Inzuchterscheinungen festzustellen waren.

Noch etwas unterscheidet die Bewohner Foammulahs von ihren Landsleuten: Es hat sich ein Sozialsystem aus früheren – vermutlich buddhistischen – Jahrhunderten erhalten, das Frauen weit stärkere Rechte einräumt, als in islamischen Staaten üblich. Bis heute und nach Jahrhunderten des Islam als

offizieller Staatsreligion wählen Frauen ihre Ehepartner selbst aus und sprechen auch Scheidungen aus. Eine Tochter zu bekommen, bringt der Mutter mindestens so viel Ehre ein wie die Geburt eines Sohnes. Töchter sind sogar die ersten Erben!

Zeugen vorislamischer Kultur

Einer der wenigen Ausländer, die nach Foammulah gelangten, war Thor Heyerdahl, der von der Insel äußerst beeindruckt war. Er suchte in den 1980er-Jahren nach Spuren vorislamischer Kulturen auf der Insel. Tatsächlich befinden sich auf Foammulah einige Ruinen, die von einer frühen, vorislamischen Hochkultur zeugen. Die heutigen Inselbewohner sind überzeugt, dass es sich um Bauwerke der legendären *Redin* gehandelt hat. So soll nach der mündlichen Überlieferung eine frühere Bevölkerung geheißen haben, die entweder nach der Islamisierung die Inseln verließ oder assimiliert wurde. Auf den Fundamenten mancher dieser Bauwerke stehen heute Moscheen oder man nutzte die behauenen und daher leicht zu verarbeitenden Korallensteine, um Häuser und Gartenmauern zu errichten.

Ein 20 m hoher Hügel aus inzwischen verwaschenem, von der Erosion schwarz gefärbtem Korallengestein wird bis heute ›**Redins Hügel**‹ *(Redinge Funi)* genannt. Die Archäologen H. C. P. Bell, der im letzten Jahrhundert die Insel besuchte, und auch Thor Heyerdahl kamen zu ähnlichen Schlussfolgerungen: Sie konnten in den Überresten noch Strukturen erkennen, die vermuten lassen, dass es sich um eine ursprünglich weitaus höhere, glockenförmige Tempelanlage gehandelt haben dürfte, die buddhistische Bauten in Nepal oder Sri Lanka ähnlich gewesen sein dürften.

Redins Hügel

Rasgefaru

0   0,75   1,5 km

North Kulhi

Bandaara Kulhi

Hulhumeedhoo ▶ C 23

Ein anderer interessanter Ausflug – diesmal mit einem gecharterten Dhoni – ist der Besuch der Insel Hulhumeedhoo am Nordostrand des Atolls. Diese Insel soll einer Legende nach schon im Jahr 872, und damit einige hundert Jahre vor den übrigen Regionen der Malediven, von einem arabischen Schiffbrüchigen zum Islam bekehrt worden sein. Auf dem Friedhof der Insel finden sich besonders schön gravierte Grabsteine mit Beschriftungen in der frühmaledivischen Schrift *Dhives Akuru*. Wenige alte Männer des Dorfes sind noch in der Lage, diese alten Inschriften zu lesen.

Tauchplätze im Addoo-Atoll

Erst seit 2009 das Hotel Shangri-La's Viligili im Addoo-Atoll eröffnete (s. S. 250), beginnen Urlauber die Tauchplätze in diesem Atoll zu erkunden. Wenigen Eingeweihten allerdings waren einige von ihnen natürlich schon länger bekannt, denn das kleine 3-Sterne-Hotel Ocean Reef Club (heute Equator Village genannt, s. S. 249) und seine Tauchbasis auf der Flughafeninsel Gan galten schon immer als Geheimtipp für anspruchsvolle Taucher, die in puncto Wohnen geringere Ansprüche stellen. Das Komfortproblem bei der Unterkunft dürfte durch das 6-Sterne-Hotel Shangri-La's Viligili nun allerdings gelöst sein.

›British Loyalty‹ ▶ C 23

Der bekannteste Tauchplatz in dem kleinen Addoo-Atoll ist das Wrack des britischen Tankers ›British Loyalty‹, das 1944 von einem japanischen Kriegsschiff mit einem Torpedo versenkt wurde – übrigens die einzige Kampfhandlung des gesamten Zweiten Weltkriegs in den Gewässern der Maledi-

Auf Foammulah gibt es die seltenen weißen Feenseeschwalben

ven. Das schwer beschädigte Schiff wurde von der Royal Air Force anschließend ausgeschlachtet und von der Marine als Ziel für Schießübungen genutzt. Die Überreste des 140 m langen Schiffes liegen seither in 33 m Tiefe vor der Südostspitze der Insel Hithadhoo im weißen Sand und kann wegen der geschützten, meist stömungsfreien Lage auch von weniger geübten Tauchern bewundert werden.

Foammulah-Atoll

▶ C/D 22

Mit 6,5 km Länge und 2 bis 3 km Breite hat die Insel Foammulah (Verwaltungsbezirk **Gnaviyani-Atoll**) eine Größe, die schon ein gewisses Festlandgefühl aufkommen lässt; darüber hinaus ist sie aber auch in kultureller und historischer Hinsicht besonders attraktiv (s. auch Entdeckungstour S. 252).

Sprachführer Maledivisch (Dhivehi)

Sprach- und Schreibverwirrung

Die Verwirrung über Namen und Schreibweisen in lateinischer Schrift ist groß, weil identische Benennungen oftmals für unterschiedlichen Bedeutungen verwendet werden. Ein Atoll beispielsweise (in Dhivehi *atolu*) bezeichnet nicht nur die geografische Einheit eines von Riffen umgebenen Flachwasserbereichs, sondern auch eine politische Verwaltungseinheit, die mit unseren Ländern oder Regierungsbezirken vergleichbar ist. Hinzu kommt, dass solche Atollbezirke in der Regel mehrere Namen haben. Das Male'-Atoll (es umfasst vier geografische Atolle) heißt auch Kaafu-Atoll, das Raa-Atoll heißt auch Nord-Maalhosmadulu-Atoll.

Um die Verwirrung komplett zu machen, sind die Namen sowohl der Atolle als auch der Inseln in vielen verschiedenen Schreibweisen anzutreffen. Eine offizielle Schreibweise kann auch in Unterlagen der Regierung nicht ausfindig gemacht werden, denn die lateinische Schrift ist lediglich eine phonetische Umschreibung der normalerweise in Thaana geschriebenen Namen.

Eine Insel, deren Name phonetisch für einen deutschsprachigen Leser korrekt ›Wahdu‹ wäre, wird von einem Engländer ›Vaadhoo‹, von einem Franzosen ›Ouaadou‹ und von einem Italiener ›Vadu‹ geschrieben, um eine korrekte Aussprache zu bekommen. In italienischen, französischen, deutschen oder englischen Karten wird man daher unterschiedliche Schreibweisen finden.

Um die Sache zu vereinfachen, werden in diesem Buch die Namen so geschrieben wie in der am häufigsten anzutreffenden Landkarte der Malediven aus den »Atoll Editions« (Australien). Falls es zur Klarstellung wichtig ist, wird auch ein zweiter Name in Klammern angegeben.

Die Schreibweise der Hotelinseln weicht manchmal von dem geografischen Namen ab. Das liegt daran, dass für die Hotelinseln die Schreibweise übernommen wurde, die sich in den offiziellen Publikationen des Tourismusministeriums findet. Beispiel: Inselname Asdhoo, touristischer Name Asdu.

Bezeichnungen in Karten

Die Inselnamen sind leichter zu merken, wenn man sich die Bedeutung von immer wieder auftauchenden Silben innerhalb der Inselnamen merkt:

Bodu	groß
Boli	Muschel
Dhigu	lang
Fushi	dicht bewachsene Insel
Finolhu	wenig bewachsene Sandbank
Giri (auch Gili)	Korallenstock
Huraa	Felseninsel
Kudaa	klein
Raa	Insel
Varu (auch Faru)	Riff

Allgemeine Redewendungen

Malediver sind überaus freundliche, höfliche und hilfsbereite Menschen, doch fehlen ihrer Sprache Höflichkeitsworte, die bei uns häufig benutzt werden. Ein ›normaler‹ Malediver wird nicht ›Guten Morgen‹, ›Guten Tag‹ oder Ähnliches sagen, wenn er vorübergeht. Diese Form der Höflichkeit empfindet er eher als peinlich und er erwartet sie von niemandem. Das Gleiche gilt für die uns selbstverständlichen Worte ›Danke‹ und ›Bitte‹. In der maledivischen Sprache existieren sie nicht!

Um auf diplomatischer Ebene ›Danke‹ sagen zu können, wurde daher das Wort *shukuriya* aus dem Arabischen übernommen, und um ein ›Bitte‹ gegenüber Gästen ausdrücken zu können, hat man sich aus der eigenen Sprache das Wort *marhabaa* ausgewählt. Ursprünglich ist es eine Begrüßungsformel für einen geehrten Gast, etwa dem ›Willkommen‹ im Deutschen vergleichbar.

Da es auf den Malediven fast unmöglich ist, über längere Zeit unabhängig von Insel zu Insel zu reisen, sind weitergehende Kenntnisse der Landessprache Dhivehi oder gar der Schrift Thaana kaum erforderlich. In Male' wird gut Englisch gesprochen, auf den Urlaubsinseln finden sich Ansprechpartner, die Englisch, Französisch, Deutsch, Italienisch oder Japanisch beherrschen. Auch die freundlichen Bedienungen in den Restaurants sprechen in der Regel flüssiges, gutes Englisch.

Dennoch sollte man sich einige Grundbegriffe einprägen und anwenden, denn sie zeigen, dass man die Malediver nicht nur als dienstbare Geister, sondern auch als Eigentümer des Inselparadieses respektiert.

Danke	Shukuriya
Bitte	Marhabaa
Entschuldigung	Maaf kurey
Friede sei mit dir.	As'salaam alaikum/
(Höfliche Begrüßung)	Wa'alaikum
Ich wünsche Ihnen	Ufaaveri dhuvahkah
einen schönen Tag.	edhen.
Das wünsche ich dir	A'Salaam.
auch. (Antwort auf	
As'Salaam Alaikum)	
Wie geht es	(Haalu) kihine?
Ihnen (dir)?	
Gut, danke	Barabaru
Sehr gut	Vara gada
Bis bald	Fahung baduluvang
In Ordnung,	Rangalhu
einverstanden	
Nein, ich möchte	Hanen beynumeh
nicht!	nei!
Ich verstehe	Eh egey
Ich verstehe nicht	Ahannakah neygey
Bitte helfen Sie mir!	Hey vedheefaanaa
	tha!
Wie spät ist es?	Gadin kihaa ireh?
Wie viel kostet das?	Agu kihaavareh?
Wie viel ist das?	Kihaavarakah
	meethi?

Das ist mir zu teuer.	Aa agu bodu.
Wie alt sind Sie	Umurun kihaa
(bist du)?	varehtha?
Wie heißt dieses	Mi atolhu kiyanee
Atoll?	kon nemeh?
Wie heißt diese	Eiee konrasheh?
Insel?	
Woher kommen Sie?	On rashakuntha aiy?
Ich komme aus	Harennake
Deutschland.	gerumaneh.
Alles Gute	Edhuntakaai eku
Sprechen Sie	Kaleya ingreysi
Englisch?	engetha?
Maledivische Musik	Bodu Beru
Mann	Irihene
Frau	Nhen
Strand	Ondhu dhoh
Fischerboot	Honi
Schnellboot	Onshu
Wasserflugzeug	Andah jassaa boat

Wochentage

Montag	Hoama
Dienstag	Angaara
Mittwoch	Budha
Donnerstag	Buraafati
Freitag	Hukuru
Samstag	Honiriru
Sonntag	Aaditta
Eine Woche	Ekeh hafthaa
Zwei Wochen	Dhey hafthaa
Monat	Maheh
Jahr	Ahareh

Zahlen

1	ume	100	ateyka
2	ke	1000	s has
3	hey	5000	as haas
4	athdreh		
5	aheh		
6	ayeh		
7	atheh		
8	sheh		
9	uaveh		
10	hihaeh		

Sprachführer Englisch

Die wichtigsten Sätze

Allgemeines

Sprechen Sie Deutsch?	Do you speak German?
Ich verstehe nicht.	I do not understand.
Ich spreche kein Englisch.	I do not speak English.
Ich heiße …	My name is …
Wie heißt Du/ heißen Sie?	What's your name?
Wie geht's?	How are you?
Danke, gut.	Thanks, fine.
Wie viel Uhr ist es?	What's the time?
Bis bald (später).	See you soon (later).

Unterwegs

Wie komme ich zu/nach …?	How do I get to …?
Wo ist bitte …?	Sorry, where is …?
Wie viel kostet …?	How much is …?
Wann öffnet/ schließt …?	When does … open/ close?

Notfall

Können Sie mir bitte helfen?	Could you help me, please?
Ich brauche einen Arzt.	I need a doctor.
Hier tut es weh.	It hurts here.

Allgemeines

Guten Morgen	good morning
Guten Tag	good afternoon
Guten Abend	good evening
Auf Wiedersehen	goodbye
Entschuldigung	excuse me/sorry
Hallo/Grüß dich	hello
Bitte	please
Gern geschehen.	You're welcome.
danke	thank you
ja/nein	yes/no
Wie bitte?	Pardon?
Wann?	When?
Wie?	How?

Unterwegs

rechts	right
links	left
geradeaus	straight ahead/ straight on
Auskunft	information
Telefon	telephone
Flughafen	airport
geöffnet	open
geschlossen	closed
Strand	beach
Gepäck	luggage

Zeit

Stunde	hour
Tag/Woche	day/week
heute	today
gestern	yesterday
morgen	tomorrow
früh	early
spät	late
Montag	Monday
Dienstag	Tuesday
Mittwoch	Wednesday
Donnerstag	Thursday
Freitag	Friday
Samstag	Saturday
Sonntag	Sunday

Zahlen

1	one	11	eleven
2	two	12	twelve
3	three	13	thirteen
4	four	14	fourteen
5	five	15	fifteen
6	six	16	sixteen
7	seven	17	seventeen
8	eight	18	eighteen
9	nine	19	nineteen
10	ten	20	twenty

Kulinarisches Lexikon (Englisch)

Zubereitung

baked	im Ofen gebacken
broiled/grilled	gegrillt
deep fried	frittiert (meist paniert)
hot	scharf
rare/medium rare	blutig/rosa
well done	durch
steamed	gedämpft
stuffed	gefüllt

Frühstück

bacon	Schinken
boiled egg	hart gekochtes Ei
cereals	Getreideflocken
eggs (sunny side up/ over easy)	Spiegeleier (Eigelb nach oben/beidseitig)
scrambled eggs	Rührei

Fisch und Meeresfrüchte

bass	Barsch
crab	Krebs/Krabbe
prawn	Garnele
lobster	Hummer
mussel	Miesmuschel
oyster	Auster
salmon	Lachs
scallop	Jakobsmuschel
shrimp	Krabbe
tuna	Thunfisch

Fleisch und Geflügel

bacon	Frühstücksspeck
beef	Rindfleisch
chicken	Hähnchen
duck	Ente
ham	Schinken
turkey	Truthahn
veal	Kalbfleisch

Gemüse und Beilagen

cucumber	Gurke
chips	Pommes frites
garlic	Knoblauch
mushroom	Pilz
pepper	Paprikaschote
potato	Kartoffel
sweet corn	Mais
onion	Zwiebel

Getränke

beer (on tap/draught)	Bier (vom Fass)
coffee	Kaffee
tea	Tee
icecube	Eiswürfel
juice	Saft
milk	Milch
mineral water	Mineralwasser
red/white wine	Rot-/Weißwein
sparkling wine	Sekt

Im Restaurant

Bitte warten Sie, bis Ihnen ein Tisch zugewiesen wird.	Please wait to be seated.
Die Speisekarte, bitte.	The menu, please.
Weinkarte	wine list
Die Rechnung, bitte.	The bill, please.
Frühstück	breakfast
Mittagessen	lunch
Abendessen	dinner
Vorspeise	appetizer/starter
Suppe	soup
Hauptgericht	main course
Nachspeise	dessert
Beilagen	side dishes
Gedeck	cover
Messer	knife
Gabel	fork
Löffel	spoon
Glas	glass
Flasche	bottle
Salz/Pfeffer	salt/pepper
Zucker/Süßstoff	sugar/sweetener
Kellner/Kellnerin	waiter/waitress
Trinkgeld	tip
Wo sind die Toiletten?	Where are the toilets please?

Register

Register

Abbildungsnachweis/Impressum

Hinweis: Autor und Verlag haben alle Informationen mit größtmöglicher Sorgfalt geprüft. Gleichwohl sind Fehler nicht vollständig auszuschließen. Alle Angaben erfolgen ohne Gewähr. Bitte schreiben Sie uns! Über Ihre Rückmeldung zum Buch und über Verbesserungsvorschläge freuen sich Autor und Verlag: **DuMont Reiseverlag,** Postfach 3151, 73751 Ostfildern, info@dumontreise.de, www.dumontreise.de

2., aktualisierte Auflage 2012
© DuMont Reiseverlag, Ostfildern
Alle Rechte vorbehalten
Redaktion/Lektorat: Doreen Reeck, Susanne Pütz
Grafisches Konzept: Groschwitz/Blachnierek, Hamburg
Printed in China

MIX
Paper from
responsible sources
FSC
www.fsc.org
FSC® C002957